作者简介

吕俊芳，旅游开发与管理博士，渤海大学旅游学院副院长，渤海大学首批青年骨干教师，旅游管理、旅游课程教学论硕士生导师，中国景区职业经理人培训师，辽宁省文旅厅文化旅游专家库专家，辽宁省景区评审专家，全国导游员资格考试辽宁省考评委，锦州市文化旅游专家组组长，从事旅游相关教学和研究22年，曾公开发表50余篇学术论文，主持科研、教学项目20余项，两次获教育部多媒体课件大赛奖项。

(本书出版得到渤海大学学科建设基金资助)

旅游目的地时空错位发展研究

吕俊芳 著

北京理工大学出版社
BEIJING INSTITUTE OF TECHNOLOGY PRESS

内容简介

本书基于时空思维对旅游目的地发展进行顶层规划，系统研究旅游目的地发展的影响因素，探查旅游目的地时空错位驱动机制，界定旅游目的地时空错位发展概念，建构旅游时空错位评价标准体系，提出目的地时间有序、空间错位的发展策略，为旅游目的地发展提供借鉴。辽宁省在"美丽中国之旅"中扮演着重要的角色，本书以二维矩阵模型评价其旅游目的空间错位，验证存在旅游经济与旅游景观资源的时空错位，提出旅游地资源整合、旅游产品转型创新、旅游产业融合升级、旅游区域时空错位发展策略，提炼了全域全产业的旅游目的地发展模式。

本书适用于各级旅游管理部门和旅游目的地发展的决策参考，亦可供人文地理、旅游管理、文化旅游等相关专业的师生和管理人员参考，同时对旅游项目管理人员、旅游策划规划人员和广大旅游者具有一定的参考价值。

版权专有　侵权必究

图书在版编目（CIP）数据

旅游目的地时空错位发展研究／吕俊芳著. --北京：北京理工大学出版社，2022.5

ISBN 978-7-5763-1262-1

Ⅰ. ①旅… Ⅱ. ①吕… Ⅲ. ①旅游地-旅游业发展-研究-中国 Ⅳ. ①F592.3

中国版本图书馆 CIP 数据核字（2022）第 066227 号

出版发行 /	北京理工大学出版社有限责任公司
社　　址 /	北京市海淀区中关村南大街 5 号
邮　　编 /	100081
电　　话 /	（010）68914775（总编室）
	（010）82562903（教材售后服务热线）
	（010）68944723（其他图书服务热线）
网　　址 /	http：//www.bitpress.com.cn
经　　销 /	全国各地新华书店
印　　刷 /	三河市华骏印务包装有限公司
开　　本 /	710 毫米×1000 毫米　1/16
印　　张 /	11.25
彩　　插 /	1
字　　数 /	196 千字
版　　次 /	2022 年 5 月第 1 版　2022 年 5 月第 1 次印刷
定　　价 /	88.00 元

责任编辑／李慧智
文案编辑／李慧智
责任校对／刘亚男
责任印制／李志强

图书出现印装质量问题，请拨打售后服务热线，本社负责调换

前言

旅游目的地是旅游发展的核心地域空间，其旅游业协调发展意义深远。作为21世纪全球重要的旅游目的地，我国要把旅游业打造为国民经济的战略性支柱产业和人民群众更加满意的现代服务业，并致力于打造"美丽中国之旅"旅游目的地品牌。中国作为全球最具发展潜力的旅游目的地，任重而道远。中国旅游业对国民经济和社会发展的贡献率如何赶超大国模式的美国、文化模式的法国、发达模式的德国、市场模式的西班牙、城市模式的马尔代夫和新加坡等旅游强国，使中国旅游在数量增加的同时，质量和效益得到同步提升，真正成为世界旅游强国，是摆在中国旅游目的地旅游发展面前的一道难题。

本书以旅游资源为着眼点，基于时空多维视角，深度解析旅游目的地发展空间错位问题，探查旅游目的地发展驱动力，寻找省域旅游目的地发展的恰当模式与路径，针对省域旅游目的地发展问题，在跟踪实践—研究实践—归纳理论—服务实践—引领发展的"问题导向"中进行时空二维"理论建构"。旅游目的地从经济学角度看即为整体旅游产品，在国土资源游憩化的今天，旅游目的地由传统的景区景点旅游转向全域旅游。在此背景下，本书以旅游目的地发展为研究对象，探研旅游目的地的错位问题，在省域旅游目的地实证研究基础上，对旅游目的地发展的复合特征以及发展演变规律进行探研，力图寻找到激活旅游目的地发展潜力的恰当途径。

自20世纪初以来，旅游目的地就引起了国内外学者的广泛关注与研究，本书致力于梳理已有研究成果，对照我国旅游目的地发展实践，选取时空错位发展作为研究切入点对旅游目的地发展进行顶层规划。

旅游地资源是旅游目的地发展的核心基础，本书界定了旅游地资源、旅游目的地时空错位发展等基本概念，并借鉴地域分工与经济发展理论、区位与空间结构理论、区域经济发展理论、旅游学理论和旅游地生命周期等相关理论，系统研究旅游目的地发展影响因素：资源禀赋是目的地发展的基础；地理区位、交通通道、宏观环境从不同层面影响旅游目的地发展；旅游产业微观管理从根本上决定旅游目的地的发展水平。本书探查了旅游目的地时空错位驱动机制，有包含市场机制和行政管理保障机制等的体制机制，包括产业、投融资、区域发展、土地政策等的政策机制，利益导向与主体利益矛盾共同导致的主体利益驱动机制等。

旅游目的地时空错位（不协调）是旅游目的地时空错位发展的逻辑前提，本书基于系统综合、可测量性、可操作性、科学客观等的评价原则建构了旅游目的地时空错位评价标准体系。

辽宁省在"美丽中国之旅"中扮演着重要的角色，本书基于 ASEB 栅格法初步评价了辽宁省域旅游目的地发展，建构了辽宁省域旅游目的地空间错位的二维矩阵评价模型和时空错位指数评价标准，以定量研究方法验证了辽宁省域旅游目的地的时空错位是旅游经济与旅游景观资源的错位，不是旅游经济与旅游地资源的错位。

为促进旅游目的地良性健康发展，本书在时空错位评价基础上提出了资源整合、旅游产品转型创新、旅游产业融合升级、旅游区域时空错位发展等时间有序、空间错位的梯度发展策略，提炼了全域全产业旅游发展范式，可以为旅游目的地发展提供适度借鉴。

本研究基于供给视角对辽宁省域旅游目的地进行实证研究，得出旅游全域全产业发展是解决目的地旅游效益与旅游景观资源错位问题的最佳途径，这一结论与国家在 2017 年提出全域旅游发展的国家战略不谋而合，这一定程度上佐证了本研究的理论和实践价值。囿于供给侧旅游目的地资源具有相对稳定性、国家全域旅游发展战略实施遭遇疫情无法及时获得最新数据、全域旅游的综合性等特点，本书在实证案例的选择上并未完全覆盖国内外各级各类旅游目的地，数据也无法采用最新。

由于受理论水平和实践条件所限，书中的不足和纰漏之处在所难免，恳请读者不吝赐教，以便在未来的研究中进一步完善。

吕俊芳

2021 年 12 月 29 日于渤海大学

目 录

1 绪 论 …………………………………………………………………… (1)
  1.1 研究背景 ……………………………………………………………… (1)
    1.1.1 现实背景 ……………………………………………………… (1)
    1.1.2 理论背景 ……………………………………………………… (3)
  1.2 研究意义 ……………………………………………………………… (4)
    1.2.1 理论意义 ……………………………………………………… (4)
    1.2.2 实践指导意义 ………………………………………………… (5)
  1.3 研究方法 ……………………………………………………………… (6)
    1.3.1 文献研究法 …………………………………………………… (6)
    1.3.2 实地调查法、田野工作法 …………………………………… (6)
    1.3.3 头脑风暴法、德尔菲法、层次分析法 ……………………… (6)
    1.3.4 ASEB 栅格分析法 …………………………………………… (6)
    1.3.5 定量研究方法 ………………………………………………… (6)
  1.4 研究内容 ……………………………………………………………… (7)
    1.4.1 旅游目的地旅游发展的核心概念界定 ……………………… (7)
    1.4.2 旅游目的地旅游发展影响因素系统分析 …………………… (7)
    1.4.3 旅游目的地时空错位的机制解析 …………………………… (7)
    1.4.4 旅游目的地时空错位评价标准体系建构 …………………… (7)
    1.4.5 辽宁省域旅游目的地时空错位评价研究 …………………… (7)
    1.4.6 辽宁省域旅游目的地时空错位发展对策 …………………… (7)
  1.5 技术路线 ……………………………………………………………… (8)

2 旅游目的地研究进展 ……………………………………………………… (9)
  2.1 旅游目的地发展国内外研究进展 …………………………………… (9)

  2.1.1　国外研究进展 ·· (9)
  2.1.2　国内研究述评 ··· (15)
 2.2　国内外旅游时空错位研究进展 ·· (25)
  2.2.1　时空错位研究述评 ··· (25)
  2.2.2　旅游时空错位研究述评 ··· (25)

3　旅游目的地时空错位发展理论研究基础 ······································ (28)
 3.1　基本概念 ·· (28)
  3.1.1　旅游目的地 ·· (28)
  3.1.2　旅游地资源 ·· (30)
  3.1.3　旅游目的地时空错位发展 ······································· (33)
 3.2　理论基础 ·· (35)
  3.2.1　地域分工与经济发展理论 ······································· (35)
  3.2.2　区位与空间结构理论 ··· (37)
  3.2.3　区域经济发展理论 ··· (38)
  3.2.4　旅游学基础理论 ··· (40)
  3.2.5　旅游地生命周期理论 ··· (41)

4　旅游目的地时空错位发展的机理分析 ·· (43)
 4.1　旅游目的地时空错位发展影响因素的系统分析 ···························· (43)
  4.1.1　资源禀赋是旅游目的地发展的基础 ······························· (43)
  4.1.2　地理区位从时空双重角度影响旅游目的地发展 ····················· (48)
  4.1.3　交通通道从时空双重角度影响旅游目的地发展 ····················· (49)
  4.1.4　宏观地理环境保障旅游目的地发展 ······························· (52)
  4.1.5　旅游产业微观管理是旅游目的地发展的关键 ······················· (62)
 4.2　旅游目的地旅游时空错位发展的机制解析 ································ (71)
  4.2.1　旅游目的地时空错位发展的体制机制解析 ························· (71)
  4.2.2　旅游目的地时空错位发展的政策机制解析 ························· (77)
  4.2.3　旅游目的地时空错位的主体利益驱动机制解析 ····················· (86)

5　旅游目的地时空错位评价标准体系构建 ······································ (92)
 5.1　旅游目的地时空错位的评价原则 ·· (92)
  5.1.1　系统综合原则 ·· (92)
  5.1.2　可测量性原则 ·· (92)
  5.1.3　可操作性原则 ·· (93)

5.1.4　科学客观原则 ……………………………………………… (93)
　5.2　旅游目的地时空错位的评价指标体系 ……………………………… (93)
　　　5.2.1　旅游地资源指数 …………………………………………… (93)
　　　5.2.2　旅游目的地经济指数 ……………………………………… (95)
　　　5.2.3　旅游目的地时空错位指数 ………………………………… (96)
　5.3　旅游目的地时空错位的二维矩阵模型分析 ………………………… (96)

6　辽宁省域旅游目的地时空错位评价研究 ………………………………… (98)
　6.1　辽宁省域旅游目的地概况 …………………………………………… (98)
　　　6.1.1　辽宁省域旅游目的地自然概况 …………………………… (98)
　　　6.1.2　辽宁省域旅游目的地社会经济概况 ……………………… (99)
　　　6.1.3　辽宁省域旅游目的地旅游发展的ASEB栅格分析 ……… (100)
　6.2　辽宁省域旅游目的地旅游资源时空评价 …………………………… (101)
　　　6.2.1　辽宁省域旅游目的地旅游资源时空概况 ………………… (101)
　　　6.2.2　辽宁省域旅游目的地旅游资源时空结构与特点 ………… (113)
　　　6.2.3　辽宁省域旅游目的地旅游资源评价 ……………………… (114)
　6.3　辽宁省域旅游目的地旅游经济时空评价 …………………………… (117)
　　　6.3.1　辽宁省域旅游目的地旅游经济概况 ……………………… (117)
　　　6.3.2　辽宁省域旅游目的地旅游经济评价 ……………………… (120)
　6.4　辽宁省域旅游目的地旅游时空错位评价 …………………………… (123)
　　　6.4.1　辽宁省域旅游目的地旅游二维矩阵模型评价 …………… (123)
　　　6.4.2　辽宁省域旅游目的地旅游空间错位指数评价 …………… (127)
　　　6.4.3　辽宁省域旅游目的地旅游时空错位指数评价 …………… (128)

7　辽宁省域旅游目的地时空错位发展策略 ………………………………… (131)
　7.1　旅游地资源错位发展策略 …………………………………………… (131)
　　　7.1.1　基于应用的大旅游资源观 ………………………………… (131)
　　　7.1.2　基于需求变化和市场定位的旅游资源整合开发策略 …… (132)
　7.2　旅游产品错位发展策略 ……………………………………………… (135)
　　　7.2.1　休闲体验需求导向催生无景点旅游产品 ………………… (135)
　　　7.2.2　基于空间结构演变的旅游产品圈层式、点轴式整合 …… (137)
　　　7.2.3　以全域旅游产品盘活羡余旅游资源 ……………………… (139)
　7.3　旅游产业错位发展策略 ……………………………………………… (141)
　　　7.3.1　促动旅游产业由边缘转型升级为主流 …………………… (141)
　　　7.3.2　旅游产业优化创新策略 …………………………………… (142)

   7.3.3　旅游多产业融合策略 …………………………………… (143)
  7.4　旅游区域错位发展策略 ………………………………………… (145)
   7.4.1　时序错位发展策略 ……………………………………… (145)
   7.4.2　空间错位发展策略 ……………………………………… (146)

8　结论与展望 …………………………………………………………… (150)
  8.1　主要研究成果 …………………………………………………… (150)
   8.1.1　探查了旅游目的地发展中的核心关系 ………………… (150)
   8.1.2　系统研究了旅游目的地发展机理 ……………………… (150)
   8.1.3　系统建构了旅游目的地时空错位评价标准体系 ……… (151)
   8.1.4　实证研究了辽宁省域旅游目的地的时空错位 ………… (151)
   8.1.5　提出了旅游目的地时空错位发展对策 ………………… (152)
  8.2　研究的创新点 …………………………………………………… (153)
   8.2.1　旅游发展范式与概念创新 ……………………………… (153)
   8.2.2　评价指标体系创新 ……………………………………… (153)
   8.2.3　研究方法创新 …………………………………………… (153)
  8.3　研究不足与展望 ………………………………………………… (154)
   8.3.1　研究的指标体系有待扩展 ……………………………… (154)
   8.3.2　实证研究有待丰富 ……………………………………… (154)
   8.3.3　定量复合研究方法有待加强 …………………………… (154)

参考文献 ………………………………………………………………… (155)

本专著的系列支撑成果 ………………………………………………… (168)

1 绪 论

1.1 研究背景

1.1.1 现实背景

1.1.1.1 中国旅游业在国民经济中战略性支柱地位确立,"美丽中国"旅游目的地建设受到前所未有的关注

旅游产业不仅是全球经济发展的重要途径,更是产业结构优化升级的新抓手,各国都对旅游产业发展寄予厚望,有些国家甚至提出"国土资源旅游化"目标。2009年年底《国务院关于加快发展旅游业的意见》序言指出,"旅游业是战略性产业,资源消耗低,带动系数大,就业机会多,综合效益好。……当前我国正处于工业化、城镇化快速发展时期,日益增长的大众化、多样化消费需求为旅游业发展提供了新机遇。提出把旅游业培育成国民经济战略性支柱产业和人民群众更加满意的现代服务业[1]"。在我国,旅游业被提至前所未有的高度,多省市区纷纷加大旅游发展力度,力争把旅游业培育成支柱产业。国家旅游局(2018年3月,根据第十三届全国人民代表大会第一次会议批准的国务院机构改革方案,组建文化和旅游部,不再保留国家旅游局)发布的中国旅游业统计公报显示,41号文件出台后中国旅游业取得突飞猛进增长,国内旅游收入以年均21.57%的高速度增长,更是在国际金融危机爆发、来华旅游持续低迷背景下旅游外汇收入保持年均8.17%的速度增长,以酒店业、旅行社业为代表的旅游业稳步增长,具体情况见表1-1。

表 1-1　21 世纪以来我国旅游经济发展概况

年份	国内旅游收入		旅游外汇收入		饭店数量及收入		旅行社数量及收入	
	收入/亿元	与上年增长比	收入/亿美元	与上年比增幅	数量/座	收入/亿元	数量/家	收入/亿元
2001 年	3 522.37	10.9%	177.92	9.7%	7 358	763.32	10 532	589.80
2005 年	5 286.00	12.2%	292.96	13.8%	10 888	1 238.67	16 245	1 116.59
2009 年	10 183.69	16.4%	396.75	2.9%	14 237	1 818.18	20 399	1 806.53
2010 年	12 579.77	23.5%	458.14	15.5%	11 779	2 122.66	22 784	2 649.01
2011 年	19 305.39	23.6%	484.64	5.8%	11 676	2 314.82	23 690	2 871.77
2012 年	22 706.22	17.6%	500.28	3.2%	11 367	2 430.22	24 944	3 374.75

资料来源：原国家旅游局官网发布的历年中国旅游业统计公报。

根据中国旅游发展态势，早在 1997 年，世界旅游组织的研究报告就预测，到 2020 年中国会变成世界第一位的旅游目的地和世界第四位的客源输出地。2008 年，世界旅游组织经过研究修正了这一预测，认为中国到 2015 年即可达到这两个指标，全球人民因此对中国旅游充满期待，中国也不负众望成为世界上最受欢迎的旅游目的地。中国作为全球最具发展潜力的旅游目的地任重而道远，中国旅游业对国民经济和社会发展的贡献率如何赶超大国模式的美国、文化模式的法国、发达模式的德国、市场模式的西班牙、城市模式的马尔代夫和新加坡等旅游强国，使中国旅游在数量增加的同时，质量和效益得到同步提升，真正成为世界旅游强国，是摆在中国旅游目的地旅游发展面前的一道难题。

1.1.1.2 "美丽辽宁"旅游目的地建设稳步推进的同时需破解空间失衡难题

原国家旅游局把"美丽中国之旅"确定为中国旅游整体形象，中国省域旅游目的地都在努力打造"美丽中国之旅"核心品牌。辽宁省是"美丽中国之旅"典型而又重要的旅游目的地，"十二五"以来旅游发展呈现逐年攀升态势，在全国居于中上水平。20 世纪 90 年代辽宁入境旅游经济总量步入全国旅游大省行列，国内旅游也以较大的市场规模飞速增长，尤其是"十二五"时期，辽宁省把旅游业作为国民经济支柱产业来建设，旅游业稳步提升，见表 1-2。

表1-2 "十二五"以来辽宁省旅游经济发展概况

年份	旅游总收入		旅游外汇收入		全国排名	星级饭店/座	旅行社/家	A级旅游区/个
	收入/亿元	与上年增长比	收入/亿美元	与上年比增幅				
2010年	2 686.90	20.7%	22.59	21.7%	7	543	1 170	150
2011年	3 335.60	24.1%	27.13	20.1%	7	551	1 162	235
2012年	3 940.00	18.1%	31.80	17.5%	7	502	1 197	220

资料来源：辽宁省历年国民经济和社会发展统计公报、中国旅游业统计公报。

辽宁省拥有质高量多的旅游（景观）资源和旅游地资源，但是与世界闻名或国内一流的旅游目的地相比，旅游市场竞争力不够强大，旅游业对国民经济贡献尚有潜力可挖。从市域层面看，辽宁省各旅游目的地旅游业空间发展不平衡，"沈阳、大连现象"突出，其他目的地旅游业发展滞后，这主要是旅游地资源禀赋差异所致，属于旅游业发展的正常区域关系。从地域层面看，辽宁省旅游业东强西弱，旅游资源丰富的辽西走廊旅游业发展缓慢，旅游（景观）资源数量、质量与旅游业效益不对称，空间错位现象明显[2]，探究并破解此类旅游业发展的时空不协调问题，加快省域和国家旅游目的地建设是现实背景之一。

1.1.2 理论背景

1.1.2.1 旅游发展顶层规划中不断深化时空思维的重要视域

旅游活动具有客源地到目的地的跨空间异地特征（旅游活动是以旅游者离开自己的常住地并且一定要再回到自己的常住地，发生空间位移为前提的）；旅游区、旅游资源、旅游目的地、旅游客源地等旅游客体具有点状、线状、面状、网状等空间分布特征；旅游者行程及旅游流等旅游主体具有多地点的空间特征；旅游吃、住、行、游、购、娱等媒介各业具有特定的空间地域特征；旅游活动是通过空间变化调整生命状态和时间的活动，旅游现象的发生、发展及趋势贯穿着一条明确的时空线索。因此对旅游发展的顶层规划必须从研究对象（旅游主体、客体、媒介三要素）的时间和空间视角出发，利用地理学的时空思维和方法对旅游发展进行空间分布、空间结构、空间关系、空间认知等层面的研究[3]。旅游目的地是旅游资源（旅游客体）所在地、旅游者（旅游主体）流向地、旅游业（媒介）依托地三地合一的复合空间，三者的复合度越高，旅游目的地旅游经济发展越好，反之，旅游目的地经济发展则存在问题。对旅游目的地旅游资源与旅游经济的时空关系分析是人文地理学需要研究的重要命题，从地理学的"人—地—时空"脉络探查旅游目的地复合特征以及发展演变规律则是旅游研究的必然选择。

旅游目的地引起了国内外学术界的普遍关注，旅游地理学者们从不同的角度对旅游目的地发展进行研究，力图寻找到激活旅游目的地发展潜力的恰当途径。

1.1.2.2 "问题导向"的"理论建构"范式在地理及旅游研究领域的倡导

科学从某种问题开始，甚至可以说问题导向就是科学存在的理由[4]。研究问题在科学研究中处于核心地位，无问题的学术研究很难产出优秀成果，旅游领域的研究也需要以问题为出发点和突破点。旅游类博士学位论文的选题在不同程度上存在研究问题的缺失、功利性明显以及跨学科研究薄弱等问题[5]。旅游产业是关联度极高的综合性产业，旅游发展面临的环境纷繁复杂，旅游研究没有现成的理论作为指导，一切都在摸索中前行。旅游目的地发展面临旅游产业边界模糊化、旅游空间复杂化等问题，使得旅游研究逐步由单维走向多维，由封闭走向开放，由简单走向复杂。客观实践的变化导致许多问题需要重新思考和认识，例如旅游经济发展与旅游资源的关系，旅游目的地的空间性特征，旅游产业发展如何通过时序安排来突破时空制约等诸多问题。旅游领域的问题值得分时段、分区域尺度、分产业要素、分业态类型、分门别类地对经典案例的具体做法和成功经验进行总结研究[6]。旅游目的地是旅游活动发生的空间载体。旅游活动是由客体（旅游资源）、主体（旅游者）和介体（旅游业）三要素构成的综合体，旅游资源是旅游活动的关注对象（客体），西方学者称其为旅游吸引物（Tourist Attraction）[7]。正是旅游资源的吸引力才导致旅游者的空间流动，才使旅游目的地旅游业产生成为现实，旅游经济繁荣成为可能。旅游资源历来是旅游地理学研究的主要内容和问题的突破点。以旅游资源为问题的着眼点，基于时空多维视角，在多学科指导下进行实践总结研究，深度解析旅游目的地发展的空间不协调问题，探查旅游目的地发展的驱动力，寻找省域旅游目的地发展的恰当模式与路径，针对省域旅游目的地发展过程中的问题，在跟踪实践—研究实践—归纳理论—服务实践—引领发展的"问题导向"中进行时空二维"理论建构"的研究范式值得倡导。

1.2 研究意义

1.2.1 理论意义

旅游目的地（简称"旅游地"）是相对于旅游客源地而存在的，是基于地理学视角对旅游系统的一种空间解构，旅游目的地是旅游现象发生、旅游产业运行的依托地，旅游目的地是对旅游系统发展影响最直接的一个子系统。旅游目的地的空间结构是区域旅游发展状态的重要"指示器"，对其进行研究既是旅游研究的经典命题，也是地理学研究的重要内容，当今旅游目的地发展面临的问题越来越复杂化、动态化，借鉴"问题导向与理论建构"的探究方式研究旅游目的地发展问题成为必然。针对旅游目的地发展时间无序、空间错位（不协调）问题，基于地理学、旅游学、经济学等多学科交叉融合的视角，通过对旅游目的地时空错位问题前因后果的探查，找出规律性和本质性的东西，在实践问题研究中总结、提炼，形成对旅游目的地认识更深刻、更全面的理论，并发挥理论对旅游目的地建设实践的指导作用。通过问题的研究不但拓展了人文地理的研究领域，更丰富和深化了旅游领域自身的理论。

　　问题的确认乃是科学工作中十分重要的部分，而且常常是十分困难的劳心之举[8]。旅游资源反映人与自然环境、社会环境之间的精神联系，是地理环境的核心要素，是旅游活动和旅游产业产生的原动力，对旅游资源内涵和外延的认识直接决定了旅游业的存在和发展潜力。经过多年的观察、思考，进行了适当的调研，笔者重提"旅游资源是旅游活动的基础要素，旅游资源作为旅游业的基础地位不可动摇"这一认识论问题。在40多年的旅游资源开发利用和旅游经济发展实践中，不断涌现出的一些旅游资源创新的典型案例表明：旅游资源在类型与范畴、功能与价值、结构与联系三个方面具有可拓展的特征；旅游资源可拓性的实践"先行"，既表明创意无限性对资源有限性的积极弥补，亦暗示对拓展有限性与覆盖性的忽视[9]。基于对旅游资源的基础性地位和对旅游资源可拓性的认识，笔者力图倡导建立一种立足旅游目的地的大旅游资源观，即旅游地资源，从而深化旅游资源的基础理论，对加快旅游目的地旅游产业发展和内涵建设具有一定的理论意义和借鉴价值。

1.2.2　实践指导意义

　　当前时间段内旅游活动内容纷繁复杂，旅游业涉及行业和范围越来越广，产值无限扩大，地位日渐提升。通常旅游业发展水平取决于旅游（景观）资源的数量和质量，越是旅游（景观）资源越丰富的旅游目的地旅游经济发展水平就越高，但是旅游（景观）资源丰富的旅游目的地旅游经济发展缓慢者却不在少数，这就是旅游发展的空间错位（不协调）现象。旅游经济与旅游资源在空间上的不协调，给人造成旅游目的地旅游业的发展可以脱离旅游资源的假象，导致实践中出现旅游发展盲目扩张，旅游投入产出不成比例的现象。本书通过对省域旅游目的地旅游发展时空错位的研究，找出错位的影响因素和根本原因，提出发展策略，解析旅游目的地发展机理，寻找最佳旅游发展模式，突破旅游时空错位（不协调）导致的旅游经济圈缩小和马太效应等不良现象，盘活旅游目的地羡余旅游资源，从而变资源优势为旅游目的地发展优势，对加快旅游业发展和提升美丽中国旅游目的地国际影响力有适度的现实意义。

1.3 研究方法

1.3.1 文献研究法

本书对旅游目的地相关研究成果进行了梳理，了解掌握了研究概况和前沿动态，夯实了本研究的理论基础。书中国际文献来源为 Wiley、Emerald、Taylor & Francis、Elsevier、SAGB、CAB 等，研究工具和平台为谷歌学术搜索；国内文献主要来源于中国知网的中国学术期刊网络出版总库和中国博士学位论文数据库。此外，部分专家学者的先期学术成果是本研究有益的参考文献。

1.3.2 实地调查法、田野工作法

为切实掌握辽宁省域旅游目的地的发展状况，获取科学、全面、翔实的第一手资料，笔者带着20年工作实践中积累的问题、困惑，多次深入辽宁14市进行实地调研，走访旅游行政管理机构、行业协会、旅行社、典型景区景点等相关部门，获得了基础资料；抽样实地考察旅游地的城镇与乡村各类旅游企业、旅游区，走访各旅游目的地社区等并记录相关资料。

1.3.3 头脑风暴法、德尔菲法、层次分析法

笔者邀请专业地位相当的6名专家，采用现场讨论的会议形式，集中征询专家对旅游目的地旅游发展的分析见解，激起头脑风暴后提炼出本论文的研究主题。为构建旅游目的地旅游空间错位评价指标体系，笔者采用专家背对背打分的德尔菲法，在全国范围内征询数名熟悉本议题的专家意见，借助层次分析法对评价指标进行多轮评定与修改，最终形成评价指标体系并对辽宁省域旅游目的地的旅游发展进行评价，得到辽宁省旅游发展的时空错位指数。

1.3.4 ASEB 栅格分析法

本书在文献分析、问卷调查、案例分析等的基础上，对辽宁省域旅游目的地旅游发展进行消费体验视角的 ASEB 栅格分析，从消费者关注的活动、环境、体验、利益等方面明确旅游目的地旅游发展的内部优劣势、外部面临的机遇与挑战，全方位诊断旅游目的地发展现实状况。

1.3.5 定量研究方法

本书利用 SPSS 软件对辽宁省域旅游发展相关数据进行分析；利用层次分析法 yaahp 软件，计算辽宁省域旅游目的地旅游空间错位评价指标体系及指标的权重。

1.4 研究内容

1.4.1 旅游目的地旅游发展的核心概念界定

旅游目的地是旅游发生的重要地域空间，旅游目的地发展的核心基础是旅游目的地资源，旅游目的地发展的标志是旅游产业繁荣，这些关乎旅游目的地发展的核心概念是地理学研究的重要内容。本研究首先界定了旅游目的地、旅游目的地资源、旅游目的地时空错位发展的基本概念。

1.4.2 旅游目的地旅游发展影响因素系统分析

目的地是旅游系统的重要组成部分，从经济学视角看是地域经济复合产业经济，发展影响因素众多。本研究基于多学科理论，系统分析旅游目的地发展影响因素：资源禀赋是旅游目的地发展基础；地理区位、交通通道、宏观环境从不同层面影响旅游目的地发展；旅游产业微观管理从根本上决定旅游目的地发展。

1.4.3 旅游目的地时空错位的机制解析

旅游目的地发展存在时空错位问题，为促进旅游目的地良性发展，本研究解析了旅游目的地时空错位的机制：体制机制包括市场机制和行政管理保障机制；政策机制包括产业、投融资、区域发展、土地政策等；主体利益驱动机制，即是利益导向与主体利益矛盾共同导致的驱动机制。

1.4.4 旅游目的地时空错位评价标准体系建构

本研究从理论上分析评价了旅游目的地的时空错位，首先明确了评价原则，其次建构了评价指标体系，并借助二维组合矩阵模型进行错位评价。

1.4.5 辽宁省域旅游目的地时空错位评价研究

本研究分析辽宁省域旅游目的地概况，对其旅游发展进行 ASEB 栅格分析，对辽宁省域旅游目的地的旅游资源、旅游经济进行研究、评价，运用建构的旅游目的地时空错位评价体系定量评价辽宁省域旅游目的地的时空错位状况。

1.4.6 辽宁省域旅游目的地时空错位发展对策

本研究在定量评价的基础上提出了资源整合策略、旅游产品转型创新策略、旅游产业融合升级策略、旅游区域时空错位发展策略，基于辽宁省实证提出了旅游目的地全域全产业旅游发展范式。

1.5 技术路线

本研究的技术路线如图1-1所示。

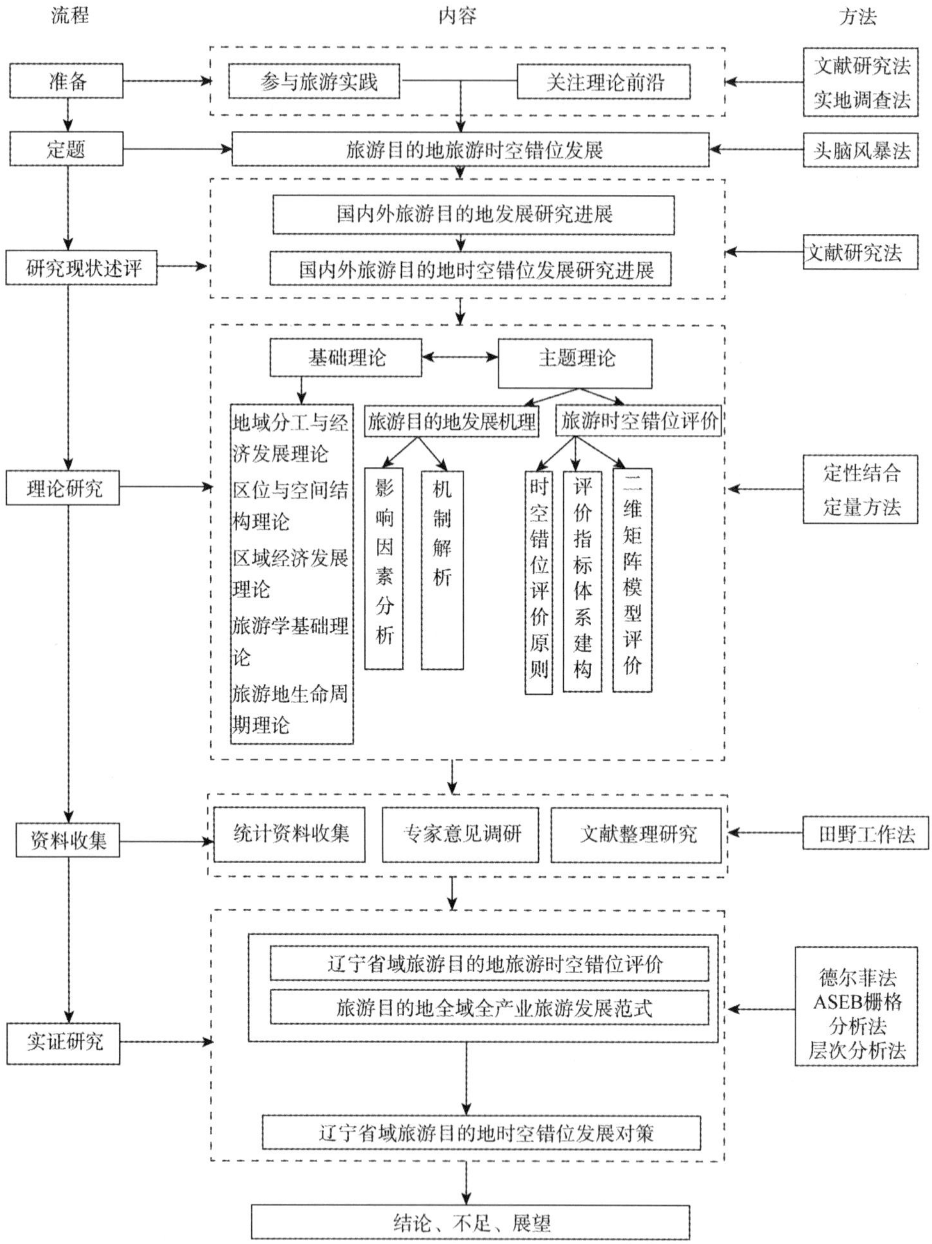

流程	内容	方法
准备	参与旅游实践 ← → 关注理论前沿	文献研究法 实地调查法
定题	旅游目的地旅游时空错位发展	头脑风暴法
研究现状述评	国内外旅游目的地发展研究进展 国内外旅游目的地时空错位发展研究进展	文献研究法
理论研究	基础理论 ↔ 主题理论 基础理论：地域分工与经济发展理论、区位与空间结构理论、区域经济发展理论、旅游学基础理论、旅游地生命周期理论 主题理论：旅游目的地发展机理（影响因素分析、机制解析）、旅游时空错位评价（时空错位评价原则、评价指标体系建构、二维矩阵模型评价）	定性结合定量方法
资料收集	统计资料收集　专家意见调研　文献整理研究	田野工作法
实证研究	辽宁省域旅游目的地旅游时空错位评价 旅游目的地全域全产业旅游发展范式	德尔菲法 ASEB栅格分析法 层次分析法
	辽宁省域旅游目的地时空错位发展对策	
	结论、不足、展望	

图1-1　技术路线

2 旅游目的地研究进展

2.1 旅游目的地发展国内外研究进展

2.1.1 国外研究进展

基于谷歌学术搜索平台,笔者以主题"Tourism Destination Resort""Tourism Spatial Mismatch""Tourism Resources and Tourism Economy"等为关键词进行搜索,从中筛选出被引频次较高的 145 篇学术成果,通过研究发现,国际"旅游目的地"研究已经具有一定深度和广度,基本上形成了一个以旅游目的地为核心的研究框架[10]。旅游目的地早期研究主要集中于旅游目的地形象、旅游目的地定位和营销等领域,并逐渐拓展至旅游目的地的竞争力、旅游目的地的游客管理、旅游目的地的治理、旅游目的地的忠诚度等领域。

2.1.1.1 旅游目的地形象研究进展

旅游经济作为印象经济,具有独特鲜明的旅游形象是其竞争的关键。旅游目的地形象即旅游目的地在游客心目中形成的综合感知印象,是游客选择目的地之关键因素。旅游目的地形象研究起源于 20 世纪 70 年代,以美国 J. D. Hunt 的博士论文 *Image: a factor of tourism* 为标志,旅游目的地形象(Destination Image)正式进入学者研究视野,相关研究逐步深入,通过对外文数据库的综合检索,筛选得到 12 篇相关成果,研究的主要内容集中于旅游目的地形象概念、影响因素、组成要素、测量与评价、塑造方法、作用等方面[11]。国外对旅游目的地形象的理论研究主要有[12-17]:Martin Oppermann(1996)基于协会会议组织策划者的感知视角明确了会议型目的地的选择标准,指出积极感知形象之作用,建议会议目的地在制定营销策略时应该突出其积极形象来吸引潜在旅游者。Seyhmus Baloglu

等（1999）建构了旅游目的地形象的形成模式。Steve Pike（2002）研究了1973—2000 年发表的 142 份成果综述中关于目的地形象研究的地域级别、调查对象、分布、类型、方法等。Hyounggon Kim 等（2003）分析了电影等对旅游目的地形象的冲击。Cathy H. C. Hsu 等（2004）对有比较优势的旅游目的地形象进行了研究，认为游客和非游客对旅游目的地形象的认知不同，不同的居民对旅游目的地形象的感知也不同。Nina K. Prebensen（2007）研究远距离的目的地如何在潜在旅游者心目中树立旅游形象，并提出辨别旅游者形象感知的技术性方法。国外对旅游目的地形象的实证研究主要有[18-23]：W. M. Choi 等（1999）基于定性和定量的方法，评估了香港作为旅游目的地被广泛认同的形象是"购物天堂"。旅游者游前和游后对旅游目的地形象感知有差别，Manjula Chaudhary（2000）通过外国旅游者游前期望值与游后满意度的差距，分析了印度旅游目的地形象的优劣势。Seyhmus Baloglu 等（2001）就美国的旅游中介机构对意大利、希腊、土耳其、埃及等地中海地区旅游目的地的形象感知进行了分析，认为感知维度不同形成的旅游形象也不同。Joseph S Chen（2001）对前往北美、欧洲、亚太地区的韩国出境旅游者所感知到的目的地形象进行调查和对应性实证研究，得出亚太地区最受韩国游客青睐。Svetlana Stepchenkova 等（2006）从在线感应角度分析了俄罗斯在美国的旅游目的地形象比较混乱，并提出是美国和俄罗斯所提供的旅游信息不同导致的。网络是旅游目的地形象塑造的重要途径，Soojin Choi 等（2006）基于澳门旅游相关网站的内容分析了目的地形象的 Web 表现：不同网站由于受众及沟通目标的不同，其传达出的旅游形象也不尽相同。

旅游目的地形象研究方法由简单到复杂、由定性到定量，研究层次由浅入深，研究内容逐步多元化，既对游前、游中、游后旅游形象多相关环节进行研究，同时也研究了旅游目的地客观因素、旅游者主观因素和旅游形象传播渠道因素等方面。

2.1.1.2 旅游目的地定位研究进展

旅游目的地定位是针对目标市场通过服务实物和宣传控制，在公众心目中树立独特形象。借助市场定位战略，旅游目的地可以有针对性地满足市场需求来提高市场份额，从而增强市场竞争力。20 世纪 70 年代起旅游目的地的定位研究开始出现，到 90 年代逐渐成为研究的热点，通过对外文数据库的综合检索并筛选后得到 6 篇旅游目的地定位方面的研究文献[24-29]。其中侧重分析单个旅游目的地定位的有：Zafarll Ahmed（1991）选择了犹他州这一旅游目的地，通过分析游客感知的犹他州旅游形象，得出旅游市场定位应重视目的地形象优势和原生型评分高而非诱导型评分高的形象因素；Jonathon Day 等（2002）通过美国旅游市场选择澳大利亚作为旅游目的地的驱动因素研究，提出使用恰当视觉照片帮助形象定位的新方法；Essam E. Ibrahim 等（2005）基于巴巴多斯岛旅游定位战略分析了游客满意度与旅游目的地形象的双向互动关系；Liu Z P 等（2008）借助普罗格模型分析了旅游目的地已由吸引近冒险型游客变为吸引中间型游客，指出哥斯达黎加不能忽视生命周期中衰落期即将到来的趋势，进行恰当定位。把旅游定位置于多旅游目的地竞争环境中的研究有：Joseph S. Chen 等（2002）对比分析了弗吉尼亚相对于美国哥伦比亚区和东部8州的市场地位；Samuel Seongseop Kim 等（2005）研究了韩国旅游者对多个雷同形象的境外蜜月型旅游目的地的定位和竞争。曲颖等（2011）对国外旅游目的地定位研究进行总结，认为研究视角日益宽泛，由主要研究竞争目的地之间定位感知的比较结果到对目的地定位流程中的各环节进行研究，主要围绕8个方面展开：①比较游客对目的地之间的感知定位的调研性文章；②旅游者的人口统计特征及行为特点对目的地定位的影响；③目的地选择标准；④目的地定位的变化；⑤目的地定位模型；⑥目的地定位技术方法；⑦目的地市场细分和目标市场选择问题；⑧目的地定位及促销策略等的实证研究[30]。

旅游目的地定位是旅游目的地形象战略的基础环节，不仅取决于旅游目的地本身的特征和传达方式，更取决于游客的主观认知，国外旅游目的地形象定位主要是从旅游者视角进行研究的，研究内容涉及旅游主体的个体特征和感知程度等。

2.1.1.3 旅游目的地营销研究进展

旅游目的地营销研究在国际上起于20世纪70年代，到90年代备受重视，通过对外文数据库综合检索，共筛选出8篇旅游目的地营销的研究文献[31-38]，主要研究内容集中于旅游目的地营销及营销组织、旅游目的地促销和旅游目的地形象等方面[39]。上文已对旅游目的地形象研究进行分析，在此不再赘述。旅游目的地营销组织方面的研究有：Adrizan Palmer 等（1995）基于单个利益相关者营销能力有限、市场机制无法使所有利益主体支持并依靠集体营销、各利益主体通过取长补短的合作营销更有利于达成各自目标等分析，指出旅游目的地营销联盟的建立很有必要[31]；Adrian Palmer（1998）根据旅游目的地营销联盟在覆盖范围、组织形式、运作模式及参与动机等层面的协作程度，将其分为不成熟型与成熟型两类[32]；Hui M. Chen 等（2005）认为旅游营销联盟组建的动机有促销渠道多样化、降低成本、提升市场地位、强化形象，提高绩效等[33]。对旅游目的地促销研究的有：Roger March（1994）研究的旅游营销的内涵，指出以促销当营销容易导致旅游营销短视[34]。信息技术与旅游目的地营销方面的研究代表性的有：Robin J. B. Ritchie 等（2002）认为，旅游目的地营销的信息系统是通过满足目的地营销组织和旅游经营商这两个主要群体的信息需求来确保系统有效性的[35]；Bill Doolin 等（2002）提出用互联网商业应用扩展模型来评价在线旅游营销效果、用交互性来衡量旅游营销网站的成熟度[36]；Youcheng Wang 等（2002）提出虚拟旅游社区这一营销方式的出现改变了旅游生产、商业模式[37]；Karl W. Wöber 等（2003）认为，市场营销决策支持系统既能有效地对信息进行收集、存储、处理及传播，还可以进行市场的预测和决策[38]。

随着旅游业的深入发展，市场营销已成为旅游目的地发展的必然战略，它直接影响目的地的竞争力，未来对其研究的广度和深度会不断得到扩展。旅游目的地营销研究热点将逐渐从宏大整体过渡到查漏补缺的碎片。

2.1.1.4　旅游目的地品牌研究进展

旅游目的地同质化现象越来越明显，旅游目的地已经由产品和价格竞争进入品牌化发展阶段。21 世纪以来旅游目的地品牌研究逐步升温，通过对外文数据库的综合检索，共筛选出 8 篇旅游目的地品牌研究文献[40-46]。研究主要从旅游目的地品牌化内涵、品牌构建、传播、管理、评估等方面展开[47]。最早对旅游目的地品牌进行理论研究的是 Durdana O. Dosen 等（1998）对克罗地亚旅游品牌的分析[40]。Liping A Cai 等（2002）认为，旅游目的地品牌化的困难主要来自旅游者、旅游目的地和外部环境 3 方面[41]。Juergen Gnoth（2002）指出，旅游目的地品牌的作用可以分为功能的、象征性的和体验的 3 种类别[42]。Philip Kotler 等（2002）认为，旅游目的地品牌可以强化旅游产品的效用、满意度和质量[43]。Sun Y. Park（2006）通过对业界的调查得出旅游目的地品牌战略的目的在于塑造独特的旅游目的地形象，并通过管理、营销等提升旅游目的地的竞争力[44]。Graham Hankinson（2004）分析了商务旅游目的地品牌形象属性[45]。品牌资产通常用来测度消费者对品牌的整体认知，是一个包含品牌认知、品牌形象、感知质量和品牌忠诚的多维度概念，Soyoung Boo 等（2009）基于实证研究提出了涵盖上述多维度和品牌体验维度的品牌资产模型[46]。郭永锐等（2011）总结出国外旅游目的地品牌研究主要围绕旅游目的地品牌概念、内涵、意义及所面临的挑战以及品牌资产等领域展开，国外对旅游目的地品牌的研究是由最初的目的地主权向旅游者主权转移的[48]。

2.1.1.5　旅游目的地竞争力研究进展

旅游目的地竞争力问题是 20 世纪 90 年代国际旅游研究领域又一热点，通过对外文数据库的综合检索、筛选，得到 9 篇旅游目的地竞争力方面的研究文献[49-57]。研究主要集中在旅游目的地竞争力概念界定和影响因素解析等方面，例如 Geoffrey I. Couch 等认为（1999），旅游目的地竞争力即为当地的居民提供较高标准生活的能力[49];Anne M. D'Hauteserre(2000)基于赌博胜地 Foxwoods 的实证研究从市场学的角度出发,指出旅游目的地竞争力是能够维持并提高市场地位、份额的能力[50];Salah S. Hassan(2000)从可持续发展角度建构了涉及所有利益相关者的旅游目的地竞争力模型[51];经过比较可知,旅游目的地竞争力概念应该从可持续发展、社会繁荣和居民福利等角度来界定,作用于旅游目的地竞争力的因素较多。Geoffrey I. Crouch(1992)分析了收入、价格等是影响国际旅游者的重要因素[52];Larry Dwyer 等(2003)认为,环境质量直接影响旅游者对旅游目的地的感知,环境管理能使旅游目的地产生经济效益,是旅游目的地竞争力重要的影响因素,认为市场需求对旅游目的地竞争力也起重要作用[53];Michael J. Enright 等(2004)研究了企业因素、旅游吸引物和旅游目的地竞争力的关系,以香港为实证研究对象,得出企业因素之相关性比旅游吸引物要大[54];Michael J. Enright 等(2005)基于对香港、曼谷、新加坡3个城市的对比研究得出,决定旅游目的地竞争力的因素往往因区位和目标市场的不同而不同[55]。Robert Govers 等(2000)对欧洲多个旅游目的地竞争力进行研究后认为,通过全面质量管理维持并提高供给质量,能更好地满足旅游者需要,提高目的地的竞争力[56]。对旅游目的地竞争力评价也是学界研究的重点。Douglas G. Pearce(1997)认为,旅游目的地竞争力评价即系统对比分析旅游目的地的多种属性,其研究的方法有定性和定量的,评价指标有软指标和硬指标等[57]。无论是从内容上还是方法上,国际旅游竞争力研究范畴广泛,形成了比较成熟的研究框架[58]。

旅游目的地竞争力是旅游目的地发展之关键,也是研究之热点,今后旅游目的地竞争力研究还有待在概念统一界定、竞争力的因果关系、竞争力评价指标规范化和时空适应性等层面进一步深化。

2.1.1.6 旅游目的地游客管理研究进展

旅游目的地游客管理是研究的新热点,通过对外文数据库的综合检索,筛选后得到5篇旅游目的地游客管理方面的早期研究文献[59-63]。游客对旅游目的地冲击的研究代表性的成果有:John Glasson(1994)指出,牛津作为遗产城市承受着游客带来的巨大压力,需要重视对游客的管理[59];Nina S. Prebensen 等(1996)基于俄罗斯索契地区的实证研究了游客带来的环境冲击、旅游业发展等问题[60]。旅游目的地游客安全管理的研究成果有:Sheng H. Tsaur 等(1997)对游客在旅游目的地的安全问题进行了模糊评价[61];Sevil F. Sönmez 等(1998)对恐怖主义给旅游目的地安全带来的影响进行了研究[62];Bill Faulkner(2001)就新西兰探险旅游中游客在旅游目的地的安全风险概率进行了评估[63]。曹霞等(2006)通过分析旅游目的地游客管理相关研究成果,总结得出研究内容涵盖游客偏好需求、游客行为管理、容量管理、体验管理、冲击管理、安全管理等方面，研究中游客体验评价和生态冲击管理是热点领域；游客目的地选择的偏好、生态冲击对策、体验质量和影响因素等研究是较为成熟的领域；旅游流量、流向预测、旅游者项目偏好、目的地的利益主体、目的地的主客关系和游客管理评价等是需要加强和深入研究的领域。总之，国外旅游目的地游客管理研究呈现出内容不断细化、领域逐步扩展、体系日益完善的局面[64]。

2.1.1.7　旅游目的地治理与发展研究进展

治理是理解旅游目的地复杂性和推动旅游目的地治理模式优化的新范式，倡导政府与私营部门及社会的伙伴关系，主张政府、市场、社会和公民共同参与管理，追求实现经济、效率、效益、公平的"4E"目标[65]。国外旅游研究对治理范式的关注始于20世纪90年代，2006年国外文献中首次出现"目的地治理"一词，2011年英国出版了旅游目的地治理专题研究论文集。旅游目的地治理与发展是国际研究的新领域，正越来越受到重视，通过对外文数据库的综合检索，筛选后得到7篇与旅游目的地治理相关的研究成果[66-72]，主要有旅游目的地治理概念和内涵、治理意义、治理模式、协作治理、伙伴关系治理、多层次治理和网络治理等研究方面。综合旅游目的地治理的概念与内涵研究，可知其涵盖政府管理视角治理（如世界旅游组织认为目的地治理是目的地管理组织的行动和运行）、社会自组织治理、政府与社会共同治理等，国外研究尤其注重后两种治理。Bo Svensson 等（2005）基于社会自组织视角认为，目的地治理没有明显的领导权和给定的权威，意味着较少的控制的可预测性[66]；Korel Göymen（2000）基于政府与社会共同治理视角认为，旅游目的地治理是一种自下而上的政府与社会的新型关系[67]；目的地治理意味着去中心化；Fisun Yüksel（2005）认为，目的地治理将治理的主体从中央政府转移到个体或机构，从而形成政府、私人、志愿部门等共同治理的结构[68]。旅游目的地治理意义重大。Adrian Palmer 等（2002）认为治理直接关系旅游目的地成功与否[69]；王京传等（2013）经过研究总结出治理能够影响旅游目的地的竞争力、可持续发展，是旅游规划的推力和目的地适应变化的有效工具[65]。对旅游目的地治理模式研究中，Narelle Beaumont 等（2010）通过实证研究提出当地委员会领导型、参与者主导的社区型、旅游机构领导的产业型3种旅游目的地治理模式[70]。全球化时代旅游目的地空间治理也超越国家、区域等界限趋向全球化，梳理国外旅游目的地治理空间层次，可以分为社区、地方、区域、国家、跨国区域、全球等[65]。伙伴关系是一种多元主体间的合作机制，其目的是形成影响所有成员的政治和行动共识。P. F. J. Eagles（2009）指出，伙伴关系正在被国外旅游目的地用来提高政绩，国外旅游目的地伙伴关系治理研究主要集中在伙伴关系动态进程和伙伴关系评价两方面[71]。协作治理是旅游目的地治理的新战略，Chris Ansell 等（2008）认为，协作治理是将多元利益相关者和公共部门集中到一个共同平台，以实现共识导向的治理[72]。治理的多元化不可避免会形成网络，网络治理正在成为国外目的地治理研究的一个新趋向。国外目的地网络治理研究主要是关注目的地网络形成、构成要素及其结构特征[65]。

国外旅游目的地治理的理论研究渐成体系，在实践中多元治理模式逐渐形成，未来相关领域研究将趋热，研究空间较大。

2.1.1.8 旅游目的地忠诚度研究进展

旅游目的地忠诚度研究始于20世纪20年代，直到21世纪才引起国际学术界的广泛兴趣。对外文数据库综合检索分析发现，学界往往用旅游者的重游意向和口碑推荐作为评价目的地忠诚度的主要参考。旅游目的地忠诚度组成结构的理论及实证是目前主要的研究内容。余意峰等（2010）总结了旅游目的地忠诚度未来研究的三大方向，即针对目的地忠诚度及属性忠诚度的区分、忠诚度特殊性和忠诚度决定因素的研究，此方面研究给旅游目的地研究带来了较新的研究视野[73]。

综上国外旅游目的地研究分析可知，就旅游目的地研究角度而言，国外研究比较全面、均衡，将旅游目的地置于多学科背景下进行综合交叉研究，取得的研究成果基本与旅游目的地发展实践并行，为旅游目的地良性发展提供了一定借鉴。

2.1.2 国内研究述评

国内20世纪90年代以来开始对旅游目的地进行多视角研究，中国知网和研究生学位论文库是国内学术成果的主要阵地，基于中国知网的学术期刊、博士论文和优秀硕士论文等数据库，通过题名"旅游目的地"进行模糊搜索，剔除重复发表和与主题无关的稿件、新闻报道、采访实录后，截至2013年9月25日，共筛选获得高影响力的相关有效文献193篇，对其进行文献梳理统计、分析研究。

2.1.2.1 文献来源及解析

国内旅游目的地研究高影响力的193篇文献构成为，专业期刊论文139篇，研究生学位论文53篇，专著1部。53篇研究生学位论文中，优秀硕士论文43篇，约占81%；博士论文10篇，约占19%，这一比例与我国研究生培养以硕士为主相符。学科来源以管理学类（31篇，约占59%）、地理学（19篇，约占36%）为主，两者共占95%；剩余3篇约占5%，分别是市场营销学（博士1）、产业经济学和城市规划与设计（硕士2）。占总数比例59%的管理学位论文，以旅游管理（23篇，约占43%）为主，占管理学位论文的74%；占总数36%的地理学位论文以人文地理（16篇，约占30%）为主，占地理学位论文的84%。可见，对旅游目的地研究取得硕博学位的学科主要集中在旅游管理和人文地理，两者共占74%，由此旅游管理和人文地理成为旅游目的地研究的两大支柱学科。综合学科与研究生层次可以发现，研究旅游目的地获得管理学位的硕士与博士比例为28∶3，约90%集中在硕士层次；研究旅游目的地获得地理学位的硕士与博士比例为13∶6，博士层次约占32%，且均是人文地理学博士。由此研究旅游目的地的旅游管理学硕士和人文地理学博士是两大主力阵营,具体分布情况见表2-1。

表2-1 国内旅游目的地研究学位论文来源一览表

大类	博士论文（10篇，占19%）和硕士论文（43篇，占81%）									
中类	管理（31篇，占59%）					地理（19篇，占36%）				其他
小类	旅游管理		企业管理		其他管理	人文地理		自然地理		—
微类	硕士	博士	硕士	博士	硕士	硕士	博士	硕士	硕士	博士
数量	21	2	5	2	1	10	6	3	2	1
比例	40%	4%	9%	4%	2%	19%	11%	6%	4%	2%

139篇专业期刊论文以旅游学（66篇，约占47%）、地理学（37篇，约占27%）、综合学报（16篇，约占12%）为主，三者共占86%；少量分布于经济类、管理类和其他分散学科期刊。可见旅游目的地研究成果公开发表主渠道集中于旅游类、地理类专业期刊和综合性学报，见表2-2。

表2-2 国内旅游目的地研究期刊论文来源一览表

大类	期刊论文					
学科	旅游	地理	经济	管理	综合学报	其他期刊
数量	66	37	8	4	16	8
比例	47.4%	26.6%	5.8%	2.9%	11.5%	5.8%

2.1.2.2 基于时间线索的文献内容结构解析

对精选出影响力较高的193篇研究成果进行纵向梳理分析,发现国内1994年以后对旅游目的地旅游发展的研究不断升温,并呈现主题集中化和内容多元化状态,主要集中在营销、形象、发展、需求、专项、实证、供给、效应、管理、空间结构及综合等研究方面,从时间角度对内容结构解析见表2-3、图2-1；研究数量在21世纪以后逐年稳步增长,如图2-2所示。

表2-3 国内旅游目的地研究期刊论文来源一览表

	时间	营销	形象	发展	需求	专项	实证	供给	效应	管理	空间结构	综合
20世纪	1994年（1）				1							
	1995年（1）					1						
	1996年（5）	2	1					1	1			
	1997年（3）			1					1		1	
	1998年（3）						1	1			1	
	1999年（2）	1						1				

续表

	时间	营销	形象	发展	需求	专项	实证	供给	效应	管理	空间结构	综合
21世纪	2000年（4）		2						1	1		
	2001年（3）	1	1							1		
	2002年（8）	2	1			2	2		1			
	2003年（10）					1		1	2		1	5
	2004年（15）	1	1	2		1	3	2			3	1
	2005年（15）	1	2	1	2	1		2	1	1	1	3
	2006年（22）		1		1		5	3	2	2	1	7
	2007年（20）	2	2	1		2	2	5		2	1	3
	2008年（12）	2	2	1	1		1	2				3
	2009年（18）	2	2			1	3	4	1		1	4
	2010年（13）	1	1	1	1	4		4				1
	2011年（15）	1	2	1		4	1	1	2			3
	2012年（14）	2	1	1	2	4						4
	2013年（8）	1	1	1		1				1		3
总计	192	13	23	12	10	24	19	24	10	15	9	37

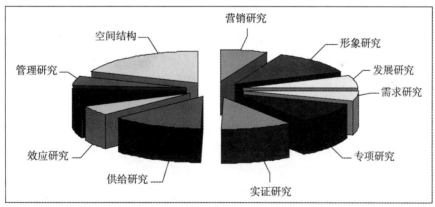

图2-1 国内旅游目的地研究内容数量分布

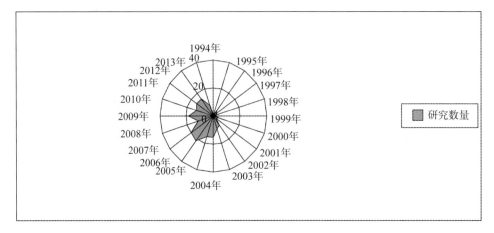

图2-2 国内旅游目的地研究数量时间变化

2.1.2.3 旅游目的地国内研究述评

旅游目的地国内研究的内容主要有宏观研究、微观研究和综合研究3个方面。

（1）旅游目的地宏观研究述评

国内对旅游目的地的宏观研究主要涉及经济学研究（供给、需求）、市场学研究（形象、营销）和管理学研究（管理、效应、发展）等。

1）从经济学视野研究旅游目的地：需求视野研究与供给视野研究。旅游者（主体）需求视角的研究是国内旅游目的地研究的重要视角。在筛选的国内193篇文献中，共有10篇是从主体需求的消费行为、人口统计、社会行为等角度研究旅游目的地，代表性研究成果：吴必虎等（1997）运用问卷调查方法，总结出中国城市居民出游目的地选择的行为规律，探讨了年龄、职业、性别、受教育程度等诸多因子对旅游目的地选择的影响[74]；赵现红（2010）分析旅华游客旅游目的地选择的影响因素和限制因素，得出洲际客源更多考虑旅游吸引物、交通、设施、服务等促成因素，洲内客源更多考虑价格、时间、距离等限制性因素[75]；葛学峰（2012）基于国内游客以探新求异为主要动机、重游率不高的现实，研究了潜在旅游者目的地选择行为意向方面的影响因素[76]。此类研究大多基于问卷调查探讨不同旅游群体（入境与国内游客、现实与潜在游客、普通与特殊游客等）选择旅游目的地的影响因素和规律，研究较多采用自然科学的实证研究方法。国外对应研究是旅游目的地定位，其内容还包括感知、选择标准、定位变化、技术和方法等，相比较而言国内对旅游者选择目的地规律探讨集中在影响因素或模式，研究内容不够丰富。旅游目的地供给视角的研究不可或缺。旅游目的地是旅游活动发生地、旅游者（需求）流向地、旅游资源产品和旅游业（供给）

2 旅游目的地研究进展

地,旅游目的地旅游供给直接决定其发展前景,对其研究也成为必然。此类研究成果均为硕博学位论文,代表性的如文彤(2007)选择旅游目的地供给核心,即标志景区,分别研究了城市型和乡村型标志景区的发展规律,建构了标志景区形成发展的价值、关联、主体"三维度"模型[77]。国内对旅游目的地供给研究着眼点集中在资源、产品、产业、市场、政府、环境等领域,就某环节探讨旅游供给理论对实践有借鉴作用,但系统的理论研究相对缺乏。

2)旅游目的地市场学视角研究:旅游目的地形象研究和旅游目的地营销研究。我国旅游目的地形象研究始于20世纪90年代中后期,由陈传康教授引导并逐步发展[78];黎洁等(1996)对旅游目的地旅游形象及战略进行了研究[79];李蕾蕾(1999)形成我国第一部系统研究旅游目的地形象的专著[80];周年兴等(2001)基于对南京的实证分析,研究了旅游目的地形象形成过程,提出了旅游目的地形象的生命周期问题[81];黄震方等(2002)研究旅游目的地形象认知过程,探讨了旅游目的地形象推广模式[82];程金龙等(2004)梳理了我国旅游形象研究的理论进展,在明确成就与问题的基础上指出未来旅游目的地形象研究的趋势[83];卞显红等(2005)基于上海和西安的实证研究,得出基于有利形象模式来评价旅游目的地形象比较有效[84];胡抚生(2009)指出,旅游目的地形象涵盖景观、餐饮、休闲娱乐、经济社会环境、交通、购物、氛围等多维,其在不同的维度影响游客的推荐意愿和支付意愿,从而最终影响旅游主体的消费行为[85];张宏梅等(2011)基于入境和国内游客比较研究,探讨了游客涉入对旅游目的地形象感知的多维度影响[86]。旅游目的地形象研究一直是旅游研究的热门领域,国内对旅游目的地的形象概念、构成要素、形成机理、影响因素、发展趋向等问题进行了系统研究,从最初关注主体视角的旅游目的地形象向注重旅游目的地形象形成的全过程转变,理论建构更为全面系统,研究方法逐步丰富。旅游目的地代表辖区内的旅游企业进行营销,即旅游的目的地营销,是国内研究关注最多的领域,国内戴斌在1996年首先提出旅游目的地营销。李宏(2004)提出建构包含多层面、多要素的广义旅游目的地营销系统,并对旅游目的地营销系统的运作机制进行探讨[87];龙江智(2005)指出旅游目的地营销理解存在偏差,运用系统分析法提出对策[88];高静等(2007)对国内单一的政府旅游目的地营销主体现状进行反思,提出多元营销主体协同营销机制[89];艾建玲(2008)运用分层聚类对湖南省旅游目的地营销系统进行分层聚类解析,并提出相应的营销对策[90];王有成(2009)建构了旅游目的地营销系统模型,并进行了有效性评估[91];粟路军等(2009)认为事件营销是旅游目的地营销的利器[92]。国内运用定性结合定量的方法就营销主体、要素、策略、模式、机制、绩效与评价等领域对旅游目的地营销进行了系统研究，从单一目的地形象营销转向多视角，关注营销组织、技术等，研究成果表明我国旅游目的地营销理论在不断摸索中成长，未来此类研究仍将持续。

3）旅游目的地管理学研究：旅游目的地管理研究、影响效应研究和发展研究。在旅游目的地发展过程中，管理对其良性发展起到了积极的作用。旅游目的地管理研究在国内起步较早，代表性的成果有：郭鲁芳（1999）在明确旅游目的地形象重要性的基础上，探讨了旅游目的地形象策略[93]；舒伯阳（2000）研究了旅游目的地市场推广体系，认为市场推广通常包含形象、活动、营业等层面的推广，并提出整合营销、权变营销、追踪营销等系列营销策略[94]；谭林等（2001）认为旅游目的地处在旅游业价值链的核心地位，基于聚类分析、模糊综合分析等方法建构了旅游目的地综合评价指标体系[95]；何方永（2007）通过研究我国旅游目的地游客管理现状，提出了认识、推广、研究、发展游客管理的链条式管理模式[96]；Alastair Morrison 等（2013）提出通过旅游目的地管理与营销的平台来打造优质旅游目的地[97]。分析国内已有研究成果发现，与国外此类研究的着眼点不同，国外较多关注旅游目的地的游客管理，国内管理的着眼点较多，虽然也有针对游客管理的研究但其不是研究的主流，未来旅游目的地管理将会更多地关注游客管理。旅游目的地影响效应研究是旅游目的地管理的分支，国内已有成果不多，代表性的有：刘赵平（1996）研究了反向公关宣传对旅游目的地的负面影响，并提出发展对策；李蕾蕾（2000）探讨了跨文化传播给旅游目的地地方文化认同带来的影响；肖佑兴（2002）对旅游目的地的旅游效应进行了研究；李经龙等（2003）探讨了旅游对旅游目的地社会文化的影响；韩晶晶等（2005）研究了旅游目的地在空间上存在的马太效应，探讨了其成因和影响；刘睿文等（2006）探讨了旅游目的地形象形成过程的"既成事实""先入为主"等效应；寇敏（2006）就旅游目的地社区对旅游影响的态度进行了研究；张芳芳等（2009）探讨了旅游类博客对目的地形象传播的影响；任宁宁（2011）研究了旅游目的地品牌效应；张彦等（2011）探讨了旅游活动给城市型旅游目的地的社会资本产生的影响。已有的成果从正、负不同层面对旅游目的地的经济、社会文化等效应和影响进行研究，对旅游目的地管理有借鉴作用。研究较多关注社会文化和经济效应，对生态环境效应关注不多。随着我国生态文明建设的推进，未来旅游目的地生态环境效应与影响将逐步进入研究范畴。

国内对旅游目的地发展研究历来重视，在筛选的193篇文献中共有12篇选择了对旅游目的地发展进行研究，代表性的研究有：吴必虎（1996）从旅游生态学角度研究了旅游目的地可持续发展[98]；崔凤军（2001）研究了我国传统型旅游目的地的创新和发展[99]；保继刚等（2004）研究了城市旅游目的地地位变化，得出地理集中指数变化趋缓的结论，指出旅游驱动力变化、城市功能和地位变化及城市旅游目的地竞争等是造成地位变化的因素[100]；赵艳（2010）指出自然灾害后旅游目的地的发展适宜采取政府主导+企业参与型发展模式；文彤等（2011）基于调查和访谈实证研究了香港面向本地市场的旅游目的地发展[101]。国内学者借鉴生态学、经济学、管理学、市场学、人类学、社会学等多学科，运用实证或现象方法对旅游目的地发展的创新、整合、变化、竞争等进行多角度的研究，解析快速发展的旅游目的地内在机理，对旅游目的地未来发展有一定的指导作用，但对旅游目的地时空错位发展的系统理论研究尚属空白。

（2）旅游目的地国内微观研究的述评

旅游目的地微观研究主要涉及专项研究、实证研究、空间结构研究等。

1）旅游目的地专项研究。专项旅游目的地是指具体类别的旅游目的地，因为特定指向而区别于一般旅游目的地。因为旅游目的地的具体类别纷繁复杂，国内此类研究成果总量最大。国内影响力较高的期刊论文有：唐铁顺（1998）对旅游目的地的社区化发展进行研究，探明了旅游社区类别及进化机制[102]；郭英之等（2004）对中国出境旅游目的地的市场定位和市场竞争进行了研究，中国公民对出境旅游目的地属性特征的要求主要集中在安全性、优美景色等方面[103]；田敏等（2005）认为乡村旅游目的地在我国具有较大的发展空间，并针对乡村旅游目的地发展的问题提出了未来发展的思路[104]；陈晓静（2005）对会议型旅游目的地的选择标准和目的地满意度评估标准进行了研究[105]；陆军（2006）探讨了红色旅游目的地的动态营销策略[106]；宋国琴（2006）基于浙江省海岛的实证研究总结出了海岛型旅游目的地吸引力的六大影响因子[107]；余科辉等（2007）基于邮轮旅游的特征对世界游轮旅游目的地发展和邮轮母港建设进行了研究[108]；杨振之等（2007）以"旅游目的地"和"旅游过境地"为研究对象探讨了不同旅游地间旅游产品、旅游产业的空间竞争与合作问题[109]；王琢等（2009）对黄金海岸旅游目的地的营销进行了多层次的研究[110]；于锦华（2010）解析了体育旅游目的地的内涵、特征，研究了其竞争力的构成和提升策略[111]。有关这方面的硕士或博士学位论文研究内容十分广泛，主要有红色旅游目的地的满意度评价、民族型目的地社会文化影响、滨海型目的地的国际化、非优区位目的地发展、都市旅游目的地空间结构、农业旅游目的地居民满意度、沿海旅游目的地发展、滑雪旅游目的地旅游竞争力、高尔夫旅游目的地竞争力评价、生态旅游目的地竞争力演变、冰雪旅游目的地引力模式等方面。梳理国内此类研究文献并分析可知，国内对专项旅游目的地的研究着眼国内，研究内容分散，主要涵盖红色、冰雪、海滨海岛、乡村、文化遗产、体育、生态、高尔夫、低碳、农业、会议、游轮等专项旅游目的地,研究类型面面俱到,有市场定位、产品开发、竞争力评价、满意度、空间结构演变等,理论上的探讨对专项旅游目的地的实践发展具有很好的指导意义,随着旅游消费越来越个性化,未来此类研究仍是热点。

2) 旅游目的地实证研究。旅游目的地实证研究以实践为着眼点,研究旅游目的地旅游发展理论,成果相对丰富,硕博学位论文的实证范围较广,主要有上海水乡古镇旅游目的地、长三角旅游目的地空间结构优化、黑龙江省旅游目的地营销策略、自贡市旅游目的地营销战略、"好客山东"旅游目的地营销模式、海南旅游目的地营销战略等研究。赵安周等(2011)基于北京、上海一级入境旅游目的地城市的实证研究,建构了这类目的地的旅游意象评价指标体系,并用来评价旅游意象[112];旅游目的地选择受多种因素影响,孙根年等(2011)就资源丰度、区位指数、贸易关联度等因素实证研究了日本游客入境旅游目的地选择的景点择高、距离择近、经济联系择富的现象[113];厉新建等(2013)以北京为实证对象,提出以"全域旅游"建设世界一流旅游目的地的创新理念和理论[114]。综上分析发现,旅游目的地的实证研究在21世纪的前几年主要表现为硕士或博士学位论文,之后学位论文和学术期刊研究齐头并进,实证选择的对象很灵活,虽没有规律可循,但诸多的实证研究从实践研究中发现规律,形成理论,并用来指导实践,具有一定的作用,值得倡导。

3) 旅游目的地的空间结构研究。基于地理学视角,旅游目的地是界限明确的地理空间和经济活动区域,对其空间结构的研究历来是旅游目的地研究重点,影响力较高的成果有:刘俊(2003)对区域旅游目的地空间结构进行初探[115];卞显红等(2004)对旅游目的地空间规划布局加以研究[116];杨新军等(2004)对旅游目的地区域(TDD)及其空间结构进行研究[117];刘明剑等(2005)对旅游目的地空间结构体系构建加以研究[118];朱青晓(2007)解析了区域旅游系统的特征,提出区域旅游目的地系统的概念,并对其空间结构和动态演变进行了探索[119];姜辽等(2009)分析了全息理论内涵及其发展历程,在此基础上研究了旅游目的地空间系统,并提出相应的发展对策[120];林岚等(2011)基于多种研究方法对旅游目的地系统空间结构的耦合关系进行了判断解析,并提出相应的优化建议[121]。研究就旅游目的地空间结构的格局、特征、模式、发展演化、整合优化、体系构建、规划等层面增加了对旅游目的地空间结构的认识,对更好地促进旅游目的地旅游的发展意义重大。空间结构的问题导向研究缺乏可能会制约旅游目的地旅游的优化发展,这是应该继续加以重视和研究的领域。

（3）旅游目的地综合研究述评

综合多视角研究旅游目的地的成果划归综合研究，其中影响力较大的研究成果主要有：黎洁（1998）从旅游目的地的特征出发，解析了旅游目的地形象构成，并针对旅游形象形成的不同阶段提出相应的营销策略[122]；曹宁等（2003）针对旅游业地位逐步提升的发展趋势，提出旅游目的地竞争力问题研究的框架，以利于旅游目的地旅游竞争力的提升[123]；李肇荣等（2003）基于可持续发展理论，解析了社区在旅游目的地的作用，提出了旅游目的地社区发展对策[124]；刘绍华等（2004）以网络为载体分析了旅游目的地网络营销系统特征和功能，提出区域旅游发展要素的整合策略[125]；保继刚等（2006）研究了传统目的地竞争加剧、客源萎缩、产品老化等现象，并提出变机会为条件的旅游目的地再发展策略[126]；张波（2006）基于对旅游目的地"社区参与"的多种模式的对比分析，从实证的视角探索了旅游目的地"社区参与"的路径[127]；臧德霞等（2006）界定了"旅游目的地竞争力"的内涵，并从中发现了"旅游目的地竞争力"的相关问题[128]；魏宝祥等（2007）认为，影视旅游直接影响了旅游者对旅游目的地的形象建构、目的地选择，可以把影视旅游视为旅游目的地营销推广新途径加以推广应用[129]；李瑛（2007）从旅游者行为出发研究了旅游目的地空间组织的优化策略[130]；臧德霞等（2007）梳理分析了国外旅游目的地形象方面的研究成果，找出了研究的未来趋势[11]；魏婧等（2008）基于旅游目的地市场营销成为竞争力提升的有效途径，回顾了近20年来国外旅游目的地在市场营销中的研究状况，诊断出了研究脉络和特征[131]；白凯（2009）从心理学角度出发，评述了旅游目的地意象研究的现状，提出了旅游目的地意象形成的过程和阶段模式[132]；高静（2009）指出，旅游目的地形象、定位、品牌化三大环节关乎旅游目的地营销链条，通过三者概念辨析建构了三者的关系模型[133]；盖玉妍等（2009）梳理了国外旅游目的地品牌化的内涵研究，分析了旅游目的地品牌化的概念和特点[134]；程道品等（2011）基于桂林国家旅游综合改革试验区的实证研究，运用结构方程模型解析了旅游公共服务体系与旅游目的地满意度的结构关系[135]；互联网对旅游目的地的分销渠道影响巨大，张朝枝等（2012）针对互联网导致的旅游者主体地位增强、旅游介体的垄断地位减弱的变化，基于黄山实证研究得出旅游目的地分销渠道的"去中介化"和"再中介化"并未清晰形成的结论[136]；马凌等（2012）指出，作为社会建构产物的旅游目的地，其形象的非物质建构受社会文化的影响较大，借助"文本与语境"的分析范式揭示了旅游目的地形象建构的动态过程[137]；白凯等（2013）基于理论来源与关系辨识对国外旅游目的地品牌个性研究进行归纳，指出了旅游目的地品牌化研究的方向[138]；郭英之（2013）进行了依托文化软实力推进旅游目的地品牌文化营销的研究[139]；张宏梅等（2013）以皖南国际旅游区为实证研究对象，基于旅游者视角建构了旅游目的地品牌权益测量模型，并进行了验证、修订[140]。旅游目的地国内综合的研究基于多学科视角解析了目的地旅游活动，形成旅游目的地较为科学的认识，为发展提供了借鉴。

从近20年内旅游目的地国内研究可知，研究学科主要为旅游管理学和人文地理学，研究的群体主要为旅游管理学硕士、人文地理学博士和相关专业的院校教师、科研院所的研究者等。通过对国内文献内容的探查，可以总结出目前国内旅游目的地"宏观+微观+综合"的研究脉络，其中宏观研究以经济学视角（具体表现为旅游目的地需求视角和供给视角）、市场学视角（具体表现为旅游目的地形象和营销研究等）和管理学视角（具体表现为旅游目的地管理、影响效应和发展等视角）研究为主；微观研究主要表现为专项研究、实证研究和空间结构研究等；综合研究的内容广泛、视角多样。国内以旅游目的地为核心的多视角研究框架虽已构建，但具体内容的研究空间较少，尤其是基于问题导向的旅游目的地理论建构，少之又少。

国内对辽宁省域旅游目的地的多角度研究成果已较为丰富。辽宁旅游目的地旅游资源开发利用备受重视，国内李悦铮较早系统地研究了辽宁省域旅游目的地旅游发展：研究滨海旅游资源[141]和海岛旅游资源[142]，并构建了滨海旅游资源[143]和海岛旅游资源评价标准体系[144]，提出建设海上大连[145]，借助海洋旅游资源优势加速大连旅游业发展[146]；较早以地理学视角研究宗教文化[147]，提出区域宗教景观的旅游开发建议[148]。辽宁旅游目的地协调发展备受关注，对其发展的时空错位虽然在理论上尚未明确提出，但已有不同程度与角度的研究。李悦铮基于时空视角提出了辽宁沿海经济带的孔雀开屏式开发战略[149]；关伟等（2014）通过对辽宁省域旅游目的地区域系统动态协调度的研究，得出省域系统协调度区域差异明显和市域系统协调度类型分化显著的结论[150]；张耀光等（2011）基于定量分析方法研究了辽宁省海洋经济地域系统的时空差异[151]；韩增林等（2008）研究了中国海洋经济的地域差异的演化过程[152]；栾维新等（1998）基于辽宁实践研究，针对海域与陆域经济的发展差异提出了海陆一体化发展对策[153]；针对辽宁省域目的地发展，张军涛等（2009）提出了辽宁沿海与内陆互动发展的对策[154]；王恒等（2010）研究了辽宁各市域旅游空间结构的优化问题[155]。

2.2 国内外旅游时空错位研究进展

2.2.1 时空错位研究述评

国外时空错位理论的研究可以追溯到20世纪60年代，但主要是空间错位理论，即美国城市规划与城市地理学领域就城市职住空间错位及由此引起的就业、交通等问题进行研究。美国学者John Kain（1968）在《经济学季刊》首次提出空间错位理论假设（Spatial Mismatch Hypothesis）[156]。空间错位理论从提出之时就备受质疑，到20世纪80年代对其研究曾一度停滞，直到20世纪90年代国际范围内多个城市地域空间拓展过程中遭遇不同程度职住分离的空间问题，空间的错位问题再度引起关注，并被多领域专家广泛研究，逐渐成为一种系统理论。城市地理学视"时空"为经济社会的"维度"或"容器"，时空错位现象揭示出这一"维度"或"容器"存在结构性障碍，Jansen-Verbeke曾借助相关系数针对欧洲旅游目的地的时空地理特征进行过研究[157]。早期空间错位的本义是指城市居住与就业的空间错位，后来这一理论被多个领域引入用来表示某种事物在空间的错位，目前对空间错位理论探讨的有刘志林等（2010）的空间错位理论研究进展与方法论述评[158]，对时空错位发展理论研究尚属空白。

2.2.2 旅游时空错位研究述评

2.2.2.1 旅游空间错位研究述评

旅游空间错位自2008年起被国内的专家学者引入旅游领域，用来描述旅游在空间上的不协调现象。笔者以"旅游时空错位"为主题，在中国知网进行搜索，筛选得到与旅游空间错位（不协调）相关的有效研究成果12篇，研究成果均是近年内的，其中大部分是基于实证的分析与研究。丁旭生等（2010）基于空间错位理论对河南省旅游发展区域差异进行研究，提出旅游空间错位测度模型并用于实证研究，得出河南省18个地市均存在不同程度的空间错位现象，并提出了相应对策[159]；李航飞（2011）基于空间错位理论对广东省21个地市进行研究，得出广东省大部分地市旅游资源与旅游经济存在空间错位，并简要分析了错位原因[160]；孙根年等（2012）对大西安旅游圈空间错位及边沿区战略进行研究，以地市行政区划为单元，对接待客流量、旅游收入与旅游资源丰度、交通区位、经济发展水平进行空间错位分析，提出"打造精品，震撼性营销"的南北两线旅游发展战略[161]；闫静静等（2013）对辽宁省旅游资源与旅游经济发展的空间错位进行了定量分析,在探查错位原因的基础上提出发展对策[2];张祖群(2013)对宁夏旅游进行错位层次分析,指出宁夏存在旅游空间狭小与旅游文化特质繁杂之间的空间错位和旅游资源富集与旅游产品、产业单一之间的途径错位的两层错位,且两层错位交互作用[162];李偲等(2013)就新疆各地州市旅游资源禀赋与区域旅游经济发展关系,用数量分析得出新疆15个州市中旅游资源与旅游经济既有同步,也有空间错位的现象[163];方叶林等(2013)对安徽旅游业发展的"资源诅咒"现象进行定量研究,提出相应对策[164]。以上基于实证的7篇研究成果,以我国东、中、西部的不同省域空间为研究对象,基于相关理论,运用数量分析的方法分别得出了当前旅游空间不协调的结论,针对这一旅游空间不协调现象进行了不同程度的研究。国内为数不多的结合旅游目的地旅游发展的实证空间错位研究,从一定层面证实我国当前广泛存在旅游空间不协调现象。

朱竑等(2008)解析了我国A级旅游景区与旅游资源在空间上的错位[165];邓祖涛等(2009)对我国旅游资源、区位和入境旅游收入进行了空间错位分析[166];王美红等(2009)就中国旅游LR-NS-FA的空间错位进行了组合矩阵分析[167];李振亭等(2013)对中国旅游流流量与流质的空间错位进行了分析[168];翁钢民等(2014)基于空间错位视角对我国东西部旅游业的发展差异进行了理论探讨[169]。以上5篇针对我国旅游领域不同视角的空间错位现象研究,是空间错位理论拓展运用到旅游领域的初步体现。

2.2.2.2 旅游时空错位发展研究述评

国内外从时空视角研究旅游主要体现在旅游流时空演变以及旅游地时空分异等层面,对旅游时空错位发展的研究尚属空白,还未见"旅游时空错位发展"的提法,更没有对其概念的界定;但对与此紧密关联的不同时期"旅游资源与旅游经济发展"的研究是旅游研究最传统的领域,国外此类研究早于国内,国外研究始于20世纪60年代,国内改革开放后开始关注这一领域。通过对中国知网1985年至2014年的此类研究成果分析可知,内容集中在开发利用旅游资源发展旅游经济,研究者们普遍认为旅游资源是促进旅游经济发展的最根本因素。不同时期存在的旅游经济发展与旅游资源的错位发展不断引起研究者们的反思和探究,出现了正相关与负相关两种截然不同的结论,持正相关结论的代表性成果有:孙根年(2003)经过研究得出入境旅游市场占有率与资源丰度、区位指数呈直线相关关系的结论[170];韩春鲜(2009)经过实证研究得出新疆旅游资源优势与旅游经济水平大致呈正相关关系,继而得出旅游资源禀赋差异是造成旅游经济水平差异的主要原因[171]。持负相关结论的代表性成果有:方法林(2012)用数量模型验证了江苏省旅游"资源诅咒"现象存在的客观性,指出旅游资源富集

2 旅游目的地研究进展

区旅游经济增长速度明显滞后的现象[172]；王玉珍（2010）研究了山西旅游资源禀赋和旅游经济发展的关系，提出存在旅游"资源诅咒"现象[173]。"美丽中国之旅"形象确立和我国由旅游大国向旅游强国转变之际，我国的旅游发展备受关注，如何提升我国旅游发展效率成为关乎可持续发展的重要议题，旅游资源与旅游经济发展等问题的研究由此升温，例如潘辉（2013）以安徽省16市为例对旅游资源与旅游经济关系进行了研究[174]，加之21世纪以来旅游资源非优区旅游经济快速发展，中国旅游新业态不断涌现等，使得旅游资源的外延不断拓展和延伸，对旅游资源内涵的研究也再次被提上日程。

以上研究多就旅游资源、旅游流、旅游收入等空间错位展开研究，专门针对旅游空间错位系统理论研究尚属空白，实践研究广度和深度有很大提升空间。尚没有旅游目的地旅游时空错位发展这一提法，对其实践与理论研究更是空白，为数不多的实证研究中尚未提炼出旅游目的地恰当的旅游发展的模式，对旅游目的地时空结构优化的建设路径研究也不多。正是基于这一背景，本研究把旅游目的地旅游经济与旅游地（景观）资源的错位（不协调）作为研究出发点，以辽宁为实证研究对象探讨了旅游目的地时空错位发展问题。

3 旅游目的地时空错位发展理论研究基础

3.1 基本概念

3.1.1 旅游目的地

旅游系统的空间结构包括旅游目的地、旅游客源地和旅游通道。旅游目的地是相对于客源地而存在的，是激发旅游者产生旅游动机并完成旅游活动的空间载体，是基于空间视角的旅游活动核心，国内外对旅游目的地尚未有统一界定。

旅游目的地的国际研究始于20世纪70年代，美国学者Clare A. Gunn（1972）提出"旅游目的地地带"（Destination Zone），包含吸引物综合体、服务社区、通道等；英国学者D. Buhalis认为，旅游目的地是一个有统一管理和规划的、独立完整的特定地理区域。

国内旅游目的地研究晚于国外，较早时称为旅游地。代表性的认识有：郭来喜（1982）指出，旅游地是具有一定经济结构和形态的旅游对象的地域组合；保继刚（1993）认为，旅游资源与旅游基础及专用设施和相关条件在一定地理空间的有机结合，造就了游客停留、活动的目的地。

魏小安（2002）认为，旅游目的地是促使人们产生旅游动机，并使动机实现的多种空间要素之和。旅游目的地包含三要素，即吸引力要素、服务类要素及环境类要素，其中前两者称为吸引要素，基本涵盖旅游业发展的行、游、住、吃、购、娱等要素；后者称为发展要素，主要是支撑保障主体性或主导性产业——旅游产业在旅游目的地发展，涵盖旅游目的地发展的文化、咨询、环境、科教、制度、综合等多项要素。旅游目的地发展有两大支点，一是各县、市、省、国家、洲等地域支点，二是旅游企业等产业支点，两大支点的结合共同促进旅游目的地

3 旅游目的地时空错位发展理论研究基础

建设。

《中国旅游大辞典》中词条"旅游目的地（Tourism Destination）"简称"旅游地"，泛指能够为来访游客提供旅游经历或体验的特定地理区域。旅游目的地形成须具备较为完整的旅游供给要素，即"4As"：吸引物条件（Attractions），即拥有以旅游景点为代表的旅游资源；交通条件（Access），即能够提供必要的交通基础设施和客运服务；游客生活条件（Amenities），即能够提供住宿、餐饮、娱乐、购物等方面的旅游生活接待设施和相关服务；其他便利性服务（Ancillary services），即为方便到访游客开展活动而提供的各种相关服务（如旅游问讯中心）[1]。"4As"基本涵盖旅游吃、住、行、游、购、娱层面，主要基于供给层面界定旅游目的地。

综观国外国内的旅游目的地界定，本研究认为，旅游目的地形成需要具备一定条件，主要有适当数量旅游资源、和旅游资源匹配的基础设施和专门设施、适量旅游客源需求、一定的地域空间、特定的管理机构等。旅游目的地是复合旅游资源、活动项目、交通、设施、管理和市场需求于一体之空间。顺应旅游资源、产品、产业、市场全域拓展的背景，旅游目的地正在变为全方位旅游要素配备、全面满足游客体验需求的，开放的综合性的全要素、全行业、全过程、全方位、全时空、全社会、全部门、全游客的全域旅游目的地。旅游目的地具有动态稳定性、文化永恒性、地域辐射性、竞争合作性、协同制约性等特征。

旅游景观资源是旅游目的地存在的核心基础，旅游景观资源虽有垄断等价值吸引性但不能自发产生效益，与一定的技术、知识等因素相结合时才能真正激发出其价值。当吸引较多旅游者到来并完成特定旅游需求时就成为旅游吸引物，当吸引游客达到最低门槛值时就成为旅游区，围绕旅游区的旅游企业越来越多时就转型成旅游目的地。

旅游目的地涉及的地域范围是动态的，可以是国家、地区，可以是城市、乡村，还可以是具体的旅游地、旅游景区、旅游景点，视客源市场的范围而定。李悦铮等（2005）认为，不同等级的旅游目的地依托旅游城市，组成空间上联系、功能上互补、结构和层次非均质的旅游地系统[175]。从空间角度看旅游目的地大小不一，其小到景区景点，大到城市、区域、国家等，旅游目的地类型众多，根据不同标准划分的旅游目的地类型也不同。旅游目的地以满足旅游者旅游活动的核心资源性质为标准，可以分为观光型、休闲度假型、专项型；依据旅游线路模式，分为单一型、枢纽型、门户型、出口型；依据旅游者从客源地到目的地的距离及花费时间，可分为近程、中程、远程3类旅游目的地；按照空间尺度和地域大小，可以分为国家、城市、特殊功能区等；依据旅游目的地的构造，可分为板

· 29 ·

块型和点线型两种。基于旅游目的地管理和制定实施旅游政策的务实性，依据某种公认的行政管辖范围，旅游目的地分为：国家，某一跨国界的旅游合作区域（如欧洲的里维埃拉海岸区），一国中的某个大区（如我国的环渤海区域），一国的某个省、州、城市或城镇，某一本身足以吸引游客来访的著名旅游景区（如美国佛罗里达州的迪士尼世界）。为方便对旅游目的地的研究，本研究采用了依据行政区域范围的类别结构。

3.1.2 旅游地资源

3.1.2.1 旅游资源

旅游资源（Tourism Resource）是旅游活动的三要素之一，是旅游活动得以开展的原动力，是旅游目的地发展的基础。

苏联学者普列奥布拉任斯基（1982）基于技术经济层面，将旅游资源界定为现有技术及物质条件能被用来形成旅游经济之自然、技术和经济社会因素。

国内专家对旅游资源概念认识不一，通过研究代表性观点可知，旅游资源的内涵有五层：①旅游资源首先有资源共性（资源是生产资料或生活资料的来源，涵盖有用和原材料两大属性），即旅游资源是具有实用性（有被旅游活动和旅游业开发利用的价值）和基础性（旅游活动和旅游业存在发展的基础与源动力）的原材料（不一定被开发利用，但必须具有开发利用潜质）。②旅游资源有吸引力，这也是实用性和基础性的体现，往往可以让人开阔视野、陶冶情操、扩展阅历、增长知识、交流情感、休疗养生、强健体魄、满足体验、追求新奇等，促使旅游者产生旅游意愿。③旅游资源形态多元，可以是有形的也可以是无形的，可以是客体、事物、现象也可以是劳务。④旅游资源具有自在性，即先于旅游活动而客观存在，至于有没有被旅游开发利用并不影响其是不是旅游资源。⑤旅游资源随旅游者喜好而动态变化，不固定。旅游资源既具有资源的共性，也具有自我的特性，主要表现为综合多样性、地域性、不可移动性、观赏性、重复使用性、脆弱性等。

旅游资源（旅游景观资源）是先于旅游活动及旅游业而客观存在的，其更多强调"可资利用特性"，是从旅游供给角度提出的概念。本研究中的旅游景观资源与旅游资源含义相同，可以互换使用。

3.1.2.2 旅游吸引物

旅游吸引物（Tourist Attraction），指旅游地吸引旅游者的所有因素的总和[7]。旅游吸引物是国际旅游界通用语，在我国与之对应的术语是旅游资源（Tourism Resource）。国际明确界定旅游吸引物的不多，较有代表性的如英国学者

3 旅游目的地时空错位发展理论研究基础

J. C. Holloway 的描述性定义，认为如果获得充分承认，吸引人们以之为目的地开展旅游，并且给旅游者以积极的效益和特征的事物，都是旅游吸引物。澳大利亚学者 Neil Leiper 认为，旅游者或人的要素、核心或中心的要素、标示或信息的要素三者相结合便构成了旅游吸引物。

国内旅游吸引物概念由泛化的旅游资源概念转化而来，如张凌云认为旅游资源和旅游吸引物是不同的概念，旅游吸引物成为旅游资源是有条件的；罗明义指出旅游吸引物指一切能够吸引旅游者的旅游资源及各种条件。

通过梳理国内外旅游吸引物的界定不难发现，理论上旅游资源与旅游吸引物（包含旅游资源、直接用以旅游目的的人工创造物、有吸引力的接待设施、优良服务、便捷舒适的交通等）是两个不同的概念，旅游资源作为核心要素与具有吸引功能的设施、服务、交通等共同组成旅游吸引物系统；实践中两者常常被互相取代，不加区分。保继刚等认为，在大多数情况下旅游吸引物与旅游资源两者通用，可以互相指代。最新版的《中国旅游大辞典》中指出，旅游吸引物系统包括核心层和支持层，旅游产品和旅游资源是核心层的主体；旅游设施、旅游标志物、逗留在目的地的旅游者等共同构成支持层。

综上研究发现，旅游吸引物是就对旅游者的吸引（需求角度）提出的概念，与之相对的是旅游排斥物，也强调旅游景观资源"可资利用特性"，是经过开发并走向市场的旅游吸引系统。旅游吸引物系统是由核心层（主要涵盖旅游景观资源和旅游产品）和支持层（主要涵盖旅游媒介物和旅游标识物）构成的对旅游者有吸引力的系统。

3.1.2.3 旅游产品

产品是经济活动的细胞和经济学研究的起点。旅游产品（Tourism Product）是具有旅游效用（使用价值）并凝结无差别人类劳动（价值）的旅游经济活动的基本单位。通常用于交换的产品称为商品，受旅游资源不可移动性限制，旅游产品用以买卖的是产品的暂时使用权，而不是所有权，因此旅游产品具有生产和消费同一性，即没有消费就不存在生产，故旅游产品通常就是旅游商品，两者可以等同互换。

由于着眼点不同，对旅游产品的界定也不尽相同。《中国旅游大辞典》从市场学角度指出，旅游产品是向市场提供的，能够满足旅游消费者的某种需要或能够创造市场需求的产品。在关于旅游产品的众多界定中，被广泛认同的有：林南枝等（1994）从供给角度出发，认为旅游产品是旅游经营者凭借旅游吸引物、交通和旅游设施，向旅游者提供的用以满足其旅游活动需求的全部服务[176]。本研究中也更多地借鉴了此界定。旅游产品有单项产品、组合产品和整体产品之分，其中整体产品是由多种成分组合的混合体，通常是以旅游资源（旅游吸引物）为基础并以服务形式表现的无形产品，旅游产品分为旅游资源、旅游设施、旅游服务和可进入性4部分。

本研究所指的旅游产品是基于供给角度的包括旅游吸引物（景观）、设施和服务的广义旅游产品，其更多表达"被利用的状态"。

3.1.2.4 旅游项目

旅游项目最早源于国外，国内代表性的界定有马勇（2004）对旅游项目的界定：以旅游资源为基础开发的，以旅游者和旅游地居民为吸引对象，为其提供休闲服务，具有持续旅游吸引力，以实现经济、社会、生态环境效益为目标的旅游吸引物[177]。最新的《中国旅游大辞典》中没有"旅游项目"这一词条。

综合国内外学者的研究，本研究将旅游项目（Tourism Projects）界定为：在一定时间内能持续吸引旅游者和当地居民来活动，并通过为其提供休闲消遣服务、氛围、经历和感受，来达成预期综合效益的物质与文化载体[178]。

通俗来讲旅游项目就是将各种资源加以开发和利用形成的旅游吸引物。旅游项目是产生价值和创造财富的旅游吸引物，其对旅游资源进行改造、设计、开发，从而提升、凸显吸引魅力。旅游项目是连接旅游资源、旅游者、旅游业的桥梁。旅游项目内涵有：①旅游项目是具有持续性的吸引物；②旅游项目是宽泛性吸引物；③旅游项目是功利性的旅游吸引物；④旅游项目是人为造就的旅游吸引物和旅游产品。旅游项目是从旅游业角度存在的，是与旅游资源、旅游吸引物、旅游产品有交叉重叠的概念，以吸引外来旅游者为主，同时具有吸引本地居民休闲的功效（旅游资源、旅游吸引物、旅游产品等不具备此功效，旅游主要为外地人服务，旅游项目既可以服务外地旅游者，又可以服务本地居民）。依据其与旅游资源的关系主要可分为资源依托型项目和脱离型项目，其更多强调"被利用的状态"。

3.1.2.5 旅游地资源

旅游产地消费的特性决定了目的地是旅游发生的核心地域空间，其包含吸引功能的客体是旅游发展的核心基础。无论是魏小安（2002）概括的旅游目的地的吸引、服务等吸引要素和环境等发展要素，还是《中国旅游大辞典》中提炼的旅游目的地"4As"（吸引物条件、游客生活条件、交通条件、其他便利性服务）等旅游供给要素，都表明旅游目的地全域旅游发展现状与趋势。基于旅游目的地全方位旅游要素配备、全面满足游客体验需求的综合性全域旅游发展视角，一切旅游目的地旅游发展的基础性原材料都称为旅游地资源。

旅游地资源的含义与"泛化说"的旅游资源含义不谋而合，例如，申葆嘉

(1999)认为的旅游资源就包括社会资源(包含基础设施、社会与自然环境、用于旅游的财力和物力等)和专用资源(旅游服务设施、旅游人力、旅游吸引等因素)[179]。基于旅游目的地全域旅游的发展趋势,旅游目的地资源(Tourism Destination Resource)是指存在于旅游目的地的具有吸引功能并用于旅游发展的资源的总称。旅游地资源是旅游业产生、发展的物质基础,涵盖了旅游景观资源、旅游吸引物、旅游产品、旅游项目等。上文阐释的以旅游景观为核心的吸引要素及其他旅游发展要素的旅游供给系统,更多强调"被利用状态"。结合上述分析发现,其与以上相关概念的关系如图3-1所示:旅游吸引物是从旅游需求角度存在的,旅游资源和旅游产品是从旅游供给角度存在的,旅游项目是从旅游业角度存在的,旅游地资源则是从旅游目的地角度存在的。旅游地资源包含旅游资源、旅游吸引物、旅游产品的全部以及旅游项目的绝大多数(不包含吸引本地居民休闲的部分,旅游是外地人的事情,休闲既可以是外地人,也可以是本地人的事情)。

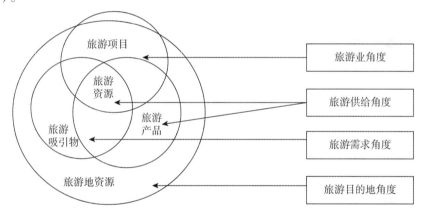

图3-1 旅游地资源相关概念关系

3.1.3 旅游目的地时空错位发展

3.1.3.1 错位

错位,其在《现代汉语词典》(第六版)中解释为:①离开原来的或应有的位置;②比喻失去正常的或应有的状态。错位被多学科借来用以描述与原发展路径不同和发展效果不同的差异化发展状态,本研究中的错位既有发展的次序、位置与原来不同之含义,又有发展在空间层面的不协调、不匹配之意。

3.1.3.2 空间错位

空间错位的概念产生于国外,在我国最近几年才被关注。John Kain 于1968

年提出的空间错位理论假设（Spatial Mismatch Hypothesis）认为，空间错位（Spatial Mismatch）是指研究对象在一定空间上的不协调现象。国内学者对"Spatial Mismatch"的翻译不尽相同，张秋舫等翻译为"空间错位"，时川等翻译为"空间失配"，刘威等翻译为"空间不匹配"等，对"Spatial Mismatch"的称谓不同，但其含义均指不同要素在空间上的不对称、不对偶、不匹配等不协调现象。

3.1.3.3 旅游目的地时空错位

近年来空间错位（Spatial Mismatch）陆续被国内学者引入旅游领域，用来描述旅游现象与事物在空间上的不协调现象。结合国内外的已有研究成果，本研究认为，旅游空间错位是对旅游研究对象在空间上不协调发展状态的描述。目前理论界还没有"旅游时空错位"的提法，结合已有研究成果，本研究认为，旅游时空错位是指旅游研究对象在空间的不协调现象和时间上的无序发展状态。

本研究认为，旅游目的地时空错位即旅游目的地旅游在空间上的不协调和时间上的无序状态，其有广狭义之分，广义的旅游目的地时空错位是指旅游目的地经济与旅游地资源的时空不协调现象，狭义的旅游目的地时空错位是指旅游目的地经济与旅游（景观）资源的时空不协调现象。旅游目的地时空错位种类有正向错位与负向错位之分，正向错位是指旅游目的地经济发展超过按照其旅游资源的预期发展水平形成的错位，是旅游目的地旅游发展较为充分的错位，是旅游目的地希望促成的错位；负向错位是指旅游目的地经济发展低于按照其旅游资源的预期发展水平形成的错位，是旅游目的地旅游发展不够充分的错位，是旅游目的地避免出现的错位。无论广义还是狭义的时空负向错位都是对旅游目的地发展不利的错位，是旅游目的地极力避免的错位。

3.1.3.4 旅游目的地时空错位发展

结合前人研究，本研究认为，旅游目的地时空错位发展是以科学发展观为指导，目的地旅游在时空上各寻其位，最终形成有序稳定、合作共生的发展；是使旅游目的地旅游在时空上变无序为有序、变竞争为合作，形成结构有序互补、协同共进的旅游发展。旅游目的地时空错位发展是为了找准位置、有序发展，是充分考虑时空多种影响因素、复杂的发展驱动机制、多元主体利益追求等对旅游目的地时空格局的影响及其导致的不协调发展状态，从而采取的一种非均质化发展理念，其核心是提高旅游目的地发展质量，促进旅游目的地良性发展。

旅游目的地时空错位发展有广狭义之分，广义的旅游目的地时空错位发展是针对旅游目的地经济与旅游地资源的时空不协调现象的非均质化发展；狭义的旅游目的地时空错位发展是针对旅游目的地经济与旅游（景观）资源时空不协调现象的非均质化发展。旅游目的地时空错位发展旨在通过非均质化发展促成旅游目的地的时空正向错位（旅游目的地旅游发展较为充分的错位），避免旅游目的地的时空负向错位（旅游目的地旅游发展不够充分的错位）。

旅游目的地时空错位发展概念包含3个要素：旅游的发展、错位的问题和时空二维调控。首先，旅游目的地旅游需要通过发展来满足人类对旅游目的地逐步增长的旅游需求，旅游目的地是因旅游而存在的地域空间，只有通过旅游目的地持续供给才能不断满足人们的需求，旅游目的地才能持续成为旅游目的地，这是前提和基础；其次，旅游目的地在发展过程中存在不同程度的时间上无序、空间上不协调的错位问题，这是错位发展的逻辑前提；最后，旅游目的地旅游发展需要从时空二维视角进行调控，旅游目的地典型的时空性、一体化特征决定了其发展借助时空二维谋划、安排的必要性。发展、错位和时空二维调控3个要素共同构成了旅游目的地时空错位发展，三要素同时存在，缺一不可。

旅游目的地时空错位发展内涵表现为两维三层的复合错位发展，即空间错位和时序错位两维复合的时空错位发展，此两维复合的时空错位发展又表现为旅游产品错位、旅游产业错位、旅游地域错位的三层综合错位发展。从空间维度出发，旅游目的地的资源禀赋、地理区位、宏观环境、旅游产业微观管理等复合因素综合决定了旅游目的地旅游的空间发展格局，从而进一步决定着旅游目的地旅游（景观）资源、旅游产品、旅游产业、旅游区域所能发挥的空间比较优势和潜能，依据比较优势和潜能先挖掘发展旅游经济与旅游（景观）资源负向错位区域，后巩固发展正向错位区域，在空间上形成有序互补、协同共进的发展局面；从时间纬度出发，依据目的地旅游（景观）资源利用程度、旅游产品开发状况、旅游产业发展阶段、结构和旅游区域错位状况，恰当部署旅游目的地旅游发展时序和重点，来保障旅游目的地旅游良性发展。综合时空二维考虑，旅游目的地旅游的一体化发展不是一同化发展，旅游目的地旅游结合时空挖掘自我优势，避开周边旅游发展强势，找准自我旅游发展的恰当类型与层次，通过阶段有序的时间错位和优势互补的空间错位来促进旅游目的地旅游良性发展。

旅游目的地旅游时空错位发展的复合路径表现为树立错位发展的理念，强化错位发展意识，制订规划，打造项目，搭建平台，理顺关系，培育主体，形成氛围，创新机制等。

3.2 理论基础

3.2.1 地域分工与经济发展理论

作为地域经济发展形式之一的地域分工和贸易，是由于地域经济发展条件和基础有差异，为满足各自生产生活需要、提高经济效益，在经济交往中选择和发展各自比较优势产业而产生的[180]。旅游经济是典型的服务贸易，地域旅游分工和贸易对旅游经济发展的作用表现为：①有利于充分发挥地域旅游要素、区位等优势发展旅游经济；②有利于凭借旅游地资源推动技术提高和创新，提高旅游经济水平；③有利于提高地域旅游经济效益。

地域分工与经济发展理论最早是针对国际领域提出的，后来被引入区域研究领域，目前地域分工与经济发展理论主要有成本理论、资源禀赋理论等。

3.2.1.1 成本理论

成本理论（Cost Theory）是从要素成本来解释地域分工和贸易的古典经济学理论。代表性的理论有英国亚当·斯密（Adam Smith）（1776）提出的绝对成本理论和英国大卫·李嘉图（David Ricardo）（1817）提出的比较成本理论。

绝对成本理论认为，不同地域都存在生产某种产品的绝对优势，在自由贸易的条件下凭借各自绝对优势进行专业化生产和贸易，在降低成本的同时有效利用要素来提高生产效率。基于绝对成本理论，在旅游经济发展中，一地运用垄断性的旅游资源开发组合旅游产品进行自由贸易，换回更多不具有优势的其他商品来增加财富、促进经济发展。

基于比较成本理论，每个地域都会有旅游经济发展的相对比较优势，在旅游经济发展中可以挖掘具有相对比较优势的旅游生产要素，形成具有相对比较优势的旅游产品，并参与地域的旅游分工和贸易，消耗最小劳动成本获得最大经济效益，进而提升地域资源利用效率，实现旅游经济增速发展的目的。

3.2.1.2 资源禀赋理论

资源禀赋理论（Resources Gift Theory）又称要素禀赋理论，是由瑞典著名经济学家赫克歇尔（E. Heckscher）（1919）提出，其学生俄林（B. C. Ohlin）（1933）进行补充提炼而成的地域分工与经济发展理论，通常称为赫克歇尔-俄林理论（Heckscher-Ohlin Model，简称H-O理论）[180]。资源禀赋理论是在批判地继承比较成本理论的基础上，采用供求理论体系从生产要素的丰缺来解释地域分工和贸易的新古典主义经济学理论，它是地域分工与经济发展理论的重要组成部分。

资源禀赋理论认为，地域分工和经济发展的根源，除了劳动成本比较优势外，还在于资本、技术、土地、管理等生产要素禀赋差异，以生产要素禀赋的差异为客观基础，强调不同生产要素对地域分工和贸易产生的决定性作用。自然、交通、社会、信息等经济条件使得生产要素分布不均，从而引起相对的或绝对的价格差异，最终促成地域贸易。按照资源禀赋理论，不同地域依据各自旅游生产要素禀赋，多生产低廉生产要素比例较大的旅游产品，多购买昂贵生产要素比例较大的旅游产品，借助自身比较优势参与分工和贸易，取长补短地提高旅游经济发展水平。不同的旅游目的地其旅游生产要素禀赋不同，依据资源禀赋、地域分工与经济发展的相关理论，旅游目的地可以依托垄断性的旅游地资源、特色的旅游管理、充足的旅游人才、雄厚的资金、先进的科学技术、良好的区位、特色氛围等任何具有比较优势的生产要素来提升旅游发展水平。

3.2.2 区位与空间结构理论

人类活动是在有限的地理空间中存在并受到空间限制的，区位理论是研究人类活动的空间法则的理论。区位理论（Location Theory）源自古典经济理论，即关于人类的活动空间分布和组织优化的理论。

区位理论形成以杜能（Von Thunen）（1826）提出"农业区位论"为标志，区位理论自产生以来经历了古典区位理论［典型代表有杜能（1826）的农业区位理论、韦伯（1909）的工业区位论等基于微观企业的成本指向型研究］、近代区位理论［典型代表有菲特尔（1924）的贸易边界区位论、赖利（1929）的市场分界点理论、俄林（1933）的一般区位论、克里斯泰勒（1933）的中心地理论、廖什（1940）的市场区位论等基于城市、地区的市场指向型研究］和现代区位理论［以艾萨德（1956）的《区位与空间经济》、贝克曼（1968）的《区位理论》为产生标志，典型代表有区域空间结构、区域增长极、区域发展阶段理论等基于空间性、区域性、系统性等的研究］的发展阶段，逐步成熟[181]。

区位理论包含两层含义：①人类活动空间的选择，是人类活动可能的及最佳的区位空间的选择；②空间区位中人类活动的最佳形态和组合选择。现代区位理论主张系统、动态地考察随机性强的人类活动，强调合理地利用有限的资源和空间，促进地域发展。

旅游区位与空间结构理论最早出现于20世纪30年代的西方，相对成熟的有旅游圈层理论、旅游中心地理论（Tourism Center Theory）、旅游距离衰减理论（Tourism Distance Decay Theory）。

旅游圈层理论是杜能的农业布局的圈层式理论在旅游领域的拓展延伸，此理论在旅游空间布局中被广泛采用，吴必虎（2001）提出了环城游憩带（Recreational Belt Around Metropolis，简称ReBAM）理论：在大城市郊区分布着主要为城市居民光顾的游憩设施、场所和公共空间，特定情况下还包括位于城郊的外来旅游者经常光顾的各级旅游目的地，三者共同构成环大都市游憩活动频发地带，即环城游憩带[182]，比较形象地刻画了都市周边区域的同心圆式旅游空间结构。徐嵩龄（1993）指出我国自然保护区由里到外的核心区、缓冲区和实验区的同心圆式功能空间布局模式，旅游活动通常存在于实验区。

意大利的马里奥蒂（1927）首次提出旅游中心地，并强调吸引力是旅游中心地形成的决定因素。顾朝林（1999）提出旅游中心城市体系。陆林认为，旅游中心地是区域内凭借旅游资源、旅游设施和旅游服务，满足一定旅游市场需要的供给中心[181]。通过上述学者的研究得出，旅游中心地体系是个一般均衡的空间作用系统，包含多层含义：①旅游中心地既是旅游的供给中心，也是需求的释放中心；②旅游中心地具有空间等级结构；③不同等级旅游中心地的竞争力决定因素不同；④旅游中心地等级结构影响其间旅游流等级结构。旅游中心地是旅游需求和旅游供给均衡在空间上的反映，其具有一定的等级结构。基于旅游中心地理论，首先，可以确定旅游目的地的市场大小（上限是由旅游地的资源吸引力、环境生态容量、经济容量和社会容量共同决定的，下限是旅游地的门槛值），旅游目的地可以通过扩大自己的旅游市场吸引范围来获取更多利润；其次，可以确定旅游目的地等级，并按相应的等级进行恰当的旅游产品和服务匹配；再次，可以指导旅游目的地均衡布局，旅游目的地空间格局应该是类似于克里斯泰勒中心地理论提出的服务范围呈面状扩散分布的集聚中心体系，且每个高级中心地属领几个中级或低级中心地[181]（克氏认为是3个，用公式表示就是 $K_n = 3^{n-1}$，其中 K 表示每个单元内各级中心地的数量，n 表示中心地的级别高低）。

相互间作用力随距离的增加而降低的现象称为距离衰减，这一原理被克朗蓬（Crampon）(1966) 引入旅游研究领域；在此基础上沃尔夫（R. L. Wolfe, 1972）提出了旅游引力模型。旅游距离衰减用来描述随着旅游目的地和客源地之间距离的增加，接待游客数量在减少的现象，主要体现在旅游目的地市场引力距离衰减和旅游客源地居民出游距离衰减两方面。借鉴旅游距离衰减理论，依据目的地和客源市场之间距离去探讨目的地区位、规模、形态具有一定的可行性。

以上旅游区位与空间布局理论表明，旅游目的地发展中必须要结合自然、交通、经济等地理区位因素，结合旅游地资源和社会经济等背景，来制定旅游发展的空间布局模式和旅游发展战略，保证旅游目的地健康持续发展。

3.2.3　区域经济发展理论

区域经济（Regional Economy）是区域内部因素与外部条件互相作用形成的经济发展的生产综合体，反映的是区域经济发展的客观规律和其内涵与外延的相互关系。区域经济发展理论是用以指导区域经济发展的理论。

区域经济发展指凭借技术创新、产业结构优化、社会进步等实现区域经济质量提升,包含区域经济增长和发展两层含义。区域经济增长是指区域经济总量(用国民生产总值、国内生产总值、国民收入等指标衡量)的扩大,是区域发展的基础。区域经济发展理论主要有对区域经济发展的影响因素和作用机理的研究,对区域经济发展过程的研究,以探索其变化规律。典型的区域经济发展理论是增长极理论(Growing Polar Theory)等。

依据法国的经济学家弗朗索瓦·佩鲁(Francois Perroux)(1950)提出的非均衡区域发展理论,法国经济学家布代维尔(J. B. Boudeville)提出区域增长极概念:由于不平衡性,在区域经济发展中资金、物资、能量、信息、人才等会逐渐集聚到少数条件优越区域,从而使之成为区域经济增长的中心,即增长极[177]。美国经济学家弗里德曼(John Frishman)和赫希曼(A. O. Hischman)、瑞典经济学家缪尔达尔(Gunnar Myrdal)等丰富并发展了这一理论。该理论认为,经济增长不可能同时出现于所有地方,往往首先出现在增长点和增长极上,并通过溢出、支配、乘数等效应来对区域经济产生作用,并影响区域经济发展。溢出效应是指增长极的极化效应(增长极吸引和拉动周边地区的要素和经济活动不断趋向增长极,从而加速增长极成长的作用)和扩散效应(增长极向周围地区输出要素和经济活动从而刺激和推动周围地区经济发展的作用)的综合影响[180];支配效应是指增长极凭借先进性通过与周围地区的要素流动和商品供求从而对周围地区产生支配的作用;乘数效应是指增长极受循环积累因素机制影响不断加强对周围地区的示范、组织和带动等作用。增长极的综合效应对区域产业和空间结构产生影响,进而作用于区域经济发展。受旅游资源禀赋好坏、区位优劣势等因素影响,旅游目的地极易形成旅游增长极,旅游目的地可以培育旅游增长极并建立多个以旅游增长极为节点的旅游网络体系,并通过增长极的极化、扩散、支配、乘数等效应将旅游发展推向新高度。

地域综合体理论,最早源于苏联学者克洛索夫斯基提出的经济地域综合体,他认为,经济地域综合体是在一个工业点或一个完整的地区内,根据当地的自然条件、运输条件和经济地理位置,恰当地安置企业,从而获得特定经济效果的各企业间的经济结合[180]。地域综合体可以综合高效利用区域内资源,获得更多的外部经济效益。旅游业是多部门、多要素组成的,更需要区域内外的分工协作、密切配合,这也是旅游综合体存在的必要性。旅游地域综合体是在特定地域由作为主体的专业部门、协作配合的辅助部门和服务部门等组成的地域经济系统,保证了旅游业的专业化、社会化和协作化等要求。吴必虎(2011)针对泛旅游时代的广义游客、无限活动、全景空间、综合产业等旅游融合化趋势,提出了建设融合农业、工业、商业、会展业、房地产业、体育产业等多产业的居游融合的创意旅游综合体,来满足旅游、养生、娱乐、餐饮、投资、购物、亲子等综合化的市场需求。这为旅游目的地发展指明了全域全产业发展方向。

3.2.4 旅游学基础理论

旅游学理论是以旅游、旅游活动、旅游业等为研究对象的理论。旅游理论研究出现在19世纪末,学术界一般认为意大利博迪奥(1899)发表的《关于外国人在意大利的移动及其消耗的费用》一文是最早的旅游理论。国外旅游理论研究较早,但研究往往重应用轻理论。我国旅游学理论研究起步较晚,目前尚未形成成熟的理论体系,旅游学理论中公认的代表性成果有"三体说""六要素说""旅游产业说""旅游体验论""旅游介入论""旅游系统论"等。

旅游理论中的"三体说",指旅游或旅游活动的主体——旅游者、客体——旅游吸引物和介体——旅游业3个要素。学界通常认为,"三体说"既适用于"旅游",也适用于"旅游活动"。其实"旅游"与"旅游活动"含义不同,两者是包含与被包含的关系,不能等同互换。笔者(2011)经过分析研究认为,"旅游"是在旅游活动中所发生的各种现象和关系的总和,其内涵和外延远比"旅游活动"大;"旅游活动"是以游览为目的的旅行活动动态,只是"旅游"的部分而不是全部,两者不能等同互换[183]。"三体说"是针对"旅游活动"而不是"旅游"提出的。

被业界广泛认同的"六要素说",是指旅游的吃、住、行、游、购、娱六大要素。正是基于缺一不可的六大要素,出现了方便旅游活动主体与客体接触的介体——旅游业,所以"六要素说"更多的是从旅游业角度提出的一种理论。其实旅游的要素远不止6个,笔者(2011)曾撰文指出,旅游的"六要素"远不止6个,除了吃、住、行、游、购、娱外还应该加上学、健、安等[183]。

1998年以前,我国旅游学科是从属于经济学的二级学科,国内对旅游性质认识是经济的,旅游资源的潜在属性只是经济的,甚至国内部分学者在界定旅游资源概念时要加上能产生经济效益的内容。1998年以后,我国旅游学科由从属于经济学的二级学科变为从属于管理学的二级学科,国内对旅游经济是旅游本质属性的认识受到冲击,旅游理论中关于旅游本质的研究,学界有多种观点。例如早期的旅游经济本质论、沈祖祥的旅游文化本质论、美国旅游人类学家纳尔逊·格雷本的"旅游仪式论"、邹本涛等的"旅游介入论"、谢彦君的"旅游体验论"等,其中最有影响力的当数"旅游体验论"和"旅游介入论"。国内"旅游体验论"的代表学者是谢彦君,他认为旅游是旅游者以愉悦为目的的休闲体验;"旅游介入论"最早是邹本涛、谢春山(2008)在《旅游文化学》中提出的。学界

3 旅游目的地时空错位发展理论研究基础

通常认为,"三体说"的主体即旅游者,其实旅游者只是旅游活动的主体。旅游的主体不仅包括旅游者这一原发性主体,还包括旅游从业者、行政管理者、研究者、产业参与者和社区居民等旅游介入主体。旅游是多主体的(笔者认为旅游主体是一个三层次、六要素的综合体[183]),通常分为旅游体验者和旅游介入者两类。很显然"旅游体验论"是针对旅游活动的主体——旅游者提出的旅游学理论,"旅游介入论"是从旅游介入者视角来解析旅游的理论。

旅游具有系统典型的特征和表现,故学界常常把"旅游"称为"旅游系统"。美国学者冈恩(1972)认为,旅游系统是一系列空间要素组成的空间系统;《中国旅游大辞典》中,"旅游系统"词条解释为:产生和完成现代大众旅游活动的各个要素(旅游者、旅游吸引物、旅游信息、旅游相关企业等因子)相互依托、相互制约形成的具有特定功能和目标的有机整体[1]。旅游系统是由旅游吸引物、旅游企业、旅游者、旅游交通等诸多要素构成的总系统,由多个子系统组成,从经济学视角解构为旅游需求和旅游供给两个子系统,从地域空间视角可以解构为旅游目的地、旅游客源地、旅游通道三个子系统,从要素关系视角可以解构为旅游主体、旅游客体、旅游介体三个子系统。旅游目的地是旅游系统的重要支点,依据系统理论旅游目的地是三体、六要素的复杂系统,是各要素按照特定方式组合,彼此相互联系、相互制约,要素结构功能高度统一,处于特定环境中并与环境不断良性互动的高度复合体。

3.2.5 旅游地生命周期理论

"生命周期"最初源于生物学,指生物从出生到死亡的生命发展过程,被旅游规划、国际贸易、市场营销等多学科引用来描绘事物随时间的演变过程。该理论认为,旅游目的地有生命周期,任何旅游目的地都会经历产生、成长、成熟、衰落的生命演变历程;在旅游目的地起步阶段,旅游目的地到访客流量往往因可进入性、配套设施等因素制约极少,发展阶段游客数量会随着交通状况和配套设施的改善而逐步增多,之后在成熟期游客量持续达到高峰值,当游客来访量超过旅游目的地容量时会再次限制旅游目的地发展。

生命周期理论由德国的克里斯泰勒(W. Christaller)于1963年在对欧洲旅游区的研究中率先使用,最为常用的旅游地生命周期模型有巴特勒模型、普罗格模型、双周期模型[177]。加拿大的巴特勒(R. W. Butler)提出了旅游地从探索、起步、发展、稳固、停滞直到衰落或复兴阶段的S形生命演变的巴特勒模型;普罗格基于心理学理论于1973年从旅游者角度提出了旅游地生命周期最初源于对多中心型旅游者的吸引,当多中心型旅游者越来越多时旅游地进入发展期,随之近多中心型的旅游者被吸引，之后中间型旅游者被吸引，旅游目的地进入成熟期，旅游目的地演变为大众型旅游目的地，也渐渐失去对多中心型旅游者的吸引，进而进入衰落期，这即为旅游地生命周期的普罗格模型；旅游地在发展演变历程中，在不同的时间范围内存在长、短两种周期，这就是旅游目的地发展的双周期模型。

4 旅游目的地时空错位发展的机理分析

4.1 旅游目的地时空错位发展影响因素的系统分析

4.1.1 资源禀赋是旅游目的地发展的基础

4.1.1.1 资源及旅游目的地资源含义

资源,是指生产或生活资料的来源。资源是对人类的生产和生活有实用价值的最基本原材料(物质基础),比如水体资源、矿产资源、土地资源、森林资源、海洋资源等。资源作为人类生产生活最基本的来源,对人类发展起着至关重要的作用,资源的多少、优劣直接决定着人类发展演进快慢。因天然赋存和后天发展差异,不同地域用于生产和生活的要素分布不均,即资源禀赋不均,从而奠定了地域发展差异的基础。根据前文提到的资源禀赋理论,不同地域依据自我的资源禀赋,多购买(少生产)昂贵要素占较大比例的产品,少购买(多生产)低廉生产要素占比较大的产品,凭借自身比较优势参与到生产分工中,通过降低成本来提高自身经济发展水平。

旅游资源是资源的一部分,具有资源的价值实用性和基础性等共性,旅游资源的价值实用性和基础性主要体现在对游客的吸引力上。旅游资源是一地旅游业发展中具有重要基础作用和可资利用价值的原材料,作为旅游活动的客体要素之一,对一地旅游发展起到不可替代的基础作用。一地具有的对游客有吸引力的事物与因素越多,其吸引力就越大,其吸引的游客将越多,其客源市场就越大,作为凭借旅游资源等为旅游客源市场服务的旅游业(旅游餐饮业、旅游住宿业、旅游交通业、旅游娱乐业、旅游购物业等)才会越来越大,一地的旅游经济才会发展。闻名中外的传统型旅游目的地都有核心旅游资源作为支撑,例如,北京作为古都型旅游目的地有故宫、颐和园、十三陵、天坛等与皇家相关的旅游资源,桂林作为风景型旅游目的地有甲天下的山水胜景,苏州作为园林型旅游目的地有拙政园、狮子林、沧浪亭、留园、网师园等私家园林作为依托,以"地上天堂"著称的杭州有"淡妆浓抹总相宜"的西湖。非传统的旅游目的地也离不开旅游资源的基础性吸引,例如,香港因其购物旅游资源吸引中外游客,大连因滨海、广场、绿地、节庆等浪漫旅游资源吸引旅游者,深圳因其锦绣中华、世界之窗、中华民俗村等主题乐园引人游乐。综上,启动旅游目的地旅游发展的原动力是独具特色的旅游地资源,只是旅游地资源可能是传统的名山胜水等自然风景,也可能是古迹名胜等人文胜景,更可能是民俗风情、休闲娱乐等主题氛围。随着时代的发展和游客主观审美的变化,具有吸引力的事物和现象也许处于动态变化中,但无论怎么变,吸引游客离开常住地的旅游客体地位却不会改变,旅游地资源始终是旅游发展的原动力,其基础作用不容忽视。旅游目的地范围可大可小,旅游吸引因素或多或少,但旅游目的地却一定要有吸引因素。从吸引因素所在的范围考虑,旅游目的地可能是旅游地、旅游城市、旅游区、旅游景区、旅游景点、旅游景物、旅游景观、旅游景象、旅游景段、旅游景域等。在旅游目的地蓬勃发展的今天,旅游目的地的吸引因素不是单一和可区分的,而是多元混合的整体,对游客而言其向往的往往是旅游目的地这一空间整体,不仅包括旅游资源,还包括旅游服务及与之相关联的要素,多要素共同形成旅游吸引力。目的地旅游吸引因素,主要指旅游资源、旅游吸引物、旅游产品、旅游项目等,这即是本研究旅游地资源内涵所在。旅游地资源是具有吸引力(资源属性)的多种事物的综合概念。在以上旅游地资源的相关概念中,旅游资源和旅游吸引物侧重表达可以被旅游利用的性质和状态,而旅游地、旅游城市、旅游区、旅游景区、旅游产品、旅游项目等更多表达一种被利用的状态与性质。旅游目的地吸引游客的可以是旅游资源或旅游吸引物,更可能是旅游产品或旅游项目,旅游目的地旅游的发展取决于有核心吸引功能的旅游资源禀赋,也取决于支撑保障旅游发展的旅游目的地旅游供给系统。

　　旅游目的地资源(旅游地资源)突出的是旅游资源的空间定位特征,存在于与客源地相对应的旅游目的地。旅游地资源有广狭义之分:广义的旅游地资源指旅游目的地所有对游客有吸引力,用于旅游业发展所需的基础资源,通常有自然和人文旅游资源、综合的旅游资源、能渲染目的地旅游氛围的设施与服务。狭义的旅游地资源(旅游景观资源)仅指含有旅游吸引力,并能激发旅游者产生旅游动机并完成旅游活动,被旅游业利用的自然和人文吸引物。本研究采用广义的旅游地资源含义。无论广义还是狭义的旅游地资源,都具有广泛综合性、地域

4 旅游目的地时空错位发展的机理分析

性、不可移动性、重复使用性、动态性、模糊性、观赏性、文化性等特征。

依据旅游资源禀赋多少,旅游目的地有富集型和资源缺乏型。20 世纪 90 年代以来国内外学者对资源缺乏型(不乐观旅游资源区、旅游业冷区、旅游资源非优区、旅游资源非显游区、旅游区位非优区)旅游目的地进行过多角度研究。

4.1.1.2 基于行政空间的旅游地资源类别

以旅游地资源禀赋为依托,基于行政区划空间关系,旅游目的地有两大系列:一为旅游区,二为旅游城市(村镇)。

(1) 基于非行政区划空间的旅游目的地——旅游区

旅游区是经县以上(含县)的行政管理部门批准并成立,具有统一的管理机构,且范围明确,有适当参观游览或休闲度假等旅游功能,拥有相应的旅游服务设施与旅游服务的空间区域。旅游区通常具有一定的地域范围,具有旅游管理机构,由若干旅游景区组成,有旅游通道相连接,并形成一定特色旅游形象。旅游区是旅游目的地的一个较大系列,其涵盖若干小类别,主要有世界遗产地、国家公园、地质公园、森林公园、自然保护区、湿地公园、海洋公园、考古遗址公园、生态公园、风景名胜区、主题公园、动物园、植物园、美术馆、旅游景区、景点、历史文化保护单位、度假区、工农业旅游示范点等。旅游区是吸引游客产生旅游动机的最直接动因,是旅游活动赖以实现的重要条件与保障,是旅游产业链中各业的核心支撑,是旅游业重要的生产力要素及旅游创收创汇的重要来源,是游客活动的核心场所,是区域旅游目的地形象的重要体现者,它直接影响旅游目的地的空间错位,因此也成为本研究重要的研究对象。

为使各旅游目的地具有可比性,我国启动了国家评定标准,对旅游区采用 1A 至 5A 的评定标准,见表 4-1。A 级旅游区是指就服务质量与环境质量、景观质量和游客意见的评分达到《旅游区(点)质量等级的划分与评定》(GB/T—17775—1999)国家标准及其《服务质量与环境质量评分细则》《景观质量评分细则》及《游客意见评分细则》三项细则的最低标准以上的旅游区。此项国家标准化评定始于 1999 年,从旅游交通、游览、安全、卫生、通信、购物、管理、客源接待、环境保护、资源品位与价值等 10 个方面全面考查、综合评定。标准启用初期设定 1A 至 4A 的级别评定。此后的《旅游区(点)质量等级的划分与评定》(GB/T—17775—2003)增加了 5A 级评定级别,此国家标准从旅游交通、游览、旅游安全、卫生、邮电服务、旅游购物、经营管理、资源和环境的保护、旅游资源吸引力、市场吸引力、年接待游客数量与结构、游客满意度等多方面规定了各级旅游区的划分条件,尤其对 5A 级旅游区的细节、特色性、文化性等方面做了更高的要求。截至 2014 年 6 月 23 日,我国分 24 批评出 5A 级旅游区 176

处，在全国省域旅游目的地中江苏省以 17 处位列第一，浙江省以 11 处位列第二，河南省、四川省、广东省、山东省以 9 处并列位居第三，湖北省和新疆维吾尔自治区以 8 处并列位居第七，北京市、安徽省、福建省以 7 处并列位居第九。

表 4-1 A 级旅游区评定细则

级别	所属地	服务质量与环境质量分	景观质量分	游客意见分	功能
1A	县级	500 分	50 分	50 分	初级层，一定游览及服务基本功能
2A	地市级	600 分	60 分	60 分	基本偏下，一定游览及服务基本功能
3A	省级	750 分	75 分	75 分	基本层，较完整游览及服务基本功能
4A	国家级	850 分	85 分	85 分	特色突出，重景观性和功能性
5A	国家级	950 分	95 分	95 分	游人为本，重人性化和细节化

资料来源：《中国旅游大辞典》。

（2）基于行政区划空间的旅游目的地——城市（村镇）

基于行政区划空间，我国旅游目的地有旅游城市和旅游村镇。

旅游城市是指具备独特的自然风光或人文旅游资源，能够吸引旅游者并具备一定接待能力的城市。旅游城市是以旅游为主要职能的城市，往往以景区景点为核心，以旅游产业为主体，旅游业产值超过城市 GDP 的 7%。旅游城市需要具备四个基本条件：具有良好自然和生态环境；具有广泛吸引力的特色旅游资源；有能满足旅游接待需要的城市基础设施和旅游专门设施；有高质量的旅游服务和舒适的旅游环境。旅游城市评审主要是对城市旅游资源、旅游吸引力、旅游接待能力、旅游服务管理、旅游业的产值、旅游开发规划等方面给出综合评定分值，目的是以评促建，通过差异化特色发展来提升旅游目的地旅游业水平。我国旅游城市评审中，较权威的当数中国优秀旅游城市、最佳旅游城市和历史文化名城等国家评定标准。

优秀旅游城市是指国际化程度较高、创汇收入较多、发展潜力较大的旅游城市。1995 年，国家旅游局发起了创建中国优秀旅游城市成为旅游目的地建设的重要活动。我国优秀旅游城市是从城市旅游经济发展水平、旅游业政策支持和资金投入、旅游产业定位与规模、旅游业发展的政府主导机制、旅游业精神文明建设、旅游业管理体系、旅游促销与产品开发、旅游景区的开发与管理、旅游的市场秩序、旅游交通、旅游的安全与保险、城市生态自然环境、现代旅游功能、餐饮住宿、旅行社、购物、文化娱乐、旅游厕所等方面进行全方位的评审[1]。截至 2014 年 6 月底，我国共评选出 339 个中国优秀旅游城市，其中省域旅游目的地优

4 旅游目的地时空错位发展的机理分析

秀旅游城市中,山东省以35个位居第一,江苏省以28个位居第二,河南省与浙江省以27个并列位居第三,广东省与四川省以21个并列位居第五,辽宁省以18个位居第六,新疆维吾尔自治区以13个位居第七,湖北省、湖南省、广西壮族自治区以12个并列位居第八。2006年,国家旅游局与世界旅游组织联合启动评审中国最佳旅游城市,并命名成都、杭州和大连为中国最佳旅游城市。北京第二外国语学院旅游管理学院在2014年就网络舆情指数对中国旅游城市进行排名,其中中国十佳网络舆情旅游城市有大连、青岛、上海、杭州、厦门、三亚、桂林、天津、武汉、黄山。

城市型旅游目的地最吸引人的是其人文符号,尤其是历史文化因素,因此历史文化名城成为重要的旅游目的地。国务院于1982年、1986年和1994年先后公布了3批共99座国家级历史文化名城,并在2001年增补2座,2004年、2005年各增补1座,2007年增补7座,2009年、2010年各增补1座,2011年增补6座,共增补19座。截至2014年,中国共有包括古都型、一般史迹型、风景名胜型、地方民族特色型、传统风貌型、特殊职能型、近现代史迹型在内的国家级历史文化名城118座。自1986年以来,我国还针对物质与非物质状况评定了省级历史文化名城。

我国乡村旅游广泛开展涌现出魅力独具的旅游村镇(旅游城镇)。旅游村镇是指旅游资源丰富,在区域旅游市场中有鲜明形象,有一定接待能力,且旅游经济在城镇GDP中占比持续增加的村镇。我国村镇型旅游目的地主要分为文化型、生态型和综合型等类别。对于旅游村镇,我国主要评定特色景观旅游名镇名村和中国历史文化名镇(村)两大系列。2009年中华人民共和国住房和城乡建设部联合国家旅游局在全国启动了特色景观旅游名镇名村的评选,截至2014年,我国分两批共评出此类旅游村镇216个。2003年起,由建设部和国家文物局联合评选中国历史文化名镇(村)。中国历史文化名镇(村)是指文物保存特别丰富,且具有重大的历史价值或纪念意义的地方民族特色村镇。截至2014年,我国分6批共评出了528个历史文化名镇(村),其中252个历史文化名镇,276个历史文化名村。

以上基于行政区划空间的两大系列旅游目的地中,质量和价值较高者还可能被联合国教科文组织作为世界物质遗产,列入世界遗产名录。世界遗产指在世界范围内公认的具有很高价值的自然和文化类遗产,是大自然和人类留下的最珍贵遗存,作为最有价值的自然、人文景观,是人类共同的财富。世界物质遗产通常有文化、自然、自然与文化双重遗产、文化景观四大类别。截至2014年12月,中国旅游目的地中进入世界遗产名录的物质遗产有47处,其中世界自然遗产10

项、文化遗产33项（涵盖3项文化景观）、自然与文化双重遗产4项。其中，中国省级建制的旅游目的地以北京最多，涉及47项中的8项，北京因此提出打造世界旅游城市的目标与举措。

旅游目的地是因旅游而存在的地域空间，旅游地资源是目的地得以形成的基础前提，不同目的地的旅游资源数量、种类、分布等不同，使得旅业业发展有差异。旅游资源禀赋存在于旅游目的地不可移动，其对旅游目的地经济发展起直接推动作用，是旅游目的地竞争力的核心依托。依据地域分工与经济发展的相关理论，一地可以利用其资源禀赋，组合形成具有成本、区位等比较优势的旅游产品，发展旅游经济。如何发挥旅游目的地资源禀赋优势、优化配置各种旅游生产要素，最终转化为旅游产业优势和竞争力，是旅游目的地发展的任务之一。

4.1.2 地理区位从时空双重角度影响旅游目的地发展

区位是一地发展赖以存在的地理背景和依托，有利的地理位置与分布往往对一地发展起到助推作用，不利的地理位置与分布则阻碍或制约一地发展。区位从时间和空间双重层面影响旅游目的地的发展。Trice等在杜能农业区位论的基础上提出了旅游吸引力衡量模型，假设以某旅游目的地为中心，其周围不同距离的范围内分布有多个客源地，从多个客源地去往旅游中心地的游客数量，与其中最远的客源地的最大旅游成本与实际付出旅游成本间的差值有关。旅游目的地的旅游总收益为积累的消费剩余。如果有$n(1, 2, 3, \cdots, N)$个客源地，并认为区域N距目的地是最远的，那么旅游目的地的旅游总收益B用公式表示为

$$B = \sum\nolimits_{ni=0} (C_N - C_n) r_n \tag{4-1}$$

式中，C_N是最远的客源地的最大旅游成本，$C_n(n=1, 2, 3, \cdots, N)$是从客源地$n$到目的地的相应旅游成本，$r_n$是客源地$n$至目的地的游客总数。此研究表明，距离导致的成本是客源市场的重要决定因素，区位中旅游目的地与旅游客源地的距离是旅游目的地空间演变重要的参数，随时空不同其影响也不同。

区位（Location）即位置、分布、布局、位置关系等意思，通常指人类活动所占有的场所。旅游经济是典型的空间经济，由于旅游活动的特殊性，其活动规律和区位布局呈现特有的区位现象，旅游区位和空间结构是现代区位理论的重要研究内容。旅游区位是指旅游目的地与其客源地相互作用中的相关位置、通达性及相对意义，可以分为资源区位、客源区位、交通区位、认知区位等[177]。作为旅游现象的发生地，旅游目的地是与旅游客源地相对应而出现的。旅游目的地因其本身所在的地理位置以及与主要客源地的相对位置，旅游目的地内部及对外的交通通达状况，旅游目的地与区域内的中心城市的距离和相互依托关系，旅游目

4 旅游目的地时空错位发展的机理分析

的地与相邻旅游目的地的时空关系等因素，而呈现出不同的发展状况。

自然区位是旅游目的地所在背景与场所，是影响旅游目的地的最基本因素。自然区位是旅游目的地所在的自然地理位置。旅游目的地所处的地理位置决定其与其他区域在空间上的关系，尤其是与客源地在空间上的关系，直接影响了客源出游的方便程度及成本，通常靠近客源地的地理位置对旅游目的地发展有利，例如，处于东部沿海的旅游目的地通常比处于西部内陆的旅游目的地发展得好。另外，旅游目的地的自然区位还决定着其自然条件是否适合旅游，例如，我国青藏高原的一些高山因其自然条件往往不能成为旅游目的地。

交通可以保障旅游者顺利完成空间位移，交通区位是影响旅游目的地的又一重要因素，旅游目的地自然区位不理想可借交通条件加以改善，旅游目的地陆路、水路、民航等因素的覆盖率和通达性等成为推动或阻碍旅游目的地发展的重要因素。例如，世界自然遗产地四川的九寨沟、黄龙，其自然区位的不佳通过空中交通的建设，方便了世界各地旅游者来往。

经济区位是旅游目的地在区域经济中所处的地位以及与周边地区在经济发展中的竞争与合作关系。通常经济发达且经济区位优良的旅游目的地在旅游设施支撑服务方面会比较优良。例如，长三角和珠三角地区的旅游目的地发展多受益于良好的经济区位。

旅游区位是指旅游目的地在该区域旅游发展中的地位，以及与周边地区旅游发展的竞合关系。旅游目的地的旅游区位关乎其旅游发展的难易程度，成为影响发展的重要依据，在制定旅游目的地发展战略中优先考虑。例如，滨海城市锦州在建设海洋旅游目的地发展战略时就处于不利的旅游区位，因为锦州向西有海洋旅游发展成熟的秦皇岛，向东有海洋旅游发展突出的大连，向南有海洋旅游发展势头强劲的烟台、威海、日照等旅游目的地。

旅游目的地旅游发展受地理区位因素中自然、交通、经济、旅游等多种因素的影响，两者呈现出一种正向变化关系，即地理区位越优良旅游发展越好，反之旅游发展则受阻。地理区位是旅游目的地时空错位发展的重要影响因子，针对旅游目的地的区位，国内外专家进行了多角度研究，要轶丽等提出了"旅游区位非优区"的存在，王衍用提出旅游"阴影区"，王瑛针对旅游区位的特殊性提出了"旅游域"理论等指导旅游目的地建设。

4.1.3 交通通道从时空双重角度影响旅游目的地发展

回顾旅游发展史不难发现，交通每前进一步，旅游都会有飞跃性发展，蒸汽机车的出现促使旅游由古代进入近代，航空技术的民用促使旅游由近代进入现代，旅游与交通相互促进。交通是旅客实现位置移动的生产过程，交通运输是沟通地域之间、生产与消费之间经济联系的重要途径。旅游的异地性使现代社会的所有旅游者必须借助交通支撑，才能实现从离开常住地到回到常住地过程中的所有空间位移。旅游目的地是旅游发展的重要空间，交通是旅游目的地发展的引擎，也是旅游目的地时空演变的重要途径。

旅游目的地发展中的交通因子主要涉及物理距离、经济距离等指标，此类指标随着交通状况的变化会发生改变。交通对旅游发展的影响具体体现在时间和金钱两个指标上，即从旅游客源地通过特定的交通工具到达旅游目的地花费的时间和金钱。旅游目的地旅游发展的好坏最明显的标志就是客源的多少，具有旅游动机的潜在旅游客源要完成从客源地到目的地的旅游活动，必须满足两个基本条件：可自由支配收入和闲暇时间，一旦以时间和金钱为标志的客观条件满足，潜在旅游客源就可能变为现实的旅游客源，而交通则直接影响此两者。当交通足够方便和快捷时，就可以节省旅游中花费的时间，原来受闲暇时间制约无法进行的旅游将会随旅游目的地交通状况的改善变成可能。例如，以北京为旅游目的地的锦州客源，在京哈高铁没有开通前，乘坐普通火车从锦州到北京单程花费的时间为6~9小时，往返则需要12~18小时，在火车车次较多随时出行的情况下，要完成锦州到北京的旅游出行最少需要3天的闲暇时间，如果不是小长假和黄金周，此类旅游无法成行；高铁开通后，锦州到北京单程需要3~5小时，往返只需要6~10小时，加之高铁车次的设置比较密集，游客随时出行成为可能，则游客从锦州到北京的旅游，少则1天多则2天即可完成，在非小长假和黄金周时即可出游，从时间因素考虑每个周末的闲暇时间都可能成行。旅游目的地会随着交通状况的改善而由不能变为可能。交通影响旅游的另一个层面即为金钱，当可自由支配收入不多时，潜在旅游客源虽然有旅游动机和闲暇时间也会受金钱所限无法变为现实，但当交通费用降低时，此类出游则会大大增加。例如，以上海为旅游目的地的大连客源，为节省时间往往选择飞机出游，大连到上海的单程全额机票价为1 000元左右，往返在2 000元左右，加之交通以外的其他消费，大连到上海的出游最少需要3 000元的可自由支配收入，当可自由支配收入低于3 000元时无法成行；但是国内第一家低成本航空公司春秋航空公司推出了直接让利于消费者的低成本机票，从大连到上海单程机票最低一折销售，即100元左右，往返需要200元左右，加上机场建设费、燃油附加费等必要费用后，500元往返费用足够，仅长途交通就可节省1 500元，可自由支配收入在1 500元左右时，此类出游即可完成。交通状况的改善缩短了客源与旅游目的地的时间距离，交通费用的降低缩短了客源与旅游目的地的经济距离，交通从时间、金钱两个维度影

4 旅游目的地时空错位发展的机理分析

着旅游目的地客源，旅游中的交通主要有空运、水运、陆运和特种运输等，不同种类的交通相互补充，共同作用于旅游目的地的发展。

4.1.3.1 航空交通运输对旅游目的地的影响

航空运输在我国交通体系中占据重要地位，中国民航成为全球增长最快、最迅速的交通力量，现代航空运输技术的进步和客机机型的不断改进，使航空旅行不仅速度更快、更舒适、更便捷，而且票价也更便宜，安全系数更高，对旅游者来讲，航空出游的性价比越来越高。国内外民航交通的大发展，对我国旅游目的地发展演变起着至关重要的作用。

4.1.3.2 陆路交通对旅游目的地的影响

在当今陆路运输占据旅游交通主流的背景下，公路和铁路交通的一举一动无不影响着旅游目的地的发展。

（1）公路交通对旅游目的地的演变产生深远影响

廉价、灵活和方便使汽车旅行成为全世界最受欢迎的旅行方式，世界上的旅游大部分是靠汽车进行的，公路客源方式主要有客运汽车、旅游汽车、出租汽车和家用汽车。随着家庭小汽车的日渐普及，更多的旅游者在闲暇时间完成到旅游目的地的自驾游，因此增加了旅游目的地的散客。统计数据表明，截至2014年，我国有驾照的人达3亿多，私有汽车达1.04亿辆。在美国、日本和西欧，80%以上的假日旅游者是乘坐家用小汽车的。同时也使更多的旅游者避开旅游目的地景点进入旅游目的地的非景点，助推了旅游目的地的无景点旅游。省级公路系统的改善，尤其是"非收费公路"的逐渐普及，极大地鼓励了我国的度假旅游，特别是长途旅行，因此推热了我国的度假型旅游目的地；而滨海公路从北到南的贯通更是带活了滨海型旅游目的地。

（2）高速铁路客运对旅游目的地的演变产生质的影响

现在陆路交通不断进步的又一表现是高速火车的发展，最早有日本的"子弹火车"投入运营，其他工业化国家继而加入研发与使用的行列。如今，我国成为世界上高速铁路发展最快、运营速度最高、里程最长、在建规模最大、集成能力最强、系统技术最全的国家。高速铁路将极大地满足高速增长的旅游需求，我国旅游目的地的空间格局将会出现大的改变。

首先，高铁影响旅游目的地的专业化区域分工。高铁全面铺开后，原有的旅游目的地将会进一步分化为旅游目的地、旅游集散地、旅游休闲地、旅游主体功能区等类型，从而使涵盖吃、住、行、游、购、娱各业的旅游产业结构的区域协调、利益博弈成为紧迫需要。

其次，旅游目的地网络化结构渐成态势。传统旅游目的地演进基本遵循

"点—轴"式发展模式，高速铁路网络全面铺开后，旅游目的地的演进模式就会变为"点—轴—网"式结构，进而旅游客源地与旅游目的地间原有的圈层辐射范围发生改变。旅游目的地吸引力大小从波浪式空间演进转换为跳跃式空间演进，离客源地客观距离近的旅游目的地未必比离客源地客观距离远的旅游目的地更有吸引力和交通优势，从而既扩展了旅游目的地空间竞争的范围，更要求各旅游目的地从孤岛式发展向集群化转变，从而加强旅游目的地内聚化发展。

再次，多个旅游目的地转化为集聚地。高铁极大地改变了旅游流的流动方式和游客的空间距离感知，随之出现多个资源型旅游目的地被动地变为集散地的资源飞地，旅游集散地在没有丰富旅游资源的情况下则可以利用原有旅游目的地的旅游资源发展景区景点之外的其他旅游衍生消费。例如，郑州至西安的高铁开通后，大部分游客选择以郑州或西安作为过夜的集散地，以至拥有丰富旅游资源的古都洛阳被游客路过而不留下，因此变为郑州与西安的旅游飞地。这一趋势将促动原有旅游目的地纵深化地开发休闲度假旅游产品，进行多产业融合，否则旅游者将会缩减在该地停留的时间，逐步淘汰过分单一依赖门票的旅游经济发展方式，与旅游中的购物、娱乐、消费等相关的新业态将逐步增多。

最后，乡村型旅游目的地将面临新挑战。高速铁路网络的铺开提升了一批原本交通不便的旅游村镇的区位优势，区域性交通干道和车站沿线的中小城镇因为交通区位的改善面临新的发展机遇，一些旅游村镇通过乡村气息的强化、创意生活的打造吸引了大量城市休闲度假游客，成为休闲生活第三地。例如，辽宁省营口市下属的熊岳随着哈大高铁的开通，类似于思拉堡的温泉休闲小镇崛起。这也给乡村型的旅游目的地提出挑战：域内高速公路等路网要迅速对接高速铁路，提高便捷程度，留住并提升村味、挖掘新的旅游吸引物等。

经过分析本研究认为，交通总体上对旅游目的地发展起支撑作用，是旅游目的地发展的先决条件，旅游目的地的空间错位和交通发展有一定关联。

4.1.4 宏观地理环境保障旅游目的地发展

旅游目的地不可能在真空中发展，其外围的宏观地理环境是不可忽视的因素，旅游目的地宏观层面的地理环境因素通常包括自然环境（Natural）、经济环境（Economic）、社会环境（Social）、文化环境（Cultural）、政治环境（Political）等方面，将以上层面的英文单词首字母集合概括简称为NESCP，此多项因素在不同时间复合营造了旅游目的地的地方感。

4.1.4.1 自然环境（Natural）

自然环境是旅游目的地最原始的客观环境，是指与旅游目的地所处的地理位

4 旅游目的地时空错位发展的机理分析

置相关的各种自然因素，泛指气候、水文、地形地貌、植被、土壤、矿藏等的总和。不同地域的自然环境造就了不同类型的地域生产与生活，从而形成了地域性的景观特征和旅游目的地，例如，雪域高原的藏家风情旅游目的地，草原韵味的蒙古族歌舞风情旅游目的地，雅致细腻、小桥流水的江南旅游目的地。旅游目的地分布于何处，其空间结构如何，主要受自然环境制约。自然环境的地理学规律对旅游目的地的空间分布有一定的启示，我国地理学家胡焕庸先生经过长期研究，在1935年提出了划分我国人口密度的对比线，即"胡焕庸线"，最早称"瑷珲至腾冲线"，后随地名变迁曾先后称为"爱辉至腾冲线""黑河至腾冲线"，此线从黑龙江省瑷珲（1956年后的爱辉，1983年后的黑河）起，经过大兴安岭、张家口、榆林、兰州、昌都直到云南省腾冲，在中国陆域版图上基本呈现一条由东北向西南倾斜45度的直线，此线东南的人口密度极大，是以平原、丘陵、喀斯特地貌、丹霞地貌、水网等为主的地理区域，自古以农耕经济文化为主要特征；此线西北的人口密度极低，是以高原、沙漠、草原、雪域山峰等为主的地理区域，自古以游牧经济文化为主要特征，线的两侧呈现出两个迥然不同的自然和人文区域。"胡焕庸线"既是我国人口的地理分界线，更是自然环境的地理分界线，一定程度上也影响着我国旅游目的地的分布与发展。魏小安等指出旅游目的地的"六等"决定规律：等高线决定生活方式特征，等雨线决定历史变迁特征，等深线决定资源丰度特征，等温线决定市场偏好划分，等距线决定市场规模划分，等时线决定市场权重划分[184]。

自然环境作为旅游目的地产生发展的物质基础和背景，其对旅游目的地的影响主要体现在3方面：从整体上影响旅游目的地的性质；从空间上影响旅游目的地的结构；从容量上影响旅游目的地的发展。

旅游目的地作为旅游发生的空间环境，其本身就是自然环境的一部分，从根本上决定旅游目的地的环境与性质。例如，平原地貌是城市型旅游目的地产生的基础，辽宁中部因辽河平原而产生以沈阳为中心的城市群，景观特征是城市密集、古迹众多；山林河海为度假型旅游目的地的通常背景，我国首批12个国家级旅游度假区不是在山间就是在湖畔、海滨；一定范围内起伏变化、高低错落的地表形态常常有利于园林型旅游目的地存在；因气候而形成的避寒型旅游目的地多在低纬度的热带，其景观则以椰树雨林著称，如我国的海南岛、深圳、香港等地。另外，自然环境还是旅游目的地规划开发的重要依据，在旅游景区规划中，景区的功能分区、道路的规划设计、景观的布设都要因地制宜、因势利导。自然景观往往诞生于特定的自然环境中，地质地貌常常是自然风景区的基本骨架（例如江西的庐山、鄱阳湖景区，断层作用形成的断层山、湖盆构成风景的骨架），河湖林木、气象天象加以装饰点缀（例如桂林胜景即是山水的有机结合），共同构成引人入胜的自然美景；某些自然要素本身就是可遇而不可求的自然景观，例如湖南张家界、长江三峡、新疆"魔鬼城"等；自然环境作为背景起到加深、凸显旅游意境的作用，例如"青城天下幽"的意境形成，是由于山间小路曲曲折折，两侧苍松翠竹掩映，碧绿成荫，深藏其间的溪流也加深了其深远感。自然环境直接决定旅游目的地的自然景观性质与意境。旅游目的地的自然环境常常构成对客源市场的直观吸引力，越是奇特、优美、罕见的自然环境，越能直观"拉动"游客，激发旅游者前往旅游目的地进行旅游体验。

自然环境使旅游目的地的历史传统、生产生活、审美风俗等各具特色，进而对旅游目的地景观的造型、式样、装饰等都有影响。例如，通透、凉快的西双版纳民居，粉墙灰瓦、精巧雅致的徽州民居，凝重、封闭的黄土窑洞民居等，无不受其自然环境影响。自然环境还影响旅游目的地的空间布局和结构，表现最明显的就是对城市型旅游目的地的影响。其实城市分布本身就是对自然环境选择的结果，尤其是文化底蕴深厚的历史文化名城，其选址极其注重地理环境，往往根据山水脉络走向，因天时就地利，力求山环水抱、阴阳和顺。我国中科院院士叶大年专门研究了城市形成发展与自然地理环境的关系，得出中国城市地理对称分布原理，当然对称性有多种，有中心对称、轴对称、平移对称、旋转对称、曲线对称、色对称、斜对称等。参照何伟的区域城镇空间结构与优化研究[185]，笔者梳理出平原型旅游目的地近似中心地系统的空间结构、干旱半干旱地区中小城镇型旅游目的地的多中心空间结构、江河沿线城镇型旅游目的地的轴线型空间结构、山区城镇型旅游目的地沿河谷走向分布的空间结构等旅游目的地空间结构类型。

旅游活动具有典型的产地消费性特征，旅游发生在旅游目的地，因此空间容量是制约旅游目的地发展的核心环节，旅游目的地环境容量决定了旅游目的地供给规模的上限，如果超负荷接待旅游客源将导致自然环境破坏和当地社区不满，吸引力再大、区位优势再优良、基础设施和服务再独特的旅游目的地，一旦其环境容量不够，将制约其旅游发展规模和质量。旅游目的地发展遵循"木桶原理"：木桶盛水多少取决于木桶中最短的木板，一旦环境容量成为"木桶中最短的板"，将直接影响旅游目的地供给能力，从而阻碍旅游目的地经济发展，使旅游目的地在一定时空出现错位发展。

4.1.4.2　经济环境（Economic）

经济环境指旅游目的地内对其发展所要达成的目标产生直接或间接、有利或不利影响的一系列外部经济因素的总和。经济环境是旅游目的地发展的外在经济

4 旅游目的地时空错位发展的机理分析

背景,其发展水平从供给角度影响旅游目的地发展,旅游目的地进行旅游供给时,不仅要开发有特色的旅游资源、组合旅游产品、创新旅游项目,更要创建一定配套的基础设施、专门设施等,这一切都需要大量的资金。强大的外在经济环境可以为旅游目的地旅游供给提供强大的物质保障;旅游目的地能否根据客源市场的需求及时调整,尤其是扩大旅游供给的规模与结构,很大程度上取决于所在地的经济支撑能力。发展中国家与发达国家在旅游目的地供给方面的巨大差距通常是其经济发展水平不同的结果。

经济环境主要影响旅游目的地的旅游资源、旅游产品、旅游项目的开发,基础设施、专业设施等设施的建设等方面。经济发达地区由于经济发展水平较高、科学技术领先、基础设施和专门设施完善,旅游产业发展的内外环境较好,其旅游发展水平较高;经济欠发达地区的旅游目的地在旅游供给的规模与质量上往往落后于经济发达地区的旅游目的地,例如,我国长三角、珠三角等经济发达地区的旅游目的地不仅原来的供给基础好,而且有雄厚的经济实力为旅游供给的扩大和提升做物质保障,为创新项目的建设提供经济和技术支撑;西部内陆地区旅游目的地发展受制于其落后的经济发展,常常不尽如人意。

经济还对旅游目的地的结构演变提供支撑,以强大经济实力为后盾的旅游目的地,在旅游产业结构优化方面往往居于领先地位,例如,上海市凭借强大的经济技术支撑承办了多项国际节事,其会展旅游领先于国内其他旅游目的地;而且凭借其现代化城市发展中的智能交通、现代信息化技术支撑,率先在国内打造智慧型的旅游目的地,借助现代信息、物联网、云计算等技术实现资本与旅游产业的有效对接,仅此一项就使上海市从众多的旅游目的地中脱颖而出,赢得了旅游发展的先机,从而更快地促进其经济发展。经济对旅游目的地的影响除了直接的资金注入和技术保障之外,还体现在投资、融资等政策上,例如,海南国际旅游岛自2011年1月1日正式实施的境外游客购物离境退税政策,大大增强了海南旅游经济的活力,尤其是购物旅游的发展。

影响旅游目的地发展的具体经济因素主要有国民生产总值、旅游价格、汇率、通货膨胀率等。国民生产总值在一定程度上决定旅游目的地的接待能力,通常国民生产总值高的旅游目的地旅游设施和接待条件较好,旅游活动的保障能力就较高。旅游价格直接影响旅游需求,通常旅游价格与旅游需求具有负相关关系,当旅游目的地旅游价格上升时,其旅游客源需求就会下降,旅游收入可能会下降;反之,旅游客源需求就会上升,旅游收入可能会上升。旅游价格弹性系数可以从一定程度上反映两者的变化程度,价格对旅游目的地的影响是最直接的,例如,在我国旅游景区门票价格普遍上涨的情况下,大众旅游者纷纷避开旅游

· 55 ·

的地景区，进行无景点旅游。针对国际旅游，汇率的变化是影响旅游目的地的主要因素，具体影响表现在：当旅游目的地国货币升值（汇率上升）时，前往旅游的国际客源会减少或停留时间会缩短，旅游目的地旅游收入会减少；反之，旅游目的地旅游收入会上升。我国近年国际入境旅游持续低迷的重要原因，就是人民币升值（汇率上升）、国际经济不景气等因素的结果。另外，旅游目的地的通货膨胀率对旅游发展也有影响，当客源地的通货膨胀率较高时，就会刺激居民外出旅游，例如，20世纪80年代中期的日本由于大量的贸易顺差，导致日元升值，进而在日本国内引发通货膨胀，日本政府因此鼓励国民出境旅游，在一定程度上缓解国内的经济形势。所以，旅游目的地国家或地区应审时度势地就通货膨胀或汇率变化等现象，适时调整旅游经济的运转来增加旅游收入。

在全球发展旅游经济的大背景下，旅游目的地经济发展是区域经济发展的重要组成部分。区域经济发展和旅游目的地发展存在相互促进、互相依赖的辩证发展关系，区域经济发展是旅游目的地发展的先导推力，区域经济发展可以在旅游目的地发展中得到充分体现，反过来，旅游目的地发展对区域经济发展产生反推作用。例如，我国旅游在经济基础薄弱、不具备旅游发展条件的情况下，以政治导向率先形成国际入境旅游目的地，并逐步培育旅游经济发展，之后通过旅游目的地经济的反推作用走上国际、国内旅游全面发展的道路。

4.1.4.3 社会环境（Social）

旅游目的地在受自然环境影响的同时，不可避免地受到其所处的社会环境和时代氛围的影响，缺少了社会环境因素与条件的支撑保障，旅游目的地将不存在。社会环境对旅游目的地的影响具有隐蔽性和长远性，不如自然环境和经济环境的影响直接。社会环境对旅游目的地影响的层面表现为社会风气、家庭以及旅游目的地社区的旅游发展态度等层面。

社会风气是特定时空范围内社会成员相同或相近的价值判断、思想意识、行为意志、行为方式的集合。从古到今社会的尚游之风，为我国各类旅游目的地的出现和发展提供了强大的社会支撑。在我国古代社会，有广泛影响力的科举考试之风，为士人学子"读万卷书、行万里路"的游学创造了契机，使得锦绣文章誉满天下，从而增加了我国各旅游目的地的文化内涵。不同的社会风气造就不同的旅游目的地，西方社会开放、进取、敢于冒险、勇于探索的外倾性社会风气，其尚游之风带火了攀岩爬壁、蹦极跳伞、冲浪滑翔、赛车拳击等探险型旅游目的地；我国崇尚自然山水之美的社会风气为各类生态型旅游目的地的发展奠定了广泛的社会基础。市场经济下国人的消费意识普遍激活，近年来随着社会生活水平的不断提高，出游距离日渐加大，消费水平日渐增长，因此带火了一批境外旅游目的地和长距离旅游目的地，其中受益最大的当数我国的香港、澳门、台湾等旅游目的地。

家庭是社会的基本组成单元，处在不同生命周期或不同类型的家庭在旅游行为的选择上不尽相同。年轻的单身人士，其旅游行为具有时尚的特征，旅游目的地多选择非景区景点或游乐体验类型，在旅游目的地的消费以娱乐占比最大。满巢家庭处在不同的满巢阶段，其旅游选择也不同：具有婴幼儿的满巢家庭，其旅游目的地常选择短途一日型的，其旅游消费行为多在游乐园、动物园等幼儿娱乐场所，并且频率较高；具有少年儿童的满巢家庭，其旅游目的地多选择博物馆、历史文化名城、专题场馆等，旅游活动方式常常选择扩大孩子视野、增长孩子知识、陶冶孩子情操的类型，且出游时间多在节假日；具有成年孩子的满巢家庭，其旅游目的地选择往往没有一定的规律，在旅游目的地的消费行为往往更理性。空巢家庭旅游的主客观条件最容易满足，多选择文化内涵深的旅游目的地，其旅游消费选择行游比适当的模式。

旅游目的地社区是和旅游目的地发展最直接相关的社会群体，对旅游发展的态度直接决定了旅游发展的潜力。旅游目的地社区是旅游环境的重要组成部分和支持力量，社区支持、参与旅游目的地建设，是最理想的旅游目的地发展模式。社区是旅游的利益主体之一，提到旅游主体，人们自然而然想到的就是旅游者，其实旅游者是旅游活动的主体，但却并不是旅游的唯一主体，所有与旅游有关的人都是旅游的主体，除了旅游者还应该包括旅游经营者、旅游管理者、旅游研究者、当地社区等多元利益主体。旅游目的地在发展过程中应该最大限度地满足所有利益主体的利益，否则旅游目的地发展就容易在不能满足利益的主体那里受阻。例如，当地社区在以往的旅游目的地发展过程中常被忽略，旅游目的地发展更多关注的是旅游者能获得高质量的旅游经历，旅游经营者能从旅游投资经营中获得收入，旅游地政府能获得相应的旅游税收等，对世代生存于旅游目的地的当地居民利益不加考虑，当地社区未能从旅游目的地发展中受益却要承担环境污染、物价上涨等旅游发展成本，因此当地社区常常成为旅游目的地发展最大的阻碍群体。相反，如果旅游目的地发展吸收当地社区参与旅游，旅游的发展将直接关乎社区利益，社区将积极支持旅游目的地发展旅游，从而增加旅游目的地原汁原味的文化氛围，提升旅游目的地的吸引力。

4.1.4.4　文化环境（Cultural）

文化是人类社会在长期的生产生活实践中建立起来的素养、信仰、价值观、理想、人生观、道德等因素的综合。广义文化指人类的创造过程及其物质精神产品总和，和自然相对应；狭义文化仅指精神文化，与政治、经济相对应。广义的文化环境是指旅游目的地人类创造的各种文化因素的综合，语言、宗教、习俗、建筑风格等文化符号是地域的基因被时代传承、沿袭，共同组成地域文化环境；狭义的文化环境指人类活动所创造的文化要素组成的和自然环境相对应的文化综合体。正是文化环境的差异，才导致旅游者离开惯常环境，去往旅游目的地体验不同文化。所有旅游者期望通过旅游从旅游目的地增长知识、扩大视野、陶冶情操，文化环境是旅游者最在意的因素，是旅游目的地产生和发展的基础与渊源。

旅游目的地的形象来自其文化环境的支撑，尤其是主流文化的强化。例如，我国"九五""十五"时期弘扬自强、自立的民族精神，具有此类文化环境的红色旅游目的地备受游客青睐，因此得以发展。旅游目的地的文化基因是旅游者建构原初形象的依托，例如，孔子的家乡——山东曲阜被游客当成礼仪之邦，辽宁营口熊岳城因望儿山及其"慈母盼儿归"的美丽传说，被游客当成母爱的发源地，每年母亲节期间的敬母爱母活动广泛吸引中外游客，此类现象被权威人士评论为"一个传说带活了一座城市"。到特定地域体验特色文化成为很多旅游者选择旅游目的地的依据和参考，例如到西双版纳体验傣家风情、到丽江感受纳西民风、到大理体验白族的好客、到西藏体验藏家的淳朴等旅游现象广泛存在，旅游目的地的特色民俗文化成为其最具活力的吸引因素，也成为旅游目的地发展的重要资源与环境。我国求全的文化传统使得旅游者在旅游时重观光而轻休闲，因此导致我国观光型旅游目的地曾经"一统天下"，但随着追求文化个性、文化特色的发展趋势，曾经火爆的观光型旅游目的地逐步降温，不断转型发展成体验休闲型。

旅游目的地旅游受文化环境影响，还体现在其地域文化氛围吸引的客源群体上，具有两大特征：一为与目的地文化相同或类似的客源群体，例如2014年中国出境旅游突破1亿人次，其中90%选择在亚洲旅游，尤其是邻国韩国成为中国公民选择率最高的出境旅游目的地；二为与旅游目的地文化反差极大的群体，其原因在于旅游者出游的根本原因是探新求异和逃避紧张现实，只有到了与常住地文化反差极大的地域，旅游者才会彻底忘却生活中的烦恼，求得暂时安宁与解脱，并获得全新的体验，因此认为旅游活动是满意和值得的。可见，文化环境在潜移默化中影响着旅游目的地的旅游发展，不容忽视。

4.1.4.5 政治环境（Political）

政治环境是旅游目的地的政治现象和因素组成的氛围，对旅游目的地发展的影响主要体现在3方面：旅游目的地的政治氛围和社会稳定状况；旅游目的地政府对待旅游业的态度与政策法规；旅游目的地与客源地的双向关系。

4 旅游目的地时空错位发展的机理分析

旅游目的地政治氛围和社会稳定状况是旅游发展的重要保障，也是旅游者选择旅游目的地的基本考虑。按照马斯洛需求层次理论，人的需求是有层次的，从下到上依次是生存、安全、爱与社交、受尊重、自我实现的需求，五层需求呈金字塔状，而旅游需求属于三层以上的中高层次的需求，只有在低一级的需求满足的前提下，高一层次的需求才会被激活，即只有在生存、安全的需求满足的前提下旅游需求才会被激活。如果旅游目的地政局不稳，旅游者的安全无法保障，从理论上来讲旅游者是不会选择的；只有在旅游目的地政治稳定、社会安泰的情况下，旅游者才会选择前往。

旅游目的地政府对待旅游业的态度与政策法规直接决定了旅游目的地的发展方向，旅游目的地政府支持还是反对旅游业发展，直接决定旅游目的地的存在与否，旅游目的地政府支持旅游业发展的态度也是有区别的：把旅游业当成政治与外事的一部分来发展，旅游业是几乎不产生经济效益的；极端地把旅游业看成仅有经济性的产业来发展，社会各业一哄而上疯抢"旅游经济"这一蛋糕，只会导致乱糟糟的旅游发展局面，旅游目的地也是要走弯路的。理性认识旅游业的态度，才会有合理发展旅游业的政策与措施，旅游目的地的发展才会科学合理。旅游目的地政府对旅游业的政策措施主要包括法律政策、税收政策、信贷政策、投资政策、价格政策等，方方面面的政策与措施从宏观上对旅游目的地旅游发展起支持或限制作用，从而助推或阻碍旅游目的地发展。

不同时期旅游目的地政府的旅游方针政策对旅游目的地的影响是决定性的，例如，我国对待国内旅游发展的方针政策从"三不"（不支持、不提倡、不反对）到"因地制宜、积极引导、稳步发展"再到今天的"积极发展"的转变过程，直接建构了我国国内旅游目的地发展的三部曲。我国对待国际旅游的基本方针政策也影响其他国家的旅游目的地发展，我国对待国际旅游中的出境旅游的方针从改革开放之初的"三不"（不宣传、不提倡、不鼓励）到20世纪90年代后期的"适度发展"，再到2005年的"规范发展"，使得我国的出境旅游目的地实现了从基本没有到逐步增多再到全面开放的发展历程。在1983年到2003年的21年间，我国公民只有28个国家可以选择出境旅游；2004年年底出境旅游目的地达到78个，到2006年年底出境旅游目的地达到132个，正式开发业务的达到86个。政府的旅游政策法规对旅游目的地影响深远，例如，2009年年底国务院出台的41号文件确立了旅游业的战略性支柱产业地位，中国首部旅游法的出台规范了旅游目的地的旅游经营，中国特色的居民休假政策造就了旅游目的地的假日经济，我国广泛铺开的城市化政策，使得一批又一批乡村型旅游目的地脱颖而出等。

政治环境对旅游目的地的影响还体现在与客源地的政治双边关系上，双方之间有无邦交，以及双方关系的好坏都会对旅游产生直接影响。双方良好互信的政治关系，在繁荣双边贸易的同时促进了双方旅游来往，尤其是需要跨境的国际旅游目的地间的双边关系则更为重要，主要体现在双方的签证政策上。当签证和出入境手续方便快捷时，就会刺激旅游产生；反之，就会抑制旅游产生。例如，2014年APEC峰会中美两国间达成签证延长协议，其中旅游签证期延长为10年，这促使中美双方互为旅游目的地的出境游增长；相反，如果双方之间无邦交就谈不上互为旅游目的地，即使有邦交但双边关系不良也会阻碍旅游目的地发展。

旅游目的地发展旅游在一定程度上又可以促成和平稳定的政治局面，因为旅游自诞生之日便承担着促进和平与发展的使命，每年9月27日"世界旅游日"的主题可以体现旅游对世界和平与发展的促进，具体时间历程见表4-2。

表4-2 世界旅游日主题一览表

年份	主题（英文）
1980	旅游业的贡献：文化遗产的保护与不同文化之间的相互理解（Tourism's contribution to the preservation of cultural heritage and to peace and mutual understanding）
1981	旅游业与生活质量（Tourism and the quality of life）
1982	旅游业的骄傲：好的客人与好的主人（Pride in travel: good guests and good hosts）
1983	旅游和假日对每个人来说既是权利也是责任（Travel and holidays are a right but also a responsibility for all）
1984	为了国际间的理解、和平与合作的旅游（Tourism for international understanding, peace and cooperation）
1985	年轻的旅游业：文化和历史遗产为了和平与友谊（Youth tourism: cultural and historical heritage for peace and friendship）
1986	旅游：世界和平的重要力量（Tourism: a vital force for world peace）
1987	旅游与发展（Tourism for development）
1988	旅游教育（Tourism: education for all）
1989	旅行者的自由活动创造了一个共融的世界（The free movement of tourists creates one world）
1990	认识旅游事业，发展旅游事业（Tourism: an unrecognized industry, a service to be released）（"the hague declaration on tourism"）

续表

年份	主题（英文）
1991	通信、信息和教育：旅游发展的动力（Communication, information and education: powerlines of tourism development）
1992	旅游促进社会经济一体化，是各国人民相互了解的途径（Tourism: a factor of growing social and economic solidarity and of encounter between people）
1993	争取旅游发展和环境保护的和谐（Tourism development and environmental protection: towards a lasting harmony）
1994	高质量的服务、高质量的员工、高质量的旅游（High-quality service, high-quality staff, high-quality tourism）
1995	通过负起责任而受益（Benefits from taking responsibility）
1996	旅游业：宽容与和平的因素（Tourism: a factor of tolerance and peace）
1997	旅游业：21世纪创造就业和倡导环境保护的先导产业（Tourism: a leading activity of the twenty-first century for job creation and environmental protection）
1998	政府与企业的伙伴关系：旅游开发和促销的关键（Public-privatesector partnership: the key to tourism development and promotion）
1999	旅游业：为新千年保护世界遗产（Tourism: preserving world heritage for the new millennium）
2000	技术和自然：21世纪旅游业的双重挑战（Technology and nature: two challenges for tourism at the start of the 21st century）
2001	旅游业：和平和不同文明之间对话服务的工具（Tourism: instrument at the service of peace and dialogue between civilizations）
2002	经济旅游：可持续发展的关键（Ecotourism, the key to sustainable development）
2003	旅游：消除贫困，创造就业和社会和谐的推动力（Tourism: a driving force for poverty alleviation, job creation and social harmony）
2004	旅游拉动就业（Tourism as a driver of employment）
2005	旅游与交通——从儒勒-凡尔纳的幻想到21世纪的现实（Travel and transport: from the imaginary of Jules Verne to the reality of the 21st century）
2006	旅游让世界受益（Tourism Enriches）
2007	旅游为妇女敞开大门（Tourism opens doors for women）
2008	对气候变迁挑战的旅游回应（Tourism responding to the challenge of climate change）
2009	旅游：庆祝多样性（Tourism: celebrating diversity）

续表

年份	主题（英文）
2010	旅游与生物多样性（Tourism and biological diversity）
2011	旅游：连接不同文化的纽带（Tourism：linking cultures）
2012	旅游业与可持续能源：为可持续发展提供动力（Tourism and sustainable energy：powering sustainable development）
2013	旅游与水——保护我们共同的未来（Tourism and water：protecting our common future）
2014	旅游和社区发展（Tourism and community development）

表中资料来源：整理百度搜索资料所得。

4.1.5 旅游产业微观管理是旅游目的地发展的关键

宏观环境是旅游目的地发展变化的外因，旅游产业是目的地发展变化的内因。按照辩证唯物主义观点，事物发展的根本动因是其内在的矛盾性，即内因是事物发展变化的主因，外因借内因发挥作用，并在某种程度上影响事物的发展。按照马克思主义的观点，旅游目的地发展变化的主要原因是旅游产业发展本身，对旅游目的地旅游产业进行微观管理是其发展的关键。根据以往学者研究可知，旅游目的地的微观管理主要体现在旅游产业定位管理、旅游目的地营销管理以及旅游目的地内外竞合关系的管理等方面。

4.1.5.1 旅游产业定位是旅游目的地发展的前提

产业（Industry）是指其主要业务或产品相同的企业类别的总称。中国在传统计划经济时期称为行业。旅游业在我国通常被称为旅游行业、旅游产业等，当前是我国国民经济举足轻重的支柱力量。产业定位是产业举措的根本和主要依据，对于促进国民经济的发展和产业结构的调整转换有十分重要的作用；旅游目的地产业定位是指确定旅游产业在旅游目的地国民经济体系中的地位，不同旅游目的地的旅游产业地位不同。

国民经济中产业众多、作用不一，克拉克把全部的经济活动划分为第一产业（包括农业、畜牧业、林业和狩猎业等农业）、第二产业（包括采矿业、制造业、建筑业等工业）和第三产业（包括商业、金融业、保险业、运输业、服务业及科学、文化、教育、卫生、公务等其他事业），旅游产业属于其中的第三产业。而根据各产业在国民经济中发挥的主要作用和功能，可以分为主导产业、关联产业、基础产业等；按功能分类还有支柱产业、潜导产业的类别之分。主导产业与支柱产业两者区别在于：支柱产业虽在本地的经济总量扩张中所占比例较大，但在全国的同类产业中所占比例却不一定大，或与全国的同类产业相比不具发展的优势、产品输出率不够高，不能发挥区际分工之作用，因而没有主导产业的功能。根据产业发展潜力、发展前景的大小，又有朝阳产业（新兴产业，即指产品需求增长快，产业增长率明显高于国民经济各产业的平均水平，并且在经济发展中所处地位、对经济增长的贡献均有不断上升趋势的产业）与夕阳产业（即指产品需求增长慢、停滞、下降，产业增长率明显低于国民经济各产业的平均水平，并且在经济发展中所处地位、对经济增长的贡献均有不断下降趋势的产业）之分。

作为国际旅游目的地，我国对旅游产业的定位随着时代发展逐步变化，改革开放之初我国旅游地位是从属于政治的外事接待业（关联产业），旅游没有独立的产业地位；1985年我国首次明确了旅游的独立性经济产业地位，旅游产业的经济性作用初步凸显（潜导产业）；1992年我国进一步明确了旅游业是第三产业的重点（朝阳产业）；1998年我国把旅游业作为国民经济新的增长点加以培育、发展（朝阳潜导产业），多个省区把旅游业定位为支柱产业；2009年我国明确了旅游的战略性支柱产业（指对国家或地区发展具有战略意义、具有社会经济发展重要支撑力的产业，其本身具有相当规模，且发展潜力大，能对经济社会发展起广泛带动作用。从数量上来讲，某产业增加值占GDP的5%以上为支柱产业，占8%以上即为战略性支柱产业）地位。目前我国旅游已融入人们生产方式和生活方式之中，成为人人享有的基本权利，旅游业增加值已占GDP的5%以上，旅游产业定位呈现由支柱产业向先导产业培育的趋势，旅游产业在我国被提升到前所未有的高度加以大力发展。

当今为把旅游目的地的旅游产业支柱（战略性支柱）性落到实处的途径有：首先，要进行产业改革，放宽市场准入，鼓励多种资金依法投资旅游业，从而挖掘旅游产业的发展潜力；其次，发挥集群效应，通过旅游产业的集群化发展，在旅游产业实现规模经济；最后，打造新业态、延长产业链，实现旅游与多产业的融合，通过创新追求范围经济。旅游目的地通过以上途径做大做强旅游产业，并发挥旅游产业的关联带动作用，从而在旅游目的地确立旅游产业的战略性支柱地位，例如河南省的栾川县，依托丰富的旅游资源，在全国开创了以旅游产业带动县域经济发展的"栾川模式"。

不同的旅游目的地，其资源禀赋不同，旅游产业发展的宏观环境也不同，旅游产业的发展定位不能一概而论。如今我国多个省域旅游目的地对自己的旅游业进行定位，有的定位为支柱产业（如贵州省），有的定位为主导产业（如西藏自治区），有的定位为第三产业的支柱产业（如青海省），有的定位为战略性新兴产业（如辽宁省），有的定位为战略性支柱产业（如海南省），有的定位为优先发展的潜导产业（如山东省）。不同旅游目的地旅游的不同产业定位，决定了旅游产业的发展机会和力度，也在一定程度上造成了旅游目的地时空错位发展的格局。

4.1.5.2　旅游营销管理是旅游目的地发展的关键

如今我国人均GDP已突破3 000美元，这预示着我国即将迎来旅游爆发性增长，旅游目的地都在拓展旅游范畴，有资源的挖掘组合旅游产品，没资源的创新打造旅游项目，旅游可谓遍地开花，旅游目的地"酒好不怕巷子深"的时代一去不复返，如今"酒好还怕巷子深"，即使"天生丽质"的旅游目的地也需借助营销，完成从产品向效益的转变。鉴于旅游产品的产地消费性，旅游目的地在旅游产品开发完成后，需要结合产品本身、产品的市场需求及竞争等状况，通过适当的价格、销售渠道，并借助广告、公共关系管理、人员推销、销售促进、网络营销等促销手段，将旅游产品传递给目标市场，这一过程即为旅游目的地的营销管理。

过去观光旅游时代，按照意大利著名经济学家帕累托提出的二八原理（在任何群体中，重要因子通常只占20%，不重要的因子则占80%，因此只要控制重要的少数就能控制全局，这就是应用广泛的"重要的少数与琐碎的多数"——二八原理），旅游目的地营销需要从战略高度规划旅游营销，聚焦创造80%效益的20%的观光旅游客源群，例如商务观光、政务观光等，并针对其进行精确的营销管理，使旅游目的地有限的资源发挥最大效益，从而提高旅游目的地的经营效益与水平。胡润研究院的调查表明，我国个人资产超过600万元的高端客源群约有290万人；携程发布的调查报告显示，我国高端旅游群的单人单次旅游消费在10万元以上；出境旅游交易会调查显示，我国18%的出境旅游运营商的高端业务经营收入占总收入的50%以上。相对于我国14亿的人口基数和40亿以上旅游客源市场规模，高端小众旅游客源群的营销就显得较为重要。

指导旅游目的地战略营销的基本理论为STP理论，其中的S、T、P分别是指市场细分（Segmentation）、目标市场选择（Targeting）和市场定位（Positioning），STP是战略营销的核心内容。STP理论的实质是市场定位理论，即选择并确定目标消费群体的理论。旅游需求市场是综合、多层次和多元的消费群体，任何旅游目的地都不能满足所有市场需求，旅游目的地常常根据需求层次、购买力等因素把所有消费群体分为由相似需求构成的若干子市场，即市场细分S；旅游目的地再根据本身的经营战略及所供给的产品情况，从若干子市场中选择符合自我目标和能力的细分市场作为目标市场，即目标市场选择T；之后旅游目的地把

4 旅游目的地时空错位发展的机理分析

产品定位在目标市场需求偏好上,并借助适当的营销活动向目标市场传达自我的定位信息,使其注意并感知到此供给是他们所需的,即目标市场定位 P。简言之,STP 理论是旅游目的地在适当市场细分基础上,确定自我目标市场,并把产品定位在目标市场需求的位置上。

旅游目的地最常用的营销战略有形象制胜战略、竞争优势战略、品牌支撑战略、产品升级战略、网络营销战略、营销组合战略、事件营销战略等。

旅游目的地形象制胜战略是指旅游目的地通过旅游形象的设计与推广来达到市场营销推广的目的。旅游目的地通过形象定位、形象塑造、形象标志设计等诸多环节,打造旅游目的地的形象识别系统(CIS)并加以推广,使之在相关群体中形成鲜明独特的良好形象,以此来实现旅游目的地的营销目标,例如,我国作为旅游目的地,在 2013 年年初设计推广的"美丽中国之旅"这一旅游形象,以及辽宁省在 2014 年设计塑造并推广的"乐游辽宁不虚此行"的旅游形象等,均属于形象制胜战略。

竞争优势战略是指旅游目的地通过对竞争状况和竞争对手的分析评价,选用具有比较优势的竞争战略。旅游目的地在分析评价竞争状况时最为常用的方法有 SWOT 分析法,即将优势(Strength)、劣势(Weakness)、机遇(Opportunities)、威胁(Threats)等关乎发展的内外各因素进行综合和概括,进而分析组织的优势与劣势、面临的机遇与威胁的一种方法,见表 4-3。

表 4-3 基于 SWOT 分析的营销决策矩阵

SWOT 分析结果	营销方向	营销战略	营销决策
优势+机遇	拓展	产品认知	增强旅游目的地实力,占领并领导市场
优势+威胁	进攻	品牌塑造	集中优势,化解危机,开拓市场
劣势+机遇	争取	个性凸显	把握市场机遇,快速争取市场
劣势+威胁	保守	有效回收	降低费用占领角落市场,急流勇退

ASEB 栅格分析法是将 SWOT 分析法的优势 S、劣势 W、机遇 O、威胁 T 分析,结合需求体验分析法的活动(Activity)、环境(Setting)、体验(Experience)、利益(Benefit),将各分析要素相互对应,按从活动优势(SA)到利益威胁(TB)顺序交叉组合,形成 16 单元代码的矩阵,并对 16 单元逐层进行分析研究,以栅格的形式组成表格进行分析的方法,见表 4-4。而在进行营销竞争战略决策时,通常采用低成本战略、差异化战略、市场领先战略、集中战略等。

表 4-4 ASEB 栅格分析代码矩阵

要素	活动（Activity）	环境（Setting）	体验（Experience）	利益（Benefit）
优势（Strength）	SA	SS	SE	SB
劣势（Weakness）	WA	WS	WE	WB
机遇（Opportunities）	OA	OS	OE	OB
威胁（Threats）	TA	TS	TE	TB

品牌支撑战略是指旅游目的地通过品牌塑造和评价后选择相应的品牌营销战略。

产品升级战略是指旅游目的地通过旅游产品局部或整体的创新、升级赢得竞争的战略，同时针对旅游目的地所处的生命周期不同阶段采取不同的营销战略。

网络营销（在线）战略是指旅游目的地利用互联网展开市场调研、进行产品宣传和服务、完成销售、处理售后事宜等的营销战略。相对于传统营销，网络营销发生了两大转变，其一是经营理念转变，由传统的关注产品与质量的二维结构，转向关注产品、质量、时间、个性的四维结构；其二是销售方式的转变，由面对面销售转向网上交谈销售。此战略使得旅游目的地出现新业态。

营销组合战略是指旅游目的地为达成在目标市场的销售，而对可控制的营销变量进行优化组合，并综合运用的营销管理活动。"营销组合"概念 1964 年由美国哈佛大学教授波顿（Bordon）提出，同年由麦卡锡（MeCarthy）发展后提出 4Ps（产品 Product、价格 Price、促销 Promotion、渠道 Place）营销组合策略，1981 年布姆斯（Booms）和比特纳（Bitner）对 4Ps 进行修正后提出 7Ps（产品 Product、价格 Price、促销 Promotion、渠道 Place、人 People、有形展示 Physical Evidence、过程 Process）营销组合策略。

事件营销战略是旅游目的地有计划地策划、组织、举行、利用有新闻价值的节事活动，通过运作吸引媒体和公众注意，达成塑造良好形象、提高知名度并最终促进产品销售目的的营销战略。我国作为旅游目的地从 1992 年起每年推出一个旅游主题活动来塑造和推广我国旅游目的地的形象，不同时期旅游主题具体见表 4-5。通过持续性常规的旅游活动主题年节事营销，"美丽中国之旅"这一形象在全球逐步被认可，为中国成为全球第一大旅游目的地起到了不可替代的作用。

表 4-5 中国旅游活动年主题一览表

年份	旅游主题	年份	旅游主题
1992	友好观光年	2004	中国百姓生活游
1993	中国山水风光游	2005	中国旅游年
1994	文物古迹游	2006	中国乡村游
1995	民俗风情游	2007	中国和谐城乡游
1996	休闲度假游	2008	中国奥运旅游年
1997	中国旅游年	2009	中国生态旅游年
1998	华夏城乡游	2010	中国世博旅游年
1999	99 生态环境游	2011	中国文化游
2000	神州世纪游	2012	中国欢乐健康游
2001	中国体育旅游年	2013	海洋旅游年
2002	中国民间艺术游	2014	美丽中国之旅——2014 智慧旅游年
2003	中国烹饪王国游	2015	美丽中国——丝绸之路旅游年

我国各旅游目的地在进行市场推广的过程中，综合运用多种营销策略，不断创新营销理念与行为，具体体现在：首先，借助旅游目的地的整体形象营销提升自我魅力，例如首都北京、浪漫之都大连、购物天堂香港、休闲之都杭州、好客山东等整体形象营销。其次，通过营销方式创新凸显多产业的融合，例如，张家界市与波司登联合举办"羽裳霓曲·魅力张家界"主题营销活动，长沙举办融合体育与旅游的"幸福长沙，骑乐无穷"主题的环湘江自行车邀请赛，北京融合影视与旅游在《非诚勿扰Ⅱ》中植入背景旅游景点与文化，并推出"北京旅游非线路"产品，通过多产业融合营销取得较大的经济与社会效益。再次，打造专业旅游营销联盟，例如，天津与上海签订旅游合作协议，三亚与黄山开展旅游品牌互推、客源互送的活动，河南成立"郑汴洛焦"旅游推广联盟并与"广深珠"协作推广各自旅游，福建与黑龙江合作成立省内各市的旅游营销联盟，促进区域旅游发展。最后，境外营销专业成熟，例如，北京为打造世界城市，联合搜狐推出融 8 种语言的"畅游北京"旅游公共服务门户网站；海南为建成国际旅游岛，构建在韩、俄、德、日、美、加等客源国的"海南旅游窗口网络"，采用"面对面、阵地式、经常性"营销战略。

另外，我国的旅游目的地广泛借助新媒体营销，主要有：利用旅游微博、博客打造旅游营销新阵地，例如，起自新浪微博的微博网络营销如火如荼，乐途旅游网为河北省打造的"嘻游冀"非官方博客等，都助推旅游营销进入极速传播时代；合作团购网站进行旅游团购，例如2009年山东省旅游局在国内率先与拉手网合作，整合域内吃、住、行、游、购、娱资源，推出系列团购旅游产品，开创了官方团购营销的先河，"好客山东"这一旅游品牌在全国叫响，在全国成功塑造了"联合推介、捆绑营销"山东旅游营销新模式。

4.1.5.3 旅游目的地内外竞合关系影响旅游目的地发展

旅游目的地间的相互关系，主要表现为一定区域范围内的某旅游目的地在区域旅游客流分配中占据的地位，此地位往往受文化或地域相近的其他旅游目的地影响。旅游目的地与其他相近旅游目的地的相互作用按性质可以分为替代关系与互补关系，按作用的方向有单向作用与双向作用。其中作用的方向由旅游目的地等级决定，作用的性质由旅游目的地的性质决定。综合来看，旅游目的地复杂的内外关系不外乎竞争与合作两种，对旅游目的地竞合关系的分析可以帮助旅游目的地探寻自我特色、准确定位，优化并创新旅游产品与项目对接旅游市场，从而促进旅游目的地发展。

竞争使得旅游资源自发地从生产效率低的领域走向生产效率高的领域，旅游目的地因此需要认真分析研究竞争对手的竞争战略，有针对性地选择竞争手段，从而提高自我的经营与发展水平。当今全球旅游业蓬勃发展，大大小小的旅游目的地层出不穷，其中多个旅游目的地把旅游业作为主导产业、支柱产业或重要产业加以培育和发展；同处一个环境中的多个旅游目的地往往因为争夺有限的资源与客源而展开竞争，从而形成旅游收入和旅游客流在旅游目的地之间的分配，也造就了旅游目的地的市场地位，因此旅游目的地之间的竞争在很大程度上影响旅游目的地的发展。旅游目的地竞争有替代性竞争与非替代性竞争之分，例如，同是避暑型海洋旅游目的地的大连与青岛，其竞争就属于替代性竞争；同是名山型旅游目的地的青城山与峨眉山，其竞争在一定程度上则可以转化为优势互补，属于非替代性竞争。

旅游目的地旅游供给由多方面生产要素组成，借助区内外的合作实现生产要素的互通有无，进而发挥区域的整体优势来提高旅游目的地供给能力。对内部而言，合作利于统筹发展，凭借比较优势来实现地域分工；于外部而言，合作利于整合资源，发挥规模优势来提高竞争能力，同时避免形成重复建设、恶性竞争的局面。旅游业是典型的注意力经济，游客注意力是稀缺资源，其对旅游目的地的选择逐步趋于区域的整体形象，而非碎片化产品信息。而旅游目的地的区域合作是树立整体形象，并吸引旅游者的必然选择。区域合作已成为旅游目的地发展的大趋势，从国际国内区域合作来看也都取得了显著成绩，例如，长三角地区各主要旅游城市达成旅游合作协议打造了无障碍旅游区，粤港澳联合组成了珠三角地区的旅游大三角,各旅游目的地一体化旅游成绩显著。旅游目的地合作的主要形式有推行区域旅游,打造大旅游圈,推行无障碍旅游,实行网络化区域合作等。

旅游目的地的竞争与合作关系不是绝对的,在特定情况下,竞争关系与合作关系可以相互转化,相互兼容,其中旅游目的地的空间竞合关系见表4-6。

表4-6 旅游目的地竞合关系

类别	性质相同的旅游目的地	性质不同的旅游目的地
不同等级的旅游目的地	高对低的单向取代关系	高对低的单向补充关系
相同等级的旅游目的地	竞争关系为主	合作关系为主

竞争与合作是一对"孪生兄弟",旅游目的地发展既不能一味地竞争,也不可能绝对合作,往往是"竞争中有合作,合作前提下竞争",在全球旅游目的地大发展的背景下,竞合成为非常重要的战略思想。部分文化或地域相近的旅游目的地在进行激烈竞争的同时,为抵御共同面临的风险,常常以特定方式联合起来,形成既竞争又合作的"竞合"关系。竞合关系是竞争与合作并从,强调与竞争对手"抱团取暖",双赢互利。国际旅游目的地以共同的地脉、共同的文脉,或一体化经济为基础的竞合已蔚然成风,比如欧盟28个国家以政治和经济一体化发展为基础,已成立相当于"欧洲旅游局"的欧洲旅游委员会促进整体旅游,不仅欧盟各成员国公民可以完全自由地流动,而且作为一个整体,欧盟已同我国签订了中国公民自费赴欧盟国家旅游合作备忘录,基本实现旅游一体化。

4.1.5.4 旅游目的地周期演变从时间角度影响旅游目的地发展

旅游目的地的经济活动存在波动,其规律主要表现为旅游目的地生命周期的短期波动和周期演变。

(1) 短期波动使旅游目的地发展充满挑战

旅游目的地短期波动指在一定时间内(一年),由于旅游目的地客流量的变化引起的实际接待量与门槛规模及最大规模之间的矛盾现象,表现为旅游目的地旅游经济运行中的过剩需求(旅游目的地最大接待容量无法满足旅游者需要的市场状态)与过剩供给(旅游需求规模无法满足旅游目的地门槛需求规模的市场状态)并存。旅游目的地的供不应求与供过于求两者可以随时转化,频繁变化且速度很快,所以很难找出旅游目的地短期波动的规律,这给旅游目的地管理提出了挑战。

(2) 周期演变使旅游目的地发展有章可循

从较长时间段内审视旅游目的地发展,可以发现其周期性的演变规律,张辉提出了旅游目的地产生、成长、成熟和均衡的发展演变周期性规律,为旅游目的地管理提供了一定指导。旅游目的地时刻处于运动变化之中，影响旅游目的地发展变化的因素众多，主要有新旅游目的地的开发、原有旅游目的地的竞争、旅游替代品的发展、客源需求的变化等。

新旅游目的地作为新生事物常常具有强大的生命力，在满足旅游者旅游需求方面会更好，这给其他旅游目的地发展提供了推力，促进了其生命周期演变。例如，中华民俗村等主题公园型旅游目的地的出现，给我国资源依托型旅游目的地带来了不小的冲击，加速其生命周期进入下一个阶段。

原有旅游目的地提升也会影响旅游目的地间市场机会的分配，同样类型与价格的旅游目的地，会因其中一个旅游目的地的改进或提升，引起另一旅游目的地在保持原有品质的情况下被市场选择的机会减少，从而出现旅游目的地争相改进产品、提升文化内涵来提高市场占有率，这必然给旅游目的地生命周期带来一定影响。例如，随着消费市场的成熟，许多观光型旅游目的地被市场选择的概率下降，为求得生存，传统旅游目的地会通过深层次开发从静态观赏型向动态参与型发展，从而促进了其发展。

现代社会旅游替代品层出不穷，诸如高档耐用消费品、文化娱乐产品在一定程度上占用了人们有限的可自由支配收入和闲暇时间，从而降低了人们到旅游目的地旅游的机会与能力，使得旅游目的地之间的竞争加剧，这也要求旅游目的地不断创新以减少来自替代品的竞争，从而促进旅游目的地的更新换代。

客源市场需求千变万化，旅游目的地必须全面地满足市场需求并随时跟进，否则会出现供需错位。旅游目的地应随时关注客源市场需求变化，及时改进旅游产品来满足市场需求。例如，随着互联网和智能手机终端的普及，旅游者越来越青睐参与体验型旅游，一些在线旅游运营商适时推出"私人定制旅游"，例如携程推出的"鸿鹄逸游"、中青旅推出的"耀悦"、众信旅游推出的"奇迹旅行"、驴妈妈推出的"飞驴湾"等旅游深受高端旅游者喜爱，取得了不错的经营效益。

从经济学角度看，旅游目的地生命周期产生和发展的内在机制为旅游者消费的边际效应递减规律、旅游目的地空间相互作用的效应、科学技术发展对旅游经济运用的作用显现、制度创新引发的经济周期演变等共同作用的结果。马勇认为，旅游者的边际效用递减是原动力，同类旅游目的地的竞争、旅游替代品的替代等市场机制是内在动力，科学技术的发展、制度体制创新是外部促进因素。在进行旅游目的地管理时，需要多方协调促进旅游目的地良性发展。

综上，旅游目的地发展影响因素众多，旅游资源禀赋是旅游目的地发展的基础，交通通道和地理区位从空间层面影响发展，宏观地理环境支撑保障发展，微观行业管理决定发展，如图4-1所示。

4 旅游目的地时空错位发展的机理分析

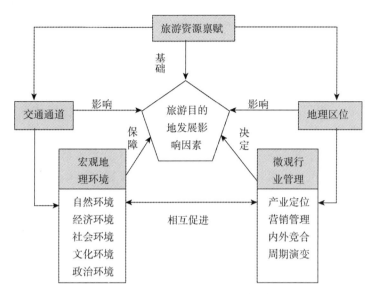

图4-1 旅游目的地发展影响因素

4.2 旅游目的地旅游时空错位发展的机制解析

机制又称为机理,《现代汉语词典》(第6版)解释为：工作系统的组织或部分之间相互作用的过程和方式。旅游目的地作为系统，其各组成部分间相互作用，存在协调机制。

4.2.1 旅游目的地时空错位发展的体制机制解析

4.2.1.1 市场机制是调节旅游目的地发展的核心机制

在市场经济中，市场机制对旅游目的地资源有效配置起决定性作用。市场机制指旅游目的地各旅游主体在市场上围绕经济活动形成的多要素有机协调的运行过程，其中起主要作用的有价格机制、供求机制、竞争机制、风险机制等。

(1) 价格机制是最灵活的调节手段

在市场经济中，价格是最敏感、最直接和运用最多的经济调节手段，价格机制是市场机制的主要调控机制。价格机制是市场竞争中和供求之间互相影响、互相制约的价格形成和运行的机制。

旅游价格机制对旅游目的地多方经济运营主体产生作用。在旅游者层面，价格机制是调节旅游需求的直接信号，旅游价格涨落明显反映的是旅游供求多少的变化，从而影响旅游者购买欲望、调节旅游需求数量和结构；在旅游经营者层面，旅游价格机制是调节旅游供给和市场竞争的核心途径，旅游经营者凭借价格变化来调节旅游供给的数量及结构；在政府层面，旅游价格机制为旅游政策制定、旅游经济运行提供重要的参考，并能自发地调节旅游供给与旅游需求总量的平衡。

旅游目的地价格机制影响因素众多，主要取决于产品质量与特色、游客需求状况、汇率变化、通货膨胀、替代品价格、旅游目的地政府价格政策等因素。当旅游目的地产品质量上乘并且独具特色时旅游价格往往偏高，反之价格偏低。当旅游目的地旅游产品供不应求时旅游价格往往偏高，反之价格偏低。当然，需求结构也在一定程度上决定价格，当需求能力偏低、需求强度偏小、需求层次偏低时，旅游价格上涨趋势受到制约。汇率是一国货币对另一国货币兑换的比率，汇率变化也会影响旅游目的地国际旅游价格，当汇率下降（即一国货币贬值）时，同等数量的外国货币购买力增强，相当于国际旅游价格下调，反之相当于价格上涨。旅游价格通常也会受通货膨胀（纸币流通情况下，假如纸币发行量超过实际需求货币量，导致纸币币值下降、物价上涨现象）的影响，旅游目的地通货膨胀率越高，旅游价格就越高，反之价格越低。与旅游目的地旅游产品呈替代关系的产品价格下降相当于旅游价格上升，旅游需求量因此减少，导致旅游价格下降来平复损失。旅游目的地政府价格政策也会给旅游价格带来不同的变化。政府的旅游价格分为3个层面：首先是从经济总量层面调控价格，旅游目的地政府通过宏观经济政策对游客需求量和消费结构进行调控；其次是直接调控价格；最后是价格监管，为形成公平的市场竞争环境，旅游目的地政府需要加强对价格的监管，主要通过建立完备的市场价格方面的法律法规，来规范旅游价格秩序。以上多种因素共同作用，共同形成旅游目的地价格机制，主要表现为战略价格和战术价格两种。

旅游目的地战略价格的形成是市场多方主体博弈的结果，其中，旅游产品的价值量决定供给价格，根据价值量确定的价格是经营者可以接受的价格，决定此价格的是价值规律。旅游供求关系决定需求价格，当产品价值一定时，旅游产品的供求关系决定需求价格，此价格主要由供求规律决定。旅游市场竞争决定成交价格，旅游产品的经营者之间、需求者之间、供需双方之间为求得各自利益，在市场上进行较量和抗衡，竞争的结果是旅游价格向竞争优势明显的一方倾斜并成交，决定此价格的是竞争规律。其中，旅游供给方期望以最高价出售，供给者之间的竞争使得价格倾向于低价；旅游需求方期望以低价购买，旅游需求者之间的竞争使得价格倾向于高价；在市场上旅游需求方力量占优势则成交价格向下倾斜，供给方力量强大则成交价向上倾斜，旅游价格经过多方博弈最终成交于力量最强者。旅游目的地旅游战略价格是旅游需求方与供给方多方博弈的结果。

旅游目的地战术价格体现在定价目标、定价策略和价格形式等层面。旅游目

4 旅游目的地时空错位发展的机理分析

的地的定价目标直接关乎价格制定，旅游目的地定价目标主要有：反映产品质量，获得最大利润，扩大市场占有率，符合市场行情，有助于市场其他营销要素等。不同的定价目标，其价格形成机制不同，采用的定价策略也不同。旅游目的地价格制定一般策略有成本定价策略（包含撇脂定价策略、渗透定价策略、满意定价策略）、心理定价策略（包含声望定价策略、招徕定价策略、需求习惯定价策略、心理折扣定价策略、尾数定价策略、整数定价策略）、应对竞争的定价策略等。旅游目的地价格的实现方式灵活，主要有差价（包括地区差价、季节差价、批零差价、质量差价）和优惠价（包括同业优惠价、销售优惠价、老客户优惠价）等。

旅游目的地在综合研究分析旅游产品的价值与实用价值、市场供求关系、内外竞争状况、政府的政策调控、市场的规范程度、汇率、通货膨胀等诸多因素的基础上，以自身的发展战略、营销目标为导向，选择恰当的定价方法和策略进行价格定位与决策。

（2）供求机制是最基本的调节途径

供求机制是指供给与需求间通过竞争形成的内在联系及作用形式。旅游需求与旅游供给是旅游目的地经济运行的两个侧面，旅游需求受旅游者主观因素影响，具有灵活多变、伸缩性强的特性，旅游供给受旅游目的地客观条件决定呈现出稳定性特征，旅游供给的稳定性与旅游需求的多变性之间的矛盾，使得旅游目的地经济运行表现为绝对的不平衡和相对的平衡交替出现。不平衡是旅游目的地旅游供给与需求的常态（绝对的不平衡），但此种不平衡却又总是趋向于平衡，原因在于旅游经济活动作为需求与供给的统一体，客观上要求两者相适应，另外，市场运行的规律（价值规律、供求规律、竞争规律等）发挥作用使得两者趋向于平衡。受制于需求与供给的矛盾，此种平衡很快又会被打破，即旅游目的地经济呈现"不平衡—平衡—不平衡"的循环往复。旅游目的地供需不平衡具体表现为：旅游供给与需求在数量上的矛盾，旅游供给与需求在结构上的矛盾，旅游供给与需求在空间上的矛盾，旅游供给与需求在时间上的矛盾等。旅游供需的不平衡常态总是在多种市场机制的动态调节下趋向于平衡，其中价格的变化会对旅游供求产生调节作用，反过来旅游供求的变化也会对价格产生调节作用。在其他因素的作用下，旅游需求量的增加会引起旅游价格上升，从而使旅游供给量增加，而价格的上升又会导致需求量减少。当其他因素导致旅游供给量增加后又会导致旅游价格下降，从而引起旅游需求增加，在旅游供需的不断增减中，供求不断发挥修正作用使之趋于平衡，并在动态变化中实现短暂平衡后被打破。

旅游供求机制对旅游供需平衡有调节作用，还对旅游者合理流动有引导作用，主要表现为：旅游供求机制适时、灵敏地反映旅游目的地供给、需求的变化和发展趋势，揭示目的地经济运行的内在矛盾，为供需双方提供信号及行动方向，起到调节市场供需平衡的作用；在旅游价格机制、竞争机制等的配合作用下，旅游目的地供求机制实现合理配置资源的功能，进而调节旅游供需结构平衡；借助旅游供求机制，旅游目的地实现对旅游经济的宏观调控，继而促进旅游业可持续发展。

（3）竞争机制是最必要的调节工具

竞争即消费力对生产力的关系。旅游竞争机制指旅游经营者之间基于各自利益展开的争夺客源，进而影响旅游目的地市场供需和资源配置的动态运动。旅游竞争机制的核心内容是争夺旅游客源、争夺中间商、提高市场占有率。争夺客源是旅游目的地市场竞争的根本目的，因为客源越多旅游产品销售量越大，旅游目的地收入就越高，经济效益就越好。争夺旅游中间商其实还是争夺客源，旅游中间商是帮助旅游目的地针对客源市场销售产品的中介机构和分销渠道（例如旅行社、旅游公司、旅游经纪人等）。争夺到的旅游中间商越多，旅游产品的销售概率就越大。直接争夺客源固然重要，但失去一个中间商可能会失去一批客源，因此争夺中间商更不能忽视。提高市场占有率是争夺客源和中间商的集中表现，旅游市场占有率是反映旅游目的地在市场竞争中地位、实力与状况的指标。旅游市场占有率通常分为绝对占有率和相对占有率，两者的计算公式分别为

$$旅游目的地市场绝对占有率 = \frac{一定时期某经营主体接待的游客人次}{同期旅游目的地存在游客总人次} \times 100\%$$

（4-2）

$$旅游目的地市场相对占有率 = \frac{一定时期某经营主体的市场占有率}{同期旅游目的地旅游市场上最大竞争者的市场占有率} \times 100\%$$

（4-3）

旅游目的地市场占有率直接影响旅游供需，并直接决定旅游价格，因此旅游市场占有率的提高是旅游目的地竞争的重要目标。

综合上述分析可知，旅游竞争机制是旅游目的地市场客观存在的，其同旅游价格机制、旅游供求机制等机制紧密配合，相互作用于旅游目的地旅游市场。

另外，产品竞争、价格竞争、质量竞争、服务竞争、营销竞争、信息竞争等内容也是旅游竞争机制的重要组成部分，旅游目的地可以运用价格、非价格策略参与市场竞争。迈克尔·波特的五力模型可以帮助旅游目的地形成适当的竞争战略，他认为，5种力量分别是供方议价实力、买方议价实力、替代品威胁、进入壁垒、现有竞争对手竞争状况。综合分析旅游目的地的5种力量，可以帮助旅游目的地进行有效的竞争。

（4）风险机制制约市场回归理性

旅游风险机制即旅游经济活动与盈利、亏损、破产之间相互作用的运动形

式。旅游风险机制是旅游目的地竞争中无形的市场强制力，旅游目的地的所有经济主体在参与市场竞争时均面临盈利、亏损及破产的可能性，促使所有旅游经营者自觉、适时地对市场信号加以反应，形成应对旅游市场竞争的自我协调能力。旅游风险机制借助利益动力与破产压力双向机制，促使旅游目的地市场主体经营行为合理化，进而提升旅游目的地的经济效益。

旅游市场机制以价格、供求、竞争、风险等机制的交互作用调节旅游目的地的经济运行，具体表现为：通过供求机制把旅游供需连接起来，实现旅游产品交换，以满足供需双方的利益；通过市场的多种机制促使旅游经营者及时调整供给数量与结构以适应市场需求和市场变化，在提高旅游经济效益的同时完成旅游资源、要素的优化配置；价格、供求、竞争等多种要素通过市场的信息传导和综合反馈形成旅游目的地经济活动的"晴雨表"，帮助各市场主体及时应对市场变化，继而促进旅游经济的良性运转；在旅游市场出现供需不平衡时，通过价格波动、竞争加剧等途径，使旅游市场供需趋向平衡，从而显现旅游市场机制对旅游经济活动的调节功能与平衡功效。

市场机制是客观存在的，当旅游目的地市场条件具备时，就会自动对旅游经济运行进行调节；市场机制是多重机制的交互融合，其中任何因素发生改变都会影响其他因素，例如价格发生变化就会影响供求、导致竞争等；市场机制发挥作用的过程较为迂回，往往具有时滞性；市场机制具有自发性，当市场发育不充分时，市场机制就无法发挥作用，表现出市场机制的局限性。

4.2.1.2 行政管理是旅游目的地发展的保障机制

在市场经济发展背景下，市场机制是旅游目的地经济运行的主要调节机制，但是市场机制具有滞后性、局限性、条件不成熟造成的盲目性等特征，受旅游特性、旅游市场的不完全性等因素影响，旅游目的地市场调节机制失灵现象比较突出。英国经济学家凯恩斯认为，弥补市场调节机制局限的最有效措施，就是建立健全政府和行业组织的宏观引导机制。

(1) 政府宏观调控、行业宏观指导引领旅游目的地发展

宏观调控是政府运用行政手段对宏观经济进行干预和调节，以实现宏观经济的平稳增长。政府通过规划、引导、协调、制定宏观政策与法律法规等手段，为旅游目的地经济发展营造良好的外部环境，保证旅游目的地经济在宏观政策的指引下，按照市场竞争规则和运行规律自主发展。按照调控的范围，旅游目的地宏观调控的主体有两类：政府管理部门（例如各级旅游局）和行业管理组织（例如各类旅游行业协会、旅游行业委员会等）。

政府的旅游管理部门通过制定旅游的宏观政策，引领旅游目的地相关部门和行业按照产业发展方向发展，监督和指导各类旅游企业的可持续发展；旅游经济

运行有其自身的特殊规律，旅游目的地旅游发展在接受国家宏观调控的同时仍需接受旅游行业的宏观指导，旅游经济涉及旅游目的地众多的行业和部门，在运行中常会出现不协调现象，因此必须通过权威的行业管理主体来进行调控。

旅游目的地的宏观调控主要内容有：①指引方向，例如确定旅游业的发展目标、编制旅游业发展规划、指导旅游经营与投资方向等；②培育并完善市场，例如制定旅游业的行政法规和行业标准、调整旅游产业政策等；③服务行业并提供公共物品，例如制定国际旅游市场的开拓规划、宣传促销旅游目的地形象、提供旅游相关信息和统计资料、论证重大项目、提升基础设施、进行旅游培训教育等；④协调关系，例如参与制定旅游业有关的财政、金融、税收、价格等政策和规章制度，协调旅游与交通、景区秩序、旅游购物品生产销售、旅游安全等工作。通过以上调控起到平抑旅游目的地市场波动，限制旅游目的地旅游中的不正当行为，减少旅游中外部不经济性，降低旅游交易成本等作用。不同的旅游调控主体其调控的手段不同，政府的职能部门主要以行政手段为中心建立旅游调控体系，行业管理部门往往以服务为中心依靠协会章程或规则建立管理体系。

(2) 政府的微观规制规范旅游目的地发展

微观规制指政府利用行政手段与资源，对旅游目的地各微观主体的经济活动做出限制性规定，来避免市场机制局限和微观主体不当行为等导致的对其他利益主体利益的消极影响。具体表现在完善市场规则，制止不正当行为，保护消费者权益，有效地反对垄断等方面。政府的旅游规制通常具有法定性、强制性、稳定性、综合性、长期性等特征。

我国政府的旅游规制是政府对旅游目的地市场的规制，政府利用行政性资源与手段，维护旅游目的地经济稳定发展和市场良好秩序的过程中，存在规制范围广、规制手段多、旅游规制权的非统一性等特点。在旅游目的地政府的旅游规制中，最常用的工具就是法制工具、审批工具、监管工具、政策工具等。

实践证明，我国旅游目的地最成功的经验就是政府主导型发展战略。我国自1987年初步实施政府主导型发展战略；自1995年创建中国优秀旅游城市以来，我国旅游目的地逐步明确了政府主导的发展战略；1997年我国正式确立旅游目的地的政府主导发展战略。这一战略指政府借助规划或通过制定产业政策以引导旅游目的地成长与演进的发展战略。政府主导型发展并不是要排斥市场机制，相反是要更大限度地运用市场机制引导旅游目的地发展，使旅游发展效能更高。尤其是在省域旅游目的地发展中，政府主导型发展成果显著，例如云南、四川、河南等省域旅游目的地异军突起。在政府主导下，城市型旅游目的地发展效果突出，全国创建了339个优秀旅游城市、3个最佳旅游城市、117个历史文化名城等，旅游目的地在省域和城市层面出现了跨越式发展。

4 旅游目的地时空错位发展的机理分析

4.2.2 旅游目的地时空错位发展的政策机制解析

4.2.2.1 旅游目的地时空错位发展受产业政策影响

产业政策是重要的宏观政策，是政府为实现特定的目标，就具体产业制定和实施的综合性政策体系。产业政策制定的主体是政府，产业政策是一系列政策组成的政策体系，产业政策实施的前提是市场经济，产业政策具有培育市场、引导、协调、服务、监控等功能。一直以来，我国旅游目的地由于实行政府主导型发展战略，旅游产业的成长与发展主要是由政府的产业政策来驱动的，产业政策机制是我国旅游目的地发展的重要驱动机制。

（1）旅游政策对旅游目的地有决定性影响

旅游目的地发展，最主要的是旅游基本政策，即旅游目的地旅游发展基本方针，它是以推动旅游业发展为总目标，以形成旅游目的地一定的旅游综合接待能力、实现旅游各方利益为具体目标，明确旅游在社会经济发展中的地位与作用而制定的政策。国家文件如2009年出台的《国务院关于促进旅游行业发展的若干意见》，2013年出台的《中华人民共和国旅游法》和《国民旅游休闲纲要（2013—2020年）》，2014年出台的《国务院关于促进旅游业改革发展的若干意见》等。各地也根据国家相关政策，制定地方文件，积极推进旅游业发展。此类旅游基本政策都是旅游目的地发展的利好政策，对旅游目的地的发展方向和结构起建设性的影响。当某个时间段内与旅游目的地旅游基本政策不符时，最明显的后果就是旅游的时空错位。

旅游目的地的具体旅游政策是以发展个别部门、具体行为与活动为目标，为贯彻执行基本旅游政策而辅助制定的具体政策，会从不同具体层面影响旅游发展效果。例如，旅游的相关税收、利率、价格等政策直接影响旅游目的地经营者的利润；双边的签证、航空、贸易等协议会影响旅游目的地的入境旅游收入；文化、环境、文物保护等方面的政策会影响旅游目的地旅游发展的深度、广度和强度；交通、通信政策会影响旅游目的地的可进入性及广告媒介；最低工资政策、教育会影响旅游目的地的人力资源供给；休假制度会影响旅游目的地旅游业的发展周期；地方规划与议事程序会影响旅游目的地相关开发；公共服务政策会影响旅游目的地相关设施的供给能力；汇率、外币兑换政策会影响国际型旅游目的地的旅游供需，进而影响旅游业的经营效果；公共安全和法律保障政策会影响旅游目的地的形象和旅游业发展。以上不同的旅游相关政策会从不同角度促进或阻碍旅游目的地发展。

（2）产业结构政策决定旅游目的地结构

产业结构政策是依据目的地产业发展实际，为满足国民经济发展和产业结构优化的目标而确定的政策体系。由于旅游产业综合性和高依赖性，决定旅游目的地产业结构政策层次，首先是旅游产业定位（我国目前的定位为"旅游是现代服务业重要的组成部分"），其次是旅游产业宏观方向（我国目前是积极发展入境旅游、全面提升国内旅游、规范发展出境旅游），最后是旅游产业配套（如北京、上海、沈阳等城市72小时入境免签政策，海南的境外游客购物离境退税政策等）。

旅游产业结构政策涉及旅游产业内外结构，主要体现在旅游产业与其他产业，以及旅游产业内部结构方面。旅游产业高关联性使得相关产业，尤其是基础产业，例如交通产业的发展直接影响旅游产业发展水平，基础产业如果发展滞后，往往成为制约旅游目的地发展的"瓶颈"，因此要保证旅游产业的战略性支柱地位，就必须协调旅游产业同相关产业的发展比例。旅游产业内部吃、住、行、游、购、娱等各环节的比例协调，旅游目的地观光、度假、休闲娱乐、专项等产品的比例也要恰当，避免旅游产业内部的重复建设和过度竞争，旅游目的地才能良性发展。

（3）产业组织政策决定旅游目的地市场效率

旅游目的地产业组织政策指为实现旅游产业组织优化目标，由政府制定的对旅游市场行为、旅游市场结构等的干预政策的总和。通俗来讲就是协调旅游中竞争与垄断的关系，在追求旅游目的地规模经济的同时，不丧失市场的竞争性。旅游产业组织政策和旅游目的地发展直接相关的政策有维护旅游竞争秩序政策，例如《中华人民共和国反不正当竞争法》《中华人民共和国价格法》《中华人民共和国旅游法》《旅行社管理条例》《中华人民共和国反垄断法》等；促进有效竞争政策，包括鼓励旅游目的地旅游企业并购来组建大型企业集团，鼓励旅游企业的联号经营、一体化等网络性发展，提高进入障碍或降低退出障碍避免小企业过度进入等。旅游产业组织方面政策保障旅游目的地的有效运行。

（4）产业技术政策对旅游目的地有双重影响

旅游产业技术政策是指旅游目的地政府制定的引导或干预旅游产业技术进步的政策。现代社会技术进步与竞争力增强、生产力提高之间存在直接的线性关系，技术进步直接降低旅游经济成本，提高旅游产业效率。例如，利用现代信息技术打造的旅游信息平台，大大地减少了旅游企业交易费用，降低了旅游者消费成本，促进了旅游产业繁荣，比如政府倡导的智慧旅游（2014年是中国政府倡导的智慧旅游年）等政策；技术进步还可以推出新旅游目的地产品与项目，从而繁荣旅游市场，例如主题公园型旅游目的地的诞生。技术进步在促进与繁荣旅游市场的同时给旅游产业注入创新活力，例如互联网、云计算等技术催生了在线旅游、无景点旅游、地产旅游等诸多新业态，给传统旅游市场带来活力与创新。政

4 旅游目的地时空错位发展的机理分析

府的产业政策善于利用技术进步带来的机遇，并细化为旅游产业技术进步的组织、指导、激励、创新等诸多政策。

(5) 产业布局政策盘活旅游目的地比较优势

旅游目的地产业布局是旅游产业在目的地空间上的发展与分布状态。受资源禀赋、区位交通等因素影响，不同目的地旅游产业发展不均衡，具有比较优势的区域旅游产业发展要优于其他地域。产业布局政策就是在遵循国家宏观经济利益的前提下，充分发挥地区比较利益优势来使旅游目的地产业结构趋向合理的政策。我国旅游目的地的产业布局政策注重产业的区域性布局，兼顾产业的点、线、面布局。

首先是旅游业在东、中、西部三大区域布局协调政策。受多种因素影响，我国东、中、西部旅游业非均衡发展现象明显，东部旅游业发展的态势和效益均好于中、西部，中、西部地区资源丰富但旅游发展效益不理想，旅游的空间错位现象突出，中、西部地区未能很好地享受旅游发展带来的增加收入、扩大就业、改善基础设施等好处，因此各级政府出台对西部旅游的扶持政策，例如扶贫旅游、红色旅游、生态旅游等政策，期望以此盘活中、西部旅游发展活力，缩小中、西部旅游差异。

促进旅游发展的城乡空间布局也是政策引导的焦点，我国多强调城市在旅游经济中的带动作用，例如我国出台最佳旅游城市、优秀旅游城市、历史文化名城、旅游强县等系列政策；同时，挖掘乡村旅游魅力，例如我国每年的1号文件均是针对农村、农民、农业的"三农"政策，针对"三农"旅游的政策如乡村旅游年等主题年活动，城乡统筹的如和谐城乡游等主题年活动。政策从巩固城市旅游、带火乡村旅游、和谐城乡旅游等层面减少"美丽中国"旅游目的地时空错位发展。

(6) 产业保障政策助力旅游目的地发展

保障旅游产业政策实施的一整套手段与方法体系即为产业保障政策。产业政策往往具有很强的针对性，所有的保障政策从系统、综合层面为旅游目的地各项产业政策实施保驾护航。旅游产业政策的运行主要取决于保障措施，推行政策的方法不同，甚至会改变产业政策的属性。例如，我国休假制度保障了《国民旅游休闲纲要》的实施，中国"旅游日"的设立使旅游的战略性支柱地位深入人心等；我国通过实施旅游培训计划，加强对文化遗产旅游、红色旅游和乡村旅游在职人员培训，鼓励老教师、离退休专家从事导游工作等来提高旅游目的地人力资源的水平与能力；借助"家电下乡"政策支持从事"农家乐"等乡村旅游经营者批量购买家电产品，从而缓解乡村旅游在时空的错位。

(7) 产业融合政策催生旅游目的地全域旅游

产业融合指不同产业或同一产业内部之间，在发展中相互交叉、渗透、介入，在竞合中共生共荣，从而催生出新业态的产业拓展与升级现象。基于需求串

· 79 ·

联特点，旅游产业表现出很强的产业渗透性，使旅游产业天然地与众多产业关联交叉，进而融合出若干新业态，旅游与第一产业融合出现体验农业、观光林业、休闲渔业等新业态，旅游与第二产业融合出现工业旅游，旅游与第三产业融合出现文化创意旅游、体育旅游、修学旅游、购物旅游等新业态。《国务院关于加快发展旅游业的意见》指出，旅游业与相关产业融合是培育成国民经济战略性支柱产业的重要途径，并提出大力推进旅游与文化、体育、农业、工业、林业、商业、水利、地质、海洋、环保、气象等相关行业的融合与发展。2012年国务院印发了《国家"十二五"时期文化改革发展规划纲要》，指出要推动文化产业与旅游产业融合发展。以上产业融合政策为旅游目的地产业融合提供了政策保障，从而在条件成熟的旅游目的地形成全域旅游，例如海南国际旅游岛、贵州国家公园省等发展局面。

4.2.2.2 投融资政策影响旅游目的地发展

旅游业是高投入、高产出、高创汇行业，旅游目的地发展无论是旅游资源开发还是旅游配套设施建设，都需要先行注入资本，后期运作更是需要资金匹配，资金政策关乎旅游目的地的启动与发展。目前我国旅游投资模式是国资为主、外资为辅，呈现投资主体多元化，即国家、地方、个人、集体、部门、外资多元一体的投资格局。旅游融资渠道大体为国家专项建设资金、各级政府的旅游专项整合调控、利用外资、募集社会资金等。

国家层面的旅游投融资政策如2012年出台的《关于金融支持旅游业加快发展的若干意见》，对我国旅游投资规模扩大、投资主体丰富产生直接影响。地方层面的政策较多，例如《辽宁省旅游管理条例》从法律层面确定了旅游业在辽宁省国民经济中的重要作用，并从政策上鼓励、支持境内外经营主体在辽宁依法投资经营旅游业，旅游资源开发实行"谁投资、谁受益、谁保护"的原则，从而在政策上保障了辽宁省域旅游目的地的发展。

目前我国旅游目的地在投资理念、融资方式、合作对象与方式上逐步与国际接轨，主要表现在：投资的优惠政策广泛铺开，主要有土地、税收、金融、外汇、财政支持等；国家在发行的国债中划拨部分用于旅游基础项目，例如2001年发行12亿元国债来加大中西部旅游基础设施建设，2003年国家拨付20亿元旅游国债，2005年国家安排4.68亿元的国债支持全国红色旅游经典景区建设；旅游目的地通过招募入股、定向募股、整体旅游项目等方式融资；进行国内上市、信托融资、海外融资等资本市场融资；盘活存量资产融资，包括产权融资、售出部分产权融资（例如分时度假）、租赁融资等。通过投融资政策措施，从不同角度保障旅游目的地的建设。

4.2.2.3 区域发展政策决定旅游目的地发展格局

区域发展政策指国家为协调区域发展，促进产业合理分布和协调地区利益等，针对全国不同区域制定和实施的一系列指导性的产业、投资、科技、劳动、环保等方面的政策。我国区域发展政策大体有三类：一是作为国家总体发展战略重要组成的区域发展政策，例如东部率先发展、西部大开发、振兴东北、中部崛起等政策；二是改革开放先行区和试验区政策，例如经济特区、经济技术开发区、高新技术开发区等各类开发区政策；三是特殊功能和问题区域的政策，例如自然保护区、水源保护地、贫困区域、资源枯竭型区域的政策。影响旅游目的地空间错位的相关区域政策如下：

(1) 旅游时空错位受城乡统筹发展政策影响

城乡统筹是以城带乡，城乡协调互动发展，通过城市带动农村、工业带动农业，建立城乡互动、良性循环、共同发展的一体化体制[186]。城乡统筹发展政策是党的十八大提出的区域协调发展政策，是消除制约我国经济发展的城乡二元结构的重要政策，对旅游目的地的空间错位有一定的缓解作用。

我国幅员辽阔，陆域面积约为960万平方千米，大陆海岸线约为1.8万千米，水域面积约为470万平方千米，大小岛屿约7 600个。截至2013年年底有城市658个，建制镇19 000余个，乡镇14 000余个，自然村260多万个。我国历史悠久、民族众多，自然风景与名胜交相辉映，全域旅游资源丰富，但在观光为主流的大众旅游时代，旅游活动常常集中在城市或传统景区，乡村、海岛、草原、沙漠等原生态旅游资源地旅游的空间错位严重。城乡统筹政策在旅游目的地的全面推进，可以引导旅游产业资源要素由城市走向农村，既盘活了诸如乡村、海岛、沙漠、森林、草原等羡余旅游资源，也繁荣了旅游市场，从而在一定程度上就空间地域缓解旅游目的地的时空错位。

基于原生态旅游资源的大量羡余，在城乡统筹政策的引导下，我国在2013年年初凝练形成了"美丽中国之旅"旅游目的地品牌并推向全球，全国各省域旅游目的地因此掀起了"美丽中国之旅"建设热潮。

北京市为协调城乡发展，结合京郊北山区农业发展特点提出了以生态休闲旅游业为龙头的"沟域经济"发展理念；2010年11月北京市政府出台《关于促进沟域经济发展的意见》；为充分挖掘旅游业对国民经济的贡献，在制度上进行了创新，即把旅游局发展为旅游委，使之从市政府直属机构升级为组成部门；提出了"一（创一个国际旅游城市）、十（旅游业增加值超过GDP的十分之一）、百（年入境旅游创汇百亿美元）、千（入境旅游超千万人次）、亿（国内游客达2亿人次）"的发展目标。在政府政策顶层统筹及城市发展的强大推力（北京建设世界城市）和市场需求的强大拉力（北京人均GDP突破1万美元）下，北京旅游目的地形成"旅游下乡"的强劲发展势头。在城乡统筹和沈阳经济区一体化发展政策的驱动下，李悦铮（2013）就沈阳的临空旅游区提出了政府主导、市场运作、共利多赢、全域旅游的沈阳模式。

综上，旅游目的地发展受城乡统筹政策的影响，盘活了传统旅游发展中的羡余旅游资源，从而变旅游地资源优势为经济、环境、社会等综合效益，在一定程度上缓解了旅游目的地的时空错位。

（2）旅游时空错位受陆海一体化发展政策影响

21世纪是海洋的世纪，是许多国家的共识与行动。地球上陆地总面积为1.4亿平方千米，而海洋总面积为3.6亿平方千米，占地球表面积约71%的海洋，数千年来一直是边缘地区，未被人类利用。新国际法律制度赋予了中国约300万平方千米的国家管辖海域，从而使我国的国土面积达到约1 260万平方千米。基于我国陆海兼具的优势，以及陆域经济发展遭遇空间等瓶颈因素制约的现实，我国提出了盘活海洋经济的发展战略，使我国由过去以陆域空间为主的发展转向"陆海并重"的发展。我国形成了三大六小沿海经济区，三大沿海经济区指珠江三角洲经济区、长江三角洲经济区、环渤海经济区，六小沿海经济区分别指辽宁沿海经济区、山东半岛蓝色经济区、江苏沿海经济区、海峡西岸经济区、广西北部湾经济区、海南岛旅游区，积极发展海洋经济。

十八大会议之后海洋发展战略已经成为我国的主要发展战略，大力发展海洋经济成为共识，海洋一产、二产、三产等多产业的发展被提上日程，尤其是融合多产业的旅游业更是被寄予厚望，滨海休闲、海洋旅游、海岛旅游成为旅游者的新宠。2012年年末，我国海洋旅游业跃居海洋经济总产值之首，成为海洋经济龙头产业。我国提出2013年为中国"海洋旅游主题年"，各海洋型旅游目的地抓住这一战略机遇，积极拓展旅游业尤其是游轮、游艇等新业态，中国旅游协会和中国旅游报联合评出天津市滨海航母主题公园、河北省秦皇岛市、辽宁省大连长山群岛、山东省蓬莱市、广西北海涠洲岛、上海市奉贤海湾旅游区、广西防城港市江山半岛旅游度假区、福建省太姥山、江苏省连云港市云台山、浙江省温岭市为中国十佳海洋旅游目的地。海洋发展战略可以盘活和挖掘我国丰富的海洋旅游资源，形成多种多样的旅游产品与项目，既满足了旅游者的多层旅游需求，又在一定程度上缓解了我国海域型旅游目的地表现出来的时空错位现象。

（3）旅游时空错位受主体功能区划发展政策影响

主体功能区划是我国在"十一五"时期出现的概念，主题功能区划是根据各地资源及环境的承载力，兼顾已有开发密度及发展潜力，综合考虑经济的布局、国土的利用、人口的分布和城镇化的格局等因素，按照开发方式将我国的国土，按照空间分布划分为"优化开发"（国土开发密度较高、资源环境承载力减弱地区）、"重点开发"（资源环境承载力较强、经济及人口集聚条件较好地区）、"限制开发"（资源承载能力弱、大规模经济及人口集聚条件不好、关乎生态安全的地区）和"禁止开发"（依法设立的各类自然保护区）类型的主体功能区域；依据开发内容划分出城市功能区、农业功能区、生态功能区等类型；在层级上分为国家级主体功能区划（见表4-7）和省级主体功能区划。

表4-7 国家层面主体功能区一览表

优化开发区 （城市区域）	重点开发区 （城市区域）	限制开发区 （农业主产区、生态功能区）	禁止开发区 （生态功能区）
环渤海地区 长江三角洲地区 珠江三角洲地区	东陇海地区 江淮地区 海峡西岸经济区 北部湾地区 哈长地区 冀中南地区 太原城市群 中原经济区 长江中游地区 呼包鄂榆地区 成渝地区 黔中地区 滇中地区 藏中南地区 关中天水地区 兰州西宁地区 宁夏沿黄经济区 天山北坡地区	东北平原农业区 黄淮平原农业区 长江流域农业区 汾渭平原农业区 河套灌区农业区 华南农业区 甘肃新疆农业区 其他农业地区（二十三带） 大小兴安岭森林生态功能区 长白山森林生态功能区 阿尔泰山森林草原生态功能区 三江源草原草甸湿地生态功能区 若尔盖草原湿地生态功能区 甘南黄河重要水源补给生态功能区 祁连山冰川水源涵养生态功能区 南岭山地森林及生物多样性生态功能区 黄土高原丘陵沟壑水土保持生态功能区 大别山水土保持生态功能区 贵黔滇喀斯特石漠化防治生态功能区 三峡库区水土保持生态功能区 塔里木河荒漠化防治生态功能区 阿尔金草原荒漠化防治生态功能区 呼伦贝尔草原草甸生态功能区 科尔沁草原生态功能区 浑善达克沙漠化防治生态功能区 阴山北麓草原生态功能区 川滇森林及生物多样性生态功能区 秦巴生物多样性生态功能区 藏东南高原边缘森林生态功能区 藏西北羌塘高原荒漠生态功能区 三江平原生态湿地功能区 武陵山区生物多样性及水土保持生态功能区 海南岛中部山区热带雨林生态功能区	国家自然保护区 世界自然文化遗产 国家风景名胜区 国家森林公园 国家地质公园

注：表中资料来自国发〔2010〕46号文件《国务院关于印发全国主体功能区规划的通知》。

主体功能区划打破了以往单一的行政区划，从主体功能的角度细化、深化国家与地区的协调发展，是落实并推进国家层面的"两横三纵"城市化战略、"七区二十三带"农业战略、"两屏三带"生态安全等战略的主要政策。

主体功能区划政策力求空间结构优化高效和可持续发展，为我国旅游目的地发展提出了明确功能导向。优化开发与重点开发区主要突出其城市化功能，限制开发区域主要突出农业功能和生态保护功能，禁止开发区域则主要注重生态保护功能，四类功能区的划分为我国旅游目的地开发提供了契机，指明了旅游产业在保障核心功能基础上分化发展的方向与路径。2014年的31号文件明确规定在编制海洋功能区规划时要规范用海、严格限制海岸线的占用，此规定限制了海洋休闲度假资源区域的工业化利用，有利于协调我国海洋休闲度假需求与供给间的矛盾。

按照主体功能区划的政策，旅游目的地需要科学评价域内旅游资源的价值与功能、环境的承载力、空间分异规律等，结合旅游目的地的自然与社会环境、总体发展战略、旅游产业发展基础及潜力，制定旅游主体功能区划方案，可以将旅游目的地按空间分出旅游优化开发区、旅游重点开发区、旅游限制开发区、旅游禁止开发区等区域，并构建不同旅游主体功能的空间发展方案，建设与资源环境相适应的阶段有序、功能错位的旅游目的地。受主体功能区划影响，旅游目的地建设中出现"反规划"思想，所谓的反规划不是反对规划或不要规划，而是率先对旅游目的地不建设区域进行规划[187]。其打破先开发后保护或边开发边保护的旅游发展模式，使得旅游目的地走优先保护的发展之路，这与旅游目的地建设旅游禁止开发区的方案出发点相同，此政策在一定程度上保障了旅游目的地的可持续发展，但会加重旅游目的地的时空错位程度。

4.2.2.4 土地政策决定旅游目的地发展格局

我国的土地资源是有限的，为保证粮食等农产品的正常供应，我国特制定了不少于18亿亩耕地的耕地红线制度，严禁农用地转化为建设用地等土地用途管制制度，旅游产品的产地消费性使得土地成为旅游目的地发展的重要制约因素，土地政策成为制约旅游目的地发展的重要政策。

地权政策是主要的土地政策，地权涉及土地所有权、土地使用权等。现阶段我国土地所有权分为国家所有和农民集体共有（包括依法归集体所有的土地、森林、山岭、草地、荒地、滩涂等土地）两种所有权形式，其中国有土地所有权不得流转且不可变更，由政府代表国家（全民）行使对土地的管理；集体所有土地由集体组织行使管理权，为了公共利益国家可对集体所有土地进行征收并转化为国家所有。土地使用权分为国有建设用地使用权、宅基地使用权、国有农用地使用权、集体建设用地使用权,其中建设用地使用权取得方式包括无偿划拨和有偿(出让、租赁、作价入股、国家授权经营等)使用;宅基地使用权只对本集体成员使用有效。目前旅游目的地呈现"泛旅游产业"特性,旅游建设涉及餐饮业、住宿业、交通业、旅行社业、购物等商业、休闲娱乐业,以及相关设备及装备制造业、保险业、信息业、咨询与设计业等多行业,因此旅游用地呈现多性质特征,建设用地与非建设用地并存,旅游用地概念较难准确界定,旅游目的地在征地过程中土地属性判断和地价确定都十分复杂,旅游建设要占用紧张的用地指标,当政府腾不出用地指标时只能挪用,而农村建设用地所有权在集体组织往往很难协调,如果占用宅基地,手续则十分烦琐,而且农民利益很难真正补偿,因此在旅游目的地建设中常常出现旅游用地的复合性与土地用途管制刚性间的矛盾。例如,地权制度在一定程度上制约了葡萄酒庄这一新业态的长远发展,因为葡萄酒的生产需要长时间积累和经营,国外这一业态经营动辄就是数百年,只有长时间投资经营才会保障其持续经营,但我国农民没有土地所有权只有土地经营权,无法以其作为股权投资到葡萄酒庄经营中,而投资葡萄酒庄的企业通常缺乏长期经营意愿,因此地权问题成为制约我国葡萄酒庄发展的瓶颈。在旅游目的地建设中应该合理协调各方利益冲突,以旅游开发方和当地社区双赢互利模式,加快旅游目的地发展。

我国旅游用地政策在2009年41号文件中规定为:年度土地供应要适当增加旅游业发展用地,积极支持利用荒地、荒坡、荒滩、垃圾场、废弃矿山、边远海岛和可以开发利用的石漠化土地等开发旅游项目;支持企事业单位利用存量房产、土地资源兴办旅游业。以往土地政策中并未单列旅游用地类型,对旅游目的地建设造成限制。2009年以来,原国土资源部及时总结海南旅游岛、云南旅游省、桂林旅游市、秦皇岛旅游市等国家层面的旅游综合改革试验区经验,展开了旅游土地政策改革。2014年关乎旅游发展的31号文件中,单列了优化旅游土地的政策,例如"按照土地利用总体规划、城乡规划安排旅游用地规模和布局"这一规定破解了我国旅游用地类型缺陷,"改革完善旅游用地管理制度,推动土地差别化管理与引导旅游供给结构调整相结合"这一规定折射出不同类型旅游项目给予不同用地供应政策,对优先发展项目给予优惠的土地供应,对限制发展项目设置土地供应约束,即借助土地供应政策优化旅游目的地的供给结构。其中,"土地差别化管理"(如"区别对待旅游设施用地和景观用地")有利于推动旅游目的地向观光与休闲双向发展,从而满足不同的旅游消费需求,休闲度假型旅游目的地的景观用地远大于设施用地,一方面景观用地不直接产生经济效益,另一方面景观用地可以明显改善周边旅游环境(正外部性),景观用地与旅游设施用地同等定价造成休闲度假型旅游目的地的投资方极难承受，转而投资于设施用地占比较大的观光型建设，区别地价会促使休闲度假型旅游目的地出现与完善，因此现代旅游目的地建设中兼具观光与休闲度假复合功能的用地明显增加，利用方式呈现多样化，旅游目的地相关的土地政策在某种程度上决定了旅游目的地的时空发展格局。

4.2.3 旅游目的地时空错位的主体利益驱动机制解析

4.2.3.1 利益导向的变化循环累积了旅游目的地时空错位

旅游目的地发展的利益导向决定了旅游目的地发展前进的方向，不同利益导向的变化循环累积了旅游目的地的时空错位。

（1）政治利益导向奠定了旅游目的地时空错位的基调

改革开放之前我国主要依靠入境客源发展国际旅游，我国作为旅游目的地主要服务于国际友人，我国旅游业是以政治利益为导向的外交业，旅游业于国民经济的贡献基本可以忽略不计，主要从属于外事接待业，旅游地资源与旅游目的地经济效益是完全错位的。例如，当时全国涌现出北京、西安、上海、南京、杭州、广州、桂林、大同"八大城市型旅游目的地"，长城、黄山、庐山等风景名胜在政府主导下发展了旅游，接待了大量来华客人，但却都与经营无关，对国民经济贡献微乎其微。

（2）经济利益导向扳回了旅游目的地时空错位格局

1978年到1987年，我国旅游业逐步由外事接待型转向经济创汇型，旅游业逐渐起步，经济利益导向的旅游目的地逐步形成。改革开放之后，我国意识到旅游的经济性，但在计划经济时代旅游并未市场化，旅游属于计划配额，当时旅游目的地只有旅游资源，吃、住、行、游等基本设施匹配不够，例如，当时航班严重不足，有时需要空军加以协助，购物、娱乐处于空白状态，旅游目的地属于求大于供的卖方市场。当时旅游目的地清一色发展"资源导向型"国际入境旅游，海外客源市场基本呈现"三为主、三为辅"的特征：以港澳台同胞和华侨为主、外国旅游者为辅，亚洲为主、欧美为辅，日、美等西方发达国家为主、周边中等发达国家和发展中国家为辅[188]。旅游目的地主要承担依托旅游资源为国民经济创汇的重任，越是垄断性旅游资源其创汇能力就越强，例如陕西临潼依托秦始皇兵马俑这一垄断资源积极创汇，由原来贫困县一跃成为西安市辖区。在"资源导向型"时代，旅游目的地逐步扳回旅游资源与旅游经济效益完全错位发展的格局。

（3）供给者经济利益导向聚焦了旅游目的地时空错位

1985年我国正式确立了旅游的独立性经济地位，之后我国的旅游目的地发展进入快车道，直到20世纪末，旅游的经济性质被无限放大，旅游业被称为"无烟工业""朝阳产业"，旅游被当成"无本万利"的经济产业，各行各业一哄而上开发旅游，旅游目的地不再是供不应求的卖方市场，旅游业的供给迅速增加，旅游目的地旅游业竞争日益激烈，单一的旅游供给者经济利益导向下，旅游目的地出现了完全依赖旅游资源的粗放式发展。对旅游供给者而言，其经营业绩主要取决于可以重复开发利用的旅游资源，并且旅游资源的使用是无须付费的，因此旅游目的地的竞争主要体现在旅游资源禀赋层面，有无旅游资源、旅游资源的数量多少、质量高低、组合状况、空间布局等直接决定旅游的经济效益好坏，旅游目的地资源与旅游经济效益是正相关关系，旅游资源丰富的旅游目的地旅游经济效益往往好，反之则不好。基于供给者利益导向的旅游目的地时空错位往往备受关注。

（4）多元利益主体导向客观加剧了特定时空旅游目的地博弈

21世纪以来我国旅游客源市场不再是入境旅游一枝独秀，伴随五一、国庆等长假机制国内旅游悄然兴起，加之旅游消费市场的成熟，旅游目的地一改以往的单一利益主体，出现了多方利益主体。旅游目的地利益相关者包括旅游目的地体验的需求方，即旅游者（体验者）；帮助旅游目的地体验实现的供给方，如目的地旅游企业、经营旅游的当地社区等；旅游目的地介入方，如旅游行政管理者、旅游研究者、旅游产业参与者等，如图4-2所示。这些利益主体的利益高度关联，只有各方利益得到最大限度的满足，旅游目的地才能和谐运行。根据上文分析可知，在政府主导旅游目的地发展的大背景下，旅游介入方的旅游行政管理者，是各方利益协调者及政策法规制定者，也是众多利益主体中较为强势的一方；供给方的旅游企业是连接各部门、各行业的桥梁与纽带，是旅游目的地利益

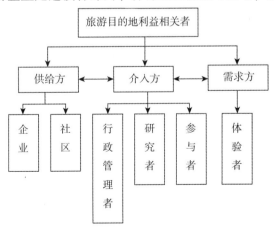

图4-2 旅游目的地旅游利益相关者

相关者中较为关键的一方;供给方的旅游目的地社区与旅游目的地旅游发展间的双向关系最为密切,也是利益相关者中最弱势的一方;旅游需求方的体验者是旅游目的地最不容忽视的"源动力"。各方利益主体追求的利益不尽相同,利益主体多元化和主体利益多样化使得旅游目的地不同利益主体相互博弈,形成了旅游目的地多方利益主体相互交织的竞合关系。

4.2.3.2 主体的利益矛盾建构了旅游目的地空间错位格局

旅游目的地的多方利益主体是影响旅游目的地发展的主体因素,不同主体的利益诉求不同,追求利益的途径亦不同,在旅游目的地发展中存在复杂的相互关系,而主体的利益矛盾运动导致了旅游目的地时空错位格局。特定时段内旅游目的地的多方利益主体围绕各自利益展开博弈,具体关系如图4-3所示。旅游需求方(体验方)与旅游供给方是旅游目的地经济运行的供需双方,双方围绕旅游商品的买卖展开利益博弈。旅游者作为体验方期望到旅游目的地寻求高质量的旅游经历,而文化则是最深刻的旅游体验,因此文化效应是需求利益满足的最佳方式;旅游经营者作为旅游目的地主要的供给者,以最小的成本经营旅游从而获取最大经济效益。只有供需双方利益均得到满足,旅游经济运行方能继续,旅游供需双方为求得各自利益不断博弈推动了旅游目的地发展。以旅游目的地政府为代表的旅游介入方为促动旅游经济良性运行,持续进行旅游产业的宏观调控和微观规制,从而实现以旅游产业带动旅游目的地关联产业发展的目的,旅游介入方利益虽具有一定的功利色彩,但却在客观上保障了供给方的经济效益和需求方的文化效用。当旅游目的地社区参与旅游时,其成为最有地域文化特色的旅游供给者,社区居民通过让渡部分自我生活空间作为旅游体验活动的公共空间,从而换取一定的经济收益和就业机会,通过与来访旅游者的文化互动融合促进当地文化繁荣,通过满足旅游者求美的需求促进当地环境建设,当地社区对旅游的利益诉求是综合的。各方利益既相互对立又相互促进,形成复杂利益关系,在特定利益规则下各利益主体通过生产、交易获取各自利益,由于不同利益主体间以及利益主体与旅游目的地经济发展、资源配置等不能协同,不可避免对旅游目的地产生不同的经济、社会、环境等效应,使得不同的旅游目的地发展效应不同,这种周而复始的差异造就了旅游目的地时空错位。旅游目的地同时存在的经济利益导向下的供给方利益的满足、文化导向下的需求方利益的满足、政治利益导向下介入方利益的满足、综合利益导向下的社区利益的满足等主体利益的不协同,共同导致了旅游目的地的时空错位。

4 旅游目的地时空错位发展的机理分析

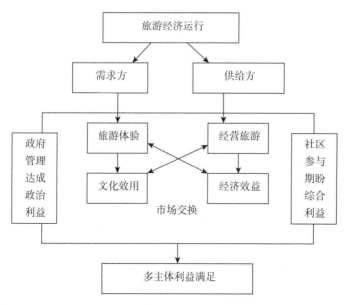

图 4-3 旅游目的地主体利益关系

通过研究旅游目的地各相关利益主体间的博弈关系，构建旅游目的地合理的利益分享机制，平衡各方权责，才能促进旅游目的地和谐运行。结合旅游目的地错综复杂的主体利益关系和上文对旅游目的地影响因素与错位机制的解析，笔者提出需求方、供给方、介入方三方协同的"三位一体"发展模式，如图4-4所示。

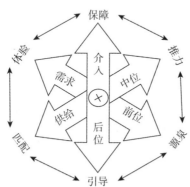

图 4-4 旅游目的地"三位一体"发展模式

（1）需求方是旅游目的地"三位一体"发展模式的"前位"

需求方提供了旅游目的地发展的源动力，是"三位一体"发展模式的"前位"，从旅游体验角度看其需求是花费时间、金钱和精力换取的一次旅游经历，即对旅游体验过程中所接触的事物、事件和享受服务的综合感受。加强需求模块建设的关键在于提高旅游者对旅游目的地综合体验的满意度，旅游者的满意度取决于旅游效用、期望值和付出成本，用公式表示为：

$$旅游者满意度 = 期望指数 \times 成本指数$$
$$期望指数 = 旅游效用/期望值 \qquad (4-4)$$
$$成本指数 = 旅游效用/付出成本$$

其中，旅游效用就是通过在旅游目的地旅游得到的美、知、新、奇、异、乐等综合效用；期望值就是对旅游目的地旅游效用的事先预估；付出成本就是在旅游目的地旅游所花费的金钱、时间、精力、体力等综合成本。旅游效用越大满意度越高，期望值越低满意度越高，付出的成本越小满意度越高，反之旅游者满意度低。为保证旅游者利益的满足，旅游目的地应该从旅游效用、旅游期望值和旅游成本着手加强管理，以文化为核心尽力提高旅游者在旅游目的地的旅游总效用，在不影响旅游者选择到来的前提下尽量降低旅游者对旅游目的地的期望值，在最大限度降低旅游成本的基础上尽量优化各方面花费的组合，使旅游者在旅游体验中花费的各种成本物超所值，最终提高旅游者满意度，从而为旅游目的地发展提供源源不断的动力。

（2）供给方是旅游目的地"三位一体"发展模式的"中位"

旅游供给方从微观层面保障旅游目的地发展，其利益诉求是以最小的投入获得最大经济效益，由旅游企业（包括旅游投资者、旅游开发者、旅游经营管理者等）和参与旅游的社区共同支撑的供给方是旅游目的地发展的主要推力，是"三位一体"发展模式的"中位"。

旅游目的地各类旅游企业和参与旅游的当地社区是旅游供给的主力，旅游供给方凭借旅游地资源（以旅游资源为基础，交通、食宿等设施为依托，旅游形象为标识，旅游产品、旅游项目为表现）向旅游体验者提供完成旅游活动所需的全部服务，通过提高附加值来获取经济效益。旅游供给方提高经济效益的途径有两条，其一为降低投入（不增加投入的情况下尽可能挖掘利用旅游地资源价值），其二为增加销售（吸引更多的旅游体验者前来旅游）。从形式上看，旅游目的地供给的旅游产品有单项产品、组合产品和整体产品之分。其中，单项产品如火车上的一个座位、酒店里的一顿美餐、景区里的一次导游讲解等；组合产品是多个单项产品围绕客源市场的需求，通过旅行社、旅游公司组合成的旅游线路（包括旅游吸引物，沿线的交通、餐饮、住宿等保障旅游活动的设施与服务，成分综合但各单项产品经营部门彼此独立），也是旅游产品最常见的形式；整体产品由多个组合产品复合而成，旅游目的地即是整体产品。因为旅游资源的不可移动性，旅游供给具有特殊性，产品或项目的生产与消费具有同一性，且都发生在旅游目

4 旅游目的地时空错位发展的机理分析

的地,旅游目的地出售给旅游体验者的是产品的暂时使用权而非所有权,换言之,旅游目的地资源可以重复组合供应。受旅游供给特性影响,旅游目的地的形象和创新尤为重要,良好的形象可以吸引更多客源,起到增加销售的作用;独特的创新带给旅游者深刻的感受与经历,通过创新起到降低投入的功效。

旅游企业提高经济效益对策:树立形象,打造品牌,挖掘潜在客源市场;培育主体,建立旅游企业战略联盟;整合资源,深度挖掘特色,创新产品与项目。

(3)介入方是旅游目的地"三位一体"发展模式的"后位"

行政管理者、专业研究者、其他产业参与者作为旅游介入,是旅游目的地"三位一体"发展模式的"后位"。旅游目的地介入方的利益是促进旅游目的地供需平衡,从宏观层面保障旅游目的地产业良性运转,其利益导向是政治性的。

政府等行政管理部门是旅游目的地利益协调者和政策法令制定者,承担着指引方向和保驾护航的关键作用,其介入途径是宏观调控和微观规制。专业研究者在全方位调查研究旅游目的地资源基础上,就开发产品、创新项目提出建议,对旅游目的地旅游发展价值、影响和潜力等进行科学评估。旅游产业其他参与者通过管理旅游,开展环境保护教育,进行文化引导,发布相关信息等来保障旅游供需平衡。

旅游目的地发展需多方利益主体协同配合,既要研究旅游体验需求所提供的源动力,又要考虑社区和旅游企业供给提供的推动力,还需遵循市场机制、接受政府引导与调控,采纳专业研究建议。旅游目的地在市场机制保障下按照"需求原创、政府引导、行业促动"的"三位一体"发展模式,将能够健康有序地发展。

综合本章分析可知,旅游目的地发展机制分为决定机制、调节机制、作用机制,其中决定机制分为内外两种因素,内部因素主要是旅游目的地的微观管理,外部因素主要指旅游目的地的宏观环境;调节机制分为市场机制和政策机制两类,市场机制具体表现为价格、供求、竞争、风险等机制,政策机制通常表现为产业发展政策、投融资政策、区域发展政策、土地政策等;作用机制主要是利益主体逐利作用,多种机制共同作用于旅游目的地发展,多种机制于特定时间内交互作用也在一定程度上造成了旅游目的地资源与经济效益的时空错位。

5 旅游目的地时空错位评价标准体系构建

5.1 旅游目的地时空错位的评价原则

5.1.1 系统综合原则

旅游目的地是旅游主体、客体和介体共同作用的地域，其组成成分复杂，包含旅游客源、旅游资源、旅游设施、旅游服务、旅游环境、旅游保障、旅游产业等众多模块。旅游目的地涉及国际、国家、区域、地方、景区景点等多层面，旅游目的地范围涵盖城市、乡村、草原、海岛、沙漠等空间，旅游目的地承载观光、休闲度假等多重功能，复合了资源、人才、资金、信息、技术、管理、产权、文化等多要素。旅游目的地是一个复杂的大系统，在评价旅游目的地时空错位时，为全面反映旅游目的地旅游发展的多重层面，评价的指标力求综合系统。

5.1.2 可测量性原则

旅游目的地作为系统，其要素众多，关系错综复杂、动态多变。旅游时空错位成因复杂，并不是每项因素都能用数量进行准确评价，例如旅游者的体验经历存在整体性与模糊性并存的特征，旅游目的地承载的感觉、印象、共鸣、情结等情感吸引因素具有很强的主观性特征，对旅游目的地产生的效用很难用精确的数量关系进行评价。在评价时应尽可能选用数量关系明确的指标体系进行评价，所选指标数据来源应稳定且符合统计规范，指标之间逻辑关系要清晰、合理。例如，宏观环境、地理区位、交通通道、产业微观管理等指标均没有稳定的数据来源，虽对旅游目的地时空错位有影响，但却无法用数量关系衡量。

5 旅游目的地时空错位评价标准体系构建

5.1.3 可操作性原则

在评价旅游目的地旅游发展效益时，某些指标虽有积极意义但数据无法获得，例如旅游投入（旅游成本）这一指标常常因为旅游资源的自在性、垄断性等无法量化，旅游产出（旅游效益）这一指标往往因为旅游的综合性、关联带动性等不能获得准确数量，因此此类指标需要妥善替代。另外，为方便操作，还必须考虑指标量化的难易程度，尽可能利用各种统计资料数据以及现有规范标准，尽量提高评价指标的量化比例，从而提高评价的可操作性。

5.1.4 科学客观原则

旅游目的地发展具有客观性，对旅游目的地空间错位评价时应该尊重客观实际，对其时空错位与否、错位的程度等评价既不能夸大，也不能缩小，否则将失去研究的意义。针对旅游目的地时空错位研究尽可能用定量的评价方法，从而保证客观地评价旅游发展情况。所选用的数量指标应该具有标准性和典型性，能真实反映旅游目的地发展的现状与特征，同时评价结果具有可比性。

5.2 旅游目的地时空错位的评价指标体系

5.2.1 旅游地资源指数

5.2.1.1 评价体系建构

从经济视角看，旅游地资源代表旅游投入，涵盖了旅游（景观）资源、旅游吸引物、旅游产品、旅游项目等内容，在时间上变化不大，在空间上表现为旅游区和旅游城镇等形式，在等级上有世界级、国家级、省级、市县级等。另外，据魏小安研究认为，旅游地资源在形式上有产品性资源（观光类、休闲度假类、商务类、专项类等）、社会性资源（环境类、生活类、产业类等）和过程性旅游资源[184]。依据评价原则，结合已有研究成果，构建了以旅游地资源指数为标度的评价体系，作为衡量旅游目的地投入的标度。

如图5-1所示，A层总目标层是旅游地资源指数，这一指数反映了旅游目的地多重投入指标，有旅游（景观）资源（旅游区、旅游城镇）、旅游设施（星级酒店、机场高铁等设施）、旅游服务（旅行社、高等院校）、旅游可进入性（等级公路里程、民用汽车）等项目层，各项目层包含最高级、高级、中级、低级等评价层级，不同等级赋予不同的权重，借助德尔菲法确定等级类别和权重系数。

旅游地旅游资源指数，不仅反映旅游地发展的主要影响因素，也反映各影响因素在旅游目的地发展中的层级与地位，有利于旅游地资源的分层分级开发利用。B 层项目层以旅游（景观）资源、旅游设施、旅游服务、旅游可进入性，作为评价的子系统。C 层因子层反映旅游目的地旅游资源具体影响因子，C_1、C_2、C_3、C_4、C_5、C_6、C_7、C_8 分别对应旅游区、旅游城镇、星级酒店、机场高铁、高等院校、旅行社、等级公路里程和民用汽车等因子。

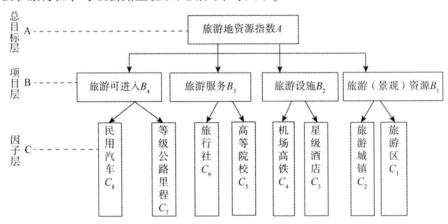

图 5-1　旅游地资源指数评价指标层次结构框架

为消除评价的主观性，特应用数学公式对旅游地资源相关指标进行量化，并根据数量指标进行评价。旅游地旅游资源的类型数量（用旅游地资源广度指数衡量）和等级品质（用旅游地资源深度指数衡量）共同决定了旅游价值与功效（用旅游地资源指数衡量）。

5.2.1.2　旅游地资源广度指数

旅游地资源广度指数是衡量旅游景观资源类型数量的标度。综合已有研究成果，结合前文分析，旅游景观资源表现为旅游区，旅游地资源的广度指数具体计算公式为：

$$B_j = \frac{Q_j}{\sum_{j=1}^{n} Q_j} (j = 1, 2, \cdots, n) \tag{5-1}$$

其中，B_j 表示 j 旅游目的地旅游资源的广度指数，Q_j 表示 j 旅游地资源的类型数，$\sum_{j=1}^{n} Q_j$ 表示 j 旅游目的地所在更大空间旅游资源数量类型总计。

5.2.1.3　旅游地资源深度指数

旅游地资源深度指数是衡量旅游地资源等级品质的标度，本研究综合已有相关研究成果，结合旅游目的地发展的影响因素和驱动机制情况确定，旅游地资源类型包括旅游区、旅游城镇、星级酒店、机场高铁、高等院校、旅行社、等级公路和民用汽车共 8 种类别。因种类不同、级别不同，旅游资源的价值与功能不尽相同，本研究采用加权函数来衡量旅游地资源深度。旅游地资源深度指数具体计算公式为：

$$D_j = \frac{Q_j}{\sum_{j=1}^{n} Q_j} (j = 1, 2, \cdots, n) \tag{5-2}$$

其中，D_j 表示 j 旅游目的地旅游资源的深度指数，Q_j 表示 j 旅游地资源的加权品质数量，$\sum_{j=1}^{n} Q_j$ 表示 j 旅游目的地所在更大空间旅游资源品质数量和。

为更真实地表现旅游目的地资源的品质，本研究设计专家打分量表，借助德尔菲法向相关领域专家发放调查问卷，根据专家反馈结果加总求平均值，得到专家对资源层级的划分和不同品质资源的权重赋分。其中，层级划分为世界级（权重为 50，包括世界遗产 R_{1j}、最佳旅游城市 R_{2j}、5A 旅游区 R_{3j}）、国家级（权重为 30，包括 4A 旅游区 R_{4j}、国家优秀旅游城市 R_{5j}、国家历史文化名城 R_{6j}、国家历史文化名镇名村或全国特色景观名镇（村）R_{7j}）、省级（权重为 15，包括 3A 旅游区 R_{8j}、五星级酒店 R_{9j}、机场 R_{10j}、高铁 R_{11j}）、市县级（权重为 5，包括 A 级旅游区 R_{12j}、星级酒店 R_{13j}、等级公路 R_{14j}、旅行社 R_{15j}、高等院校 R_{16j}），那么 Q_j 计算公式为：

$$\begin{aligned}Q_j &= 50(R_{1j} + R_{2j} + R_{3j}) + 30(R_{4j} + R_{5j} + R_{6j} + R_{7j}) \\ &\quad + 15(R_{8j} + R_{9j} + R_{10j} + R_{11j}) + 5(R_{12j} + R_{13j} + R_{14j} + R_{15j} + R_{16j})\end{aligned} \tag{5-3}$$

5.2.1.4 旅游地资源指数计算

旅游地资源指数是旅游地资源广度与深度指数的复合，用公式表示为：

$$R_j = B_j \times D_j \times 100 (j = 1, 2, \cdots, n) \tag{5-4}$$

其中，R_j 表示旅游地资源指数，B_j 表示旅游地资源广度指数，D_j 表示旅游地资源深度指数。

5.2.2 旅游目的地经济指数

旅游目的地经济指数是衡量旅游目的地产出的标度，通常采用旅游收入指标。由于各类各级数据的量纲及数量级千差万别，为增强与旅游地资源数据间的可比性，本研究使用"X_{min}-X_{max} 标准化"方法对原始数据进行无量纲处理。旅游目的地经济指数计算的具体公式为：

$$I_j = \frac{X_j - X_{\min}}{X_{\max} - X_{\min}} \tag{5-5}$$

其中，I_j 为 j 旅游目的地旅游经济的标准化值，X_j 为 j 旅游目的地旅游收入的原始数量值，$X_{\max}$ 为 j 旅游目的地收入原始数量值的最大值，$X_{\min}$ 为 j 旅游目的地旅游收入原始数量的最小值。

5.2.3 旅游目的地时空错位指数

5.2.3.1 旅游目的地空间错位指数

旅游目的地空间错位指数是衡量特定空间旅游收入与旅游地资源几何重心的偏离程度的标度，即旅游目的地实际旅游收入与预期的旅游收入的偏离程度，具体公式为：

$$\text{TSD}_j = \frac{I_j - R_j I_{总}}{I_j} = 1 - \frac{R_j I_{总}}{I_j} \tag{5-6}$$

其中，TSD_j 是空间错位指数，R_j 是旅游地资源指数，$I_{总}$ 是所在更大的旅游目的地旅游总收入，I_j 是旅游目的地经济指数。

5.2.3.2 旅游目的地时空错位指数说明

不同时间内旅游目的地空间错位指数不同，旅游目的地时空错位指数是旅游旅游目的地时空错位程度的标度，是多年旅游目的地空间错位指数在时间维度的平均值。经过计算，当 $\text{TSD}_j > 0$ 时说明旅游目的地旅游存在时空正向错位，且值越大错位程度越大；当 $\text{TSD}_j = 0$ 时表示旅游目的地旅游时空不错位；当 $\text{TSD}_j < 0$ 时说明旅游目的地旅游存在负向时空错位，且绝对值越大时空错位程度越大。

5.3 旅游目的地时空错位的二维矩阵模型分析

运用某旅游地资源广度指数和深度指数，计算得出不同时间旅游目的地资源指数，据旅游目的地资源指数计算结果把其分为优势区、中等区、劣势区等多等级区；运用旅游目的地经济指数公式计算得到相应时间旅游目的地收入指数，将其计算结果分为高、中、低多个等级区。以不同时间旅游地（景观）资源指数为纵坐标，以相应时间的旅游目的地经济指数为横坐标，模拟构建坐标平面，从而获得旅游目的地时空错位的二维矩阵，见图 5-2。

		旅游目的地经济指数		
		低	中	高
旅游地（景观）资源指数	优势区	错位Ⅴ区	错位Ⅵ区	同步Ⅲ区
	中等区	错位Ⅲ区	同步Ⅱ区	错位Ⅳ区
	劣势区	同步Ⅰ区	错位Ⅰ区	错位Ⅱ区

图 5-2 旅游目的地经济与资源时空错位二维矩阵

根据表 5-1 将旅游目的地旅游总收入与旅游地（景观）资源的关系分成错位和同步两种关系，其中错位又可细分为错位Ⅰ区至错位Ⅵ区等，同步区又可细分为同步Ⅰ区至同步Ⅲ区。

6 辽宁省域旅游目的地时空错位评价研究

6.1 辽宁省域旅游目的地概况

6.1.1 辽宁省域旅游目的地自然概况

辽宁省简称辽,因辽河得名,是我国东北南部的边疆沿海省份,靠近朝鲜、韩国、日本、俄罗斯、蒙古等国,扼欧亚大陆桥要冲,处东北区域与环渤海区域之关键结合部,位于北纬 $38°43′\sim43°26′$、东经 $118°53′\sim125°46′$ 之间,东西宽和南北长各约550千米,经纬跨度均较大,拥有多样旅游资源。辽宁西南部接河北省,西北部毗邻内蒙古自治区,东北部接壤吉林省,东南部以鸭绿江为界与朝鲜隔江相望,有长200多千米的江段边境线,南濒黄、渤两海,辽东半岛斜插二海之间,南部是东起鸭绿江口西至山海关老龙头的2 292.4(占全国大陆海岸线12%)千米的海岸线。三沿(沿海、沿边、沿江)区位优势使辽宁成为东北亚旅游、贸易的核心地域。

辽宁省能源资源丰富,土地、气候、海洋、森林、矿产等资源丰富。辽宁省北部内陆、南部沿海,陆域面积14.59万平方千米,约占全国1.5%;海域面积15.02万平方千米,占全国50%,地势北高南低。就东西而言,中间低两边高,低山丘陵分列东西两侧,东部辽东山地丘陵区是辽宁省的主要山林风光区,总面积6.7万平方千米,约占全省陆域面积的46%,东北部是长白山向西南延伸的余脉,东南是以千山山脉为骨干的半岛丘陵区;西部辽西山地丘陵区是辽宁省的主要山海名胜区,总面积3.8万平方千里,约占全省陆域面积的29%,西北部是与内蒙古高原连接的努鲁尔虎山、松岭、黑山、闾山等低山,西南部丘陵区襟山连海,南部濒渤海是狭长的辽西走廊;中部是辽河平原,总面积3.8万平方千米,约占辽宁陆域面积的25%。北半部是辽河文明荟萃地,城市密集古迹众多;南部辽河入海之地造就了稻香蟹肥、鹤鸣苇海的田园风光。

辽宁省气候舒适、四季分明,受纬度位置、海陆位置、地形高差等因素影响,辽宁北部以大陆性气候为主、南部沿海以海洋性气候为主,东部较湿润、西部半干旱,总体气候是温带季风冬干型,气候特点为春季多风短促、夏季多雨炎热、秋季晴朗凉爽、冬季寒冷漫长。多样气候使得辽宁四季旅游各具特色。受山海兼具地形和多样的气候影响,辽宁省河网密布,大小河流共390多条,河流流域面积超过1 000平方千米的有52条、超过5 000平方千米的有16条。东西部河流景观特征各异,以鸭绿江为代表的东部河流呈山地河流特征,水清流急、山水形胜,以辽河、大小凌河为代表的西部河流上游水土流失严重、泥沙淤积造就了农田湿地景观。

6.1.2 辽宁省域旅游目的地社会经济概况

辽宁省下辖沈阳、大连、鞍山、抚顺、本溪、丹东、锦州、营口、阜新、辽阳、铁岭、朝阳、盘锦、葫芦岛14个省辖市,下辖59个市辖区、16个县级市、25个县(含8个少数民族自治县),省会沈阳市,现有沿海经济带、沈阳经济区、辽西走廊三大经济区。全省常住人口4 389万,城镇人口比重达65.7%。辽宁历史悠久,40万~50万年前就有人类繁衍生息,战国时期建制(辽东辽西郡),魏晋南北朝时期为辽海,唐朝时称安东,元朝时称辽阳,明朝时称辽东都司,清朝时称奉天,民国时始称辽宁并延续至今。民族众多,少数民族人口比重达16.02%,55个少数民族均有分布,人口较多的有满族、蒙古族、回族、朝鲜族、锡伯族。辽宁是满族、锡伯族的发源地,分布着全国51%的满族和全国70%的锡伯族人口。另外,有2个蒙古族自治县、6个满族自治县。辽宁省是中国的工、农业大省,是我国国有大企业、老企业集中地和重要的商品粮基地,中华人民共和国成立后辽宁以资源立省,发展以重工业为主的工业体系,装备制造、石化、冶金、农产品加工业是其四大支柱产业。截至2013年,全省国民生产总值达27 077.7亿元,第一、二、三产业增加值占生产总值比重分别为8.6%、52.7%、38.7%,人均国民生产总值为61 686元。

辽宁省交通运输发达,截至2013年年底有沈阳桃仙国际机场、大连周水子国际机场、大连大长山岛机场、丹东浪头机场、锦州小岭子机场、鞍山腾鳌机场、朝阳机场7大民用机场,开通了与朝、韩、日、俄、新、马、泰、俄、美、英、德、法、澳、加、柬、印尼等地的近300条国内外航线;辽宁省铁路密度高,全省铁路里程达4 867.4千米,开通了京哈、哈大两大高铁(里程645.6千米);辽宁公路密度居全国各省市之首,全省公路里程达110 072千米,其中高速公路里程达4 023千米,全省拥有民用汽车509.8万辆,私人汽车拥有量达

377.7万辆，还有全国最长的滨海公路；辽宁有大连、营口、丹东、盘锦、锦州、葫芦岛六大港口，开通烟大等客运轮渡。

辽宁综合立体、四通八达的交通为国内外贸易奠定了坚实的基础，通商历史悠久、成果显著。截至2013年，全省国内贸易增加值为2 414.3亿元，对外贸易总额为1 142.8亿美元，对外贸易的国家（地区）达217个。

6.1.3 辽宁省域旅游目的地旅游发展的ASEB栅格分析

辽宁省域旅游目的地发展的ASEB战略矩阵见图6-1。

	活动（Activity）	环境（Setting）	体验（Experience）	利益（Benefit）
优势（Strength）	1. 资源丰、类型全、分布佳，观光、休闲度假、商务、专项等旅游活动基础好。 2. 山海林泉岛雪生态优，边城节俗文化良，旅游产业后劲足。 3. 避暑良地，古今文化灿烂，满族、锡伯族风情独特，城市化水平高	1. 交通综合立体齐全，复合东北与环渤海的良好区位，具有避暑型气候优势。 2. 休闲度假与观光双驱旅游势头强劲。 3. 目的地全域旅游观、综合效益观、全新资源观日渐深入人心	1. 世博园、观光农园、工业示范点、文化民俗，提供旅游体验新途径。 2. 温泉+冰雪白、革命红、生态绿、海洋蓝、佛教黄等多彩旅游	1. 旅游新业态增多，产业链延长，竞争环境公平化、规范化。 2. 全民环境意识、文化意识，供给的人本意识、融合意识普遍提升。 3. 政府引导市场为主，企业运作社会参与的运作机制形成
劣势（Weakness）	1. 产业融合度低，旅游创新力不强，效益有限，战略性未体现。 2. 旅游资源羡余多，产品附加值低，形象不突出，品牌效应差。 3. 域内旅游发展不均衡，各地竞争有余、合作不足	1. 旅游战略性支柱地位、旅游目的地发展重点等发展趋势不明朗。 2. 环境承载力有限、社会容忍程度不高，旅游目的地全域旅游发展环境欠佳	1. 缺少全方位体验的旅游综合体。 2. 未出现深度体验的旅游新业态。 3. 产品项目同质化；城市模式化、景区城市化、乡村庸俗化	1. 旅游产业的扩散效益不明显，未明显带动相关产业的发展。 2. 旅游产业发展未能充分利用新型城镇化带来的发展机遇

图6-1　辽宁省域旅游目的地发展的ASEB战略矩阵

	活动（Activity）	环境（Setting）	体验（Experience）	利益（Benefit）
机遇 （Opportunities）	1. 高铁促同城效应，滨海公路现新机遇。 2. 旅游战略支柱地位立、国民休闲纲要颁，新型城镇化、城乡海陆统筹促旅游新气象。 3. 融资、土地、签证、信息等政策促旅游新格局。	1. 产业转型、融合优化，催生了旅游创新发展的平台。 2. 城市化、工业化、国际化促使休闲时代全面来临。 3. 新能源发展利用降低了旅游发展成本	1. 慢游、深度游、小众游、无景点游等新业态，生活第三地、居家游等带来体验新契机。 2. 发挥资源和区位条件的比较优势，创新体验性旅游	1. 旅游发展与新一轮城市化发展的耦合带来小城镇及远郊乡镇的发展机遇。 2. 旅游发展在促进就业的同时，也改善了生态环境
挑战 （Threats）	1. 旅游市场动态多变，无景点、在线等新业态促生新模式。 2. 旅游替代品多，竞争激烈，创新难度大	1. 旅游发展多功能化导致复合型人才保障不力。 2. 旅游区受双重性质、多头管理制约	1. 客源市场的季节性强。 2. 文化附会带来体验失真	1. 传统旅游产品老化，造成体验型旅游满意度不高。 2. 恩格尔系数偏大，隐性增加体验成本

图 6-1　辽宁省域旅游目的地发展的 ASEB 战略矩阵（续）

6.2　辽宁省域旅游目的地旅游资源时空评价

辽宁省域旅游目的地旅游资源与产品丰富，类别众多，功能齐全。传统观光旅游时代旅游资源与产品的艺术观赏价值是发展旅游的主要依托，而在休闲游憩时代，旅游资源与产品的艺术观赏价值、历史文化价值、科学考察价值、垄断独特价值、新奇价值、参与价值等都成为旅游赖以开发的因素，旅游资源的内涵外延无限延展。本研究的传统与现代节点，取国家调整休假制度的 2009 年。

6.2.1　辽宁省域旅游目的地旅游资源时空概况

从时间维度看，截至 2009 年辽宁省域旅游目的地传统的旅游资源自然类以山、海资源见长，人文类以文化、宗教类资源为多，在 64 处 4A 级以上旅游区中，共有 40 处以山海、文化等为主题内容。从空间纵向维度看，辽宁省域旅游目的地传统的旅游资源北部以城市风光为主（沈阳为核心的城市群），南部以滨海胜景为主（辽东半岛）。从空间横向维度看，东西两边以山、林风景为主（辽东、辽西山地丘陵及覆盖的森林），中间以城市、田园风光为主（辽河平原城市群及稻田、湿地、滩涂）。

如今是以休闲游憩为主的时代，辽宁省域旅游目的地旅游资源外延大大扩展，自然类除山海风光外，具有比较优势的还有避暑型气候、季节性或独特性生物景观（例如枫叶、梨花、红海滩等）、养生型温泉等；人文型中具有比较优势的除文化外，还有红色旅游资源、工业旅游资源、农业旅游资源、节会旅游资源、民族民俗旅游资源、主题型旅游资源等。

旅游资源的动态性，决定了不同时期辽宁省域旅游目的地旅游资源，会随着游客主观需求和客观形势变化，在相对稳定的基础上，有一定程度的变化。新世纪之交我国旅游目的地才真正步入发展的快车道，其赖以发展的基础——旅游地资源与产品不断更新，1999年我国推出旅游区质量评定的国家标准，辽宁2001年评出第一批A级旅游区，2003年我国公布了旅游资源分类评价的国家标准，使得旅游资源的评价有了评价标准，1999年起我国实施的国庆、五一等长假制度在客观上增加了对旅游资源及产品的需求，2002年辽宁省第一次有了世界物质文化遗产。旅游目的地旅游实践与旅游资源相关政策相比往往会有滞后性，因此旅游资源与产品评价中的关键时间节点大部分在21世纪，因此本研究时空错位发展中的时间段选取21世纪。

6.2.1.1 目前辽宁省域旅游目的地旅游资源概况

基于本研究，结合辽宁省域旅游目的地实际情况，到2014年年初辽宁省域旅游目的地资源包括旅游（景观）资源（旅游区和旅游城镇）、旅游设施（星级酒店、机场高铁）、旅游服务（旅行社、高等院校）、旅游可进入性（等级公路里程）等，具体见表6-1。

表6-1 辽宁省旅游目的地资源一览

市别	世界级			国家级			省级				市县级			
	世界遗产	最佳城市	5A旅游区	4A旅游区	优秀城市	历史文化名城	特色景观名镇（村）	3A旅游区	五星级酒店	机场	高铁	A级旅游区	星级酒店	等级公路（里程/万千米）	旅行社	高等院校
沈阳	3	0	1	12	1	1	0	25	7	1	2	12	99	1.05	188	44

续表

市别	世界级			国家级				省级				市县级				
	世界遗产	最佳城市	5A旅游区	4A旅游区	优秀城市	历史文化名城	特色景观名镇（村）	3A旅游区	五星级酒店	机场	高铁	A级旅游区	星级酒店	等级公路（里程/万千米）	旅行社	高等院校
大连	0	1	2	12	2	0	0	17	11	2	2	18	130	8.96	398	32
鞍山	0	0	0	2	1	0	1	10	1	1	1	10	21	7.19	79	3
抚顺	1	0	0	5	1	0	1	6	1	0	1	1	23	4.90	59	5
本溪	1	0	0	5	1	0	0	7	0	0	1	13	26	3.45	40	2
丹东	0	0	0	6	2	0	1	4	0	1	0	0	46	5.99	78	3
锦州	0	0	0	8	1	0	0	5	2	1	2	2	19	7.22	48	8
营口	0	0	1	2	1	0	0	3	3	0	1	0	21	3.37	73	3
阜新	0	0	0	2	1	0	0	3	0	0	0	5	12	6.32	48	2
辽阳	0	0	0	1	1	0	0	7	1	0	1	8	9	3.35	38	2
铁岭	0	0	0	2	2	0	0	0	0	0	0	3	13	9.85	49	4
朝阳	0	0	0	2	1	0	0	8	0	1	0	9	22	8.11	30	1
盘锦	0	0	0	2	1	0	1	4	0	0	2	2	13	3.31	60	1
葫芦岛	1	0	0	5	2	0	1	5	0	0	2	4	25	6.64	11	2
总计	6	1	3	66	18	1	5	112	26	7	17	88	479	79.71	1 199	112

注：数据根据实地调研，结合《2013辽宁省旅游统计年鉴》《2013年区域经济统计年鉴》《2013年辽宁省各地国民经济统计公报》以及辽宁省各地政府及旅游官网等资料整理所得。

旅游（景观）资源（旅游区和旅游城镇）决定旅游目的地发展方向，需要实地调研后认真研究，基于室内文献研究，结合室外实地调研可知，截至2014年年初，辽宁省域旅游目的地有269处A级以上旅游区，分布具体见表6-2。

表 6-2　辽宁省旅游目的地 A 级旅游区分布一览表

市	5A	4A	3A	2A/1A
沈阳（50处）	沈阳市植物园（1处）	沈阳故宫博物院※ 棋盘山旅游开发区 "九一八"历史博物馆 怪坡风景区 张氏帅府博物馆 航空博物馆 新民三农博览园 沈阳森林动物园 科学宫 北陵公园※ 东陵公园※ 五爱市场购物奇 （共12处）	新乐遗址博物馆　仙子湖旅游度假区 老龙口酒博物馆　花果山神秘谷 中华寺风景区　　白清寨滑雪场 财湖旅游度假区 爱新觉罗祖家坊酒业　紫烟薰衣草庄园 华夏饮食文化博物馆 国家森林公园　　大法寺（八王寺） 工业博物馆 华晨宝马工业旅游区　城市规划展示馆 蒲河国家湿地公园　马耳山旅游区 抗美援朝烈士陵园　朝阳山风景区 伊利乳业工业旅游区　小韩村度假村 世外桃源养生小镇　鸟岛公园 蒙牛乳业工业旅游区　周恩来少年读书旧址 （共25处）	实胜寺 太清宫 五龙山风景区 水洞风景区 铁西工人村 七星山风景区 蓬瀛宫 中心庙 珍珠湖 三山梅花鹿园 李相新城生态园 康平卧龙湖（A） （共12处）
大连（49处）	老虎滩海洋公园 金石滩旅游度假区（2处）	森林动物园 圣亚海洋世界 冰峪旅游度假区 现代博物馆 旅顺东鸡冠山景区 自然博物馆 旅顺白玉山景区 棒棰岛宾馆景区 旅顺日俄监狱旧址 关向应纪念馆 西郊国家森林公园 夏丽高尔夫俱乐部 （共12处）	安波温泉 仙浴湾旅游度假区 大连观光塔 女子骑警基地 大连大学博物馆 金龙寺国家森林公园 大黑山风景区 大长山岛镇风景区 开发区文化广场 旅顺生命奥秘展览馆 闯关东影视基地 银石滩国家森林公园 旅顺南山俊景 海王九岛旅游度假区 香洲田园城 横山寺森林公园 古驿城景区 （共17处）	黑岛旅游度假区 蛤蜊岛旅游区 城山古城旅游区 广鹿岛老铁山 獐子岛英嘴石 骆驼山森林公园 天一庄园旅游区 石城山庄旅游区 龙潭山风景区 永宁庙山旅游区 万家岭老帽山 御果蓝莓生态园 九龙山生态园 长青树休闲农庄 金科生态园艺场 后石渔家游 东沟农家游 向应农业园区 （共18处）

6 辽宁省域旅游目的地时空错位评价研究

续表

市	5A	4A	3A	2A/1A
鞍山 (22处)	—	鞍山玉佛苑 千山国家风景名胜区 共（2处）	双龙山景区 少帅陵风景区 汤岗子温泉度假区 岫岩冰湖旅游度假区 白云山风景区 牛庄古城风景区 西柳服装市场 南台箱包市场 玉雕会展中心 岫岩百菇园 （共10处）	龙潭湾风景区 药山风景区 九龙川自然保护区 千山金湖旅游景区 清凉山风景区 卧鹿山效圣寺旅游区 东四方台温泉度假区 张学良出生地纪念馆 西平省级森林公园 罗圈背风景区 （共10处）
抚顺 (12处)	—	赫图阿拉城 雷锋纪念馆 猴石国家森林公园 和睦国家森林公园 红河峡谷漂流 （共5处）	元帅林风景区 皇家海洋乐园 战犯管理所旧址陈列馆 萨尔浒旅游度假区 三块石国家森林公园 平顶山惨案纪念馆 （共6处）	夏湖车旅生活旅游度假区 （共1处）
本溪 (共25处)	—	桓仁五女山景区※ 关门山水库风景区 大雅河漂流景区 水洞风景名胜区 关门山国家级森林公园 （共5处）	桓仁望天洞景区 观音阁水库景区 本溪市动物园 桓仁桓龙湖景区 汤沟森林公园 本溪市博物馆 平顶山森林公园 （共7处）	东风湖旅游度假村 金海水晶宫旅游区 大冰沟森林公园 虹鳟鱼养殖旅游区 铁刹山 爱河旅游度假村 本溪湖公园 本溪市剪纸园 小华山公园 天龙洞风景区 绿色生态园 大石湖 山河天然浴场旅游区 （共13处）

续表

市	5A	4A	3A	2A/1A
丹东（10处）	—	鸭绿江风景名胜区 凤凰山风景名胜区 天华山风景名胜区 抗美援朝纪念馆 天桥沟森林公园 五龙山风景区 （共6处）	黄椅山森林公园 大孤山风景名胜区 大鹿岛风景名胜区 獐岛旅游景区 （共4处）	—
锦州（15处）	—	锦州市博物馆 北普陀风景名胜区 辽沈战役纪念馆 笔架山旅游区 大芦花风景区 义县奉国寺景区 医巫闾山风景区 清岩寺风景区 （共8处）	凌河公园 凌海萧军纪念馆 凌海吴楚庄园 闾山森林公园 凌海岩井寺 （共5处）	万佛堂石窟 宜州化石馆 （共2处）
营口（6处）	—	望儿山风景旅游区 月亮湖景区 （共2处）	月亮湖公园 营口西炮台遗址 人民公园 （共3处）	楞严寺旅游区 （共1处）
阜新（10处）	—	海棠山风景区 瑞应寺风景区 （共2处）	大清沟景区 宝力根寺风景区 千佛山风景区 （共3处）	三塔沟自然生态旅游区 乌兰花木图山风景区 关山风景区 塔子沟风景区 阜新东郊湖风景区 （共5处）
辽阳（16处）	—	广佑寺景区 （共1处）	葠窝水库景区 龙峰山风景区 弓长岭滑雪场 王宫温泉水城 龙石风景旅游区 佟二堡皮装大市场 瓦子沟生态旅游区 （共7处）	汤河风景区　冷热地公园 白塔公园 金刚山风景区　市博物馆 核伙沟森林公园 东京陵 曹雪芹纪念馆 （共8处）

6 辽宁省域旅游目的地时空错位评价研究

续表

市	5A	4A	3A	2A/1A
铁岭（13处）	—	蒸汽机车博物馆 清河省级旅游度假区 （共2处）	周恩来纪念馆 铁岭市博物馆 龙山风景区 冰砬山旅游风景区 龙山高尔夫 城子山省级森林公园 调兵山风景区 蟠龙山风景区 （共8处）	榛子岭旅游度假区 象牙山旅游景区 太阳山风景区 （共3处）
朝阳（19处）	—	凤凰山风景区 鸟化石地质公园 （共2处）	天成观 燕山湖风景区 千佛洞风景区 清风岭自然保护区 天秀山旅游区 白石水库风景 龙凤山森林公园 大黑山国家森林公园 （共8处）	槐树洞风景区 惠宁寺 桃花山风景区 劈山沟风景区 阎王鼻子风景旅游区 星源生态旅游区 喀喇沁王陵景区 喇嘛山风景区 燕湖园风景区 （共9处）
盘锦（8处）	—	红海滩风景区 苇海鼎翔旅游度假区 （共2处）	中兴公园 湖滨公园 知青总部 辽河绿水湾景区 （共4处）	鑫安源绿色生态园 西安生态养殖场 （共2处）
葫芦岛（14处）	—	兴城古城 龙湾海滨风景区 葫芦山庄 九门口水上长城※ 兴城海滨国家风景名胜区 （共5处）	白狼山风景区 菊花岛旅游景区 龙潭大峡谷景区 凉水井子灵山寺 龙湾海滨滑雪场 （共5处）	圣水寺 人文纪念公园 红螺山风景区 乌云山生态休闲农庄景区 （共4处）
总计	3	66	112	88

注：表中资料根据实地调研，结合辽宁省各地政府及旅游官网等资料整理所得，其中，带※的为世界遗产，表中未列出的世界遗产还有抚顺清永陵（不是A级旅游区）。2016年12月5日，辽阳葠窝水库3A级景区被国家旅游局通报摘牌。

除了旅游区外，辽宁省域目的地另一重要的旅游（景观）资源是各类旅游城镇，辽宁是我国城镇化水平较高的省域旅游目的地，其中国家级旅游城镇[中国优秀旅游城市、国家历史文化名城、国家历史文化名镇名村、全国特色景观名镇（村）等]吸引力较大，需加以重视。截至2014年年初，辽宁省域旅游目的地中有25个具有国家级以上知名度的旅游城镇，具体见表6-3。

表6-3　辽宁省域旅游目的地国家级旅游城镇分布一览表

区域	中国优秀旅游城市	国家历史文化名城	国家历史文化名镇名村	全国特色景观名镇（村）
沈阳	√	√		
大连※	√+庄河			
鞍山	√		海城市牛庄镇	
抚顺	√		新宾满族自治县永陵镇	
本溪	√			
丹东	√+凤城		东港市孤山镇	
锦州	√			
营口	√			
阜新	√			
辽阳	√			
铁岭	√+开原			
朝阳	√			
盘锦	√			大洼县（今大洼区）王家镇
葫芦岛	√+兴城		绥中县前所镇	
总计	18	1	4	1

注：资料根据实地调研，结合辽宁省各地政府及旅游官网所得，其中，带※为最佳旅游城市。

截至2014年年底，辽宁具有国家级以上称号城市或村镇25处和A级以上旅游区269处，这是辽宁省域旅游目的地吸引旅游者的核心基础。除A级旅游区外，辽宁省域旅游目的地还有610处其他旅游区，也在旅游目的地发展中发挥重要作用，经过实地调研和室内统计梳理可知，见表6-4。

6 辽宁省域旅游目的地时空错位评价研究

表6-4 辽宁省旅游目的地其他旅游区分布一览表

市	其他旅游区
沈阳 (59处)	方特欢乐世界、省博物馆、东湖度假村、慈恩寺、天主教会、清真南寺、金融博物馆、电视塔、浑河乐园、辽宁近现代博物馆、兴隆室内公园、青年公园、森林野生动物园、万柳塘公园、新民西湖、辽滨古城塔、奥林匹克公园、东北大学旧址、南湖公园、般若寺、满洲省委旧址、鲁迅儿童公园、长安寺、西塔延寿寺、八一公园、中山公园、新开河中华饮食文化博物馆、无垢净光舍利塔、东北亚滑雪场、铁路蒸汽机车陈列馆、劳动公园、陨石山、满族民俗村、白塔园林旅游区、南运河、常青公园、五里河公园、北塔碑林、郑家洼子青铜短剑大墓、中小学生农业实践基地示范园、花古水库观光区、黑山风景区、三台子水库观光园、格林天沐温泉、海州万亩松林、法库药王山风景区、高台山遗址、宇霆湖、石台子山城、塞北湖、东北解放纪念碑、北塔碑林、刘老根舞台、大佛寺、美国郡百岁温泉、世纪高尔夫俱乐部、冰水湾高尔夫俱乐部、江南高尔夫俱乐部、陨石山高尔夫度假村
大连 (131处)	仙人洞自然保护区、斑海豹自然保护区、大赫山国家森林公园、普兰店国家森林公园、长山群岛海岛国家森林公园、旅顺口国家森林公园、仙人洞国家森林公园、俄国建筑、中苏友谊纪念塔、中山广场近代建筑群、关东厅博物馆旧址、开发区中国箸文化陈列馆、傅家庄公园、燕窝岭景区、海军舰艇展览中心、世界和平公园、绿山游乐园、仙浴湾、水帅营会见所、卡丁车俱乐部、金石滩金石缘公园、金石滩天鹅湖度假村、植物园、七贤岭旅游度假区、东海公园、劳动公园、海昌旅游集团有限公司、夏家河子公园、红旗镇乡村旅游、岔鞍休闲观光农业区、星海公园、朝阳寺、长兴酒庄酒文化博物馆、艺术展览馆、大黑石旅度假村、三兹和休闲农庄、林海滑雪度假村、甘井子公园、金龙寺森林公园、九九集团休闲垂钓、旅顺博物苑区、成园温泉山庄、旅顺兵器馆、龙王塘公园、海王度假村、华仕山庄、旅顺军港公园、二〇三景区、福慧温泉山庄、狮虎园营城子民俗文化村、蛇岛老铁山自然保护区、苏军胜利塔、黄渤海分界旅游区、蛇岛自然博物馆、太阳沟、恐龙探海夺天公园、九一八事变策划地、石河农业园区、俄日风情街、龙王庙海滨旅游度假区、瓦房店市博物馆、城山头海滨地址自然保护区、阿尔滨水上乐园、金州区博物馆、金州礼仪山庄、金科生态园、瓦房店市街心公园、得利寺庙、长兴岛公园、龙山涌泉寺、龙门温泉旅游度假区、悦龙山庄、东山公园、金斗湖、复州古城、西中岛、横山书院、碧流河、金刚石矿游览区、龙潭风景旅游区、水上人间、明泽湖、安波温泉旅游度假区、龙潭道观、安波温泉大圣疗养院、朝阳沟、俭汤温泉、城山菩萨庙、双泉寺旅游风景区、二龙山国家森林公园、七道房水库、千年古莲园、普兰店森林公园、老帽山、白云山、吴姑城、巍霸山城清寺、九龙山、城子坦镇三清观、普兰店博物馆、乐甲满族风情园、天门山旅游区、双凤朝阳塔、步云山温泉旅游区、长山群岛风景区、金沙滩浴场、獐子岛森林公园、三元宫景点、西草坨子景区、皮口小平岛旅游度假区、耶尔马克湾旅游区、大长山岛祈祥园景区、大长山岛北海浴场、广鹿岛铁山月亮湾景区、长海县卧佛、广鹿岛彩虹滩仙女湖景区、北坨子景区、风力发电厂、海神娘娘广场、海珍品育苗场、海洋岛森林公园、苦娘顶、石城响岛、石城岛银窝石林风景区、黑面琵鹭景区、鸟岛、大象戏水、双狮岛斧劈岩、黑白石景点、神龟镇海景点、国际灯塔

续表

市	其他旅游区
鞍山 (38处)	鞍山市博物馆、孟泰公园、东山景区、动物园、东山观光园、人民公园、罗汉圣地、玉佛山风景区、二一九公园、静湖公园、烈士山公园、永乐公园、鞍钢工业旅游区、老虎屯、清泉山、大安寺、大佛寺、鎏金庵、龙泉寺、无量观音阁、香岩寺、中会寺、祖越寺、灵岩寺、仙人洞遗址、厝石山公园、石棚古迹、三学寺、关帝庙、地藏寺、金塔、银塔、慈化寺、弥陀寺、观音寺、大悲寺、尚王陵、岫岩满族博物馆
抚顺 (27处)	抚顺市博物馆、高湾明园度假山庄、浑河公园、儿童公园、上寺风景区、高尔山景区、劳动公园、抚顺西露天矿、三块石森林公园、马金休闲庄、佟庄子民俗村、清永陵、翔林山庄、罗台山庄、觉尔察城、苏子河漂流、海天山庄、费阿拉城遗址、热高乐园、浑河源森林公园、启运神树景区、高丽民俗村、宝泉山善缘寺、蛇山自然保护区、仙人洞自然保护区、关山湖、中华寺
本溪 (29处)	本溪公园、怪石洞公园、壶熙山庄、南天门、兴隆湖旅游度假村、天坑群地质公园、平顶山、百鸟林、仙人洞风景区、大峡谷风景区、东风湖旅游度假村、石龙山景区、大峡谷、绿石谷森林公园、万乐岛、温泉寺、观音阁、将军坟、虎谷峡、庙后山遗址、本溪地质公园、洋湖沟、桓仁库区国家森林公园、横道川度假区、全盛泰水上乐园、大凹岭森林公园、五女山庄、老秃顶子自然保护区、桓仁地温异常带
丹东 (38处)	青山沟景区、白石砬子自然保护区、孤山国家森林公园、花脖山、海华珍奇博物馆、清真寺、蒲石河森林公园、温泉山庄、太平湾、玉龙湖、地藏寺、观音庵、九水峡、锦江山公园、江海分界碑、丹东人洞穴遗址、汉西安平县遗址、水电站大坝、安平河、世标山庄、红铜峡、水丰湖、太平湾、小鹿岛、响水寺、白鹭自然保护区、虎山长城、五龙背温泉、五龙高尔夫俱乐部、凤凰山庄、东汤温泉、大梨树生态农业观光旅游区、东圣花果山、鸡关山、土门水库、海洋红小岛风景区、铁甲水库景区、河口旅游区
锦州 (55处)	锦州世博园、文雅博物馆、八一公园、儿童公园、动物园、凌西公园、凌河水上公园、大广济寺辽塔、大小凌河、女儿河、廉政苹果园、松坡公园、东湖公园、松山生态园、道光廿五酒博物馆、古玩城、辽西小商品批发城、二郎洞、龙栖湾海滨、白沙湾海滨、茶山风景区、凌海明珠广场、花园酒店、翠岩山景区、辽沈战役指挥所、九华山温泉、沟帮子熏鸡工业旅游示范点、北镇庙、北镇鼓楼、李成梁石坊、闾山双山峰寺风景区、龙岗墓群北镇农业旅游区灵山、五佛寺、帝王谷、双峰山、天仙观、宝林楼、老爷岭、义县文物保管所、广胜寺塔、中德地质公园、化石馆、青塔寺、双龙寺、大石湖景区、大洋影视城、嵩山寺双塔、蛇盘山风景名胜区、莲花湖、南湖公园、龙湾水库风景区、善德寺名胜旅游区、黑山天主堂、黑山狙击战纪念馆

续表

市	其他旅游区
营口 (47处)	月牙湾海滨、墩台山风景区、辽河广场、老街、白沙湾海滨浴场、仙人岛海滨浴场、熊岳金沙滩景区、天沐温泉、熊岳古城、忆江南温泉、虹溪谷温泉、思拉堡温泉小镇、皇家园林酒店温泉、鲅鱼圈港、海上乐园、辽河公园、红海旅游区、金沙滩海滨浴场、观海大堤、植物园、山海广场、金牛山古人类遗址、迷镇山及庙会、娘娘庙、石棚群、黄丫口景区、蟠龙山公园、青龙山风景旅游区、北海浴场、青龙寺、北海风景旅游区、清河石门漂流、慈航寺、兴辰温泉度假村、双台温泉旅游度假、仙人岛森林公园、盖州钟鼓楼上帝庙、九垄地森林公园、石棚山石棚、赤山风景区、盖州国家森林公园、雪帽山、龟石滩、绣龙森林公园、仙侣山庄、何家沟滑雪场、民俗博物馆
阜新 (23处)	市博物馆、东郊湖风景区、人民公园、三一八公园、月亮湾森林公园、塔山风景区、松涛湖风景区、海州露天矿国家矿山公园、圣经寺、章古台风景区、那木斯莱风景区、闹德海水库、巨龙湖风景区、查海遗址博物馆、乌兰木图山、白泉寺、十家子玛瑙城、玉龙古村、懿州古塔、塔乌兰木图山子沟、高山子风电旅游区、海州庙法会、天水谷温泉
辽阳 (14处)	滨河公园、观音寺、龙顶山风景区、石洞沟森林公园、太子河、东京城、燕州城址、瓦子沟生态旅游区、参窝水库、清风寺、汉魏壁画墓群、汤河湖、柳河温泉、半边山
铁岭 (36处)	莲花湖、绿园小马驹滑雪场、大台山、塞北湖、鸳鸯湖、五角湖、柴河水库、帽峰山、人民公园、铁岭公园、新湖公园、盘龙山公园、凤舞山庄、龙泉山庄、调兵山市公园、调兵山、明月禅寺、调兵山市人民广场、月亮湖、崇寿寺塔、清真寺、刘老根山庄、普觉寺、七鼎龙潭寺、辽代韩州城、图北山公园、太平寺、太阳山常泰寺、向阳寺、宝兴水库、砬子山、普庵观、咸州古城、太平寨、明月禅寺、兀术城
朝阳 (37处)	牛河梁遗址、北票鸟化石群自然保护区、努鲁尔虎山自然保护区、佑顺寺、市博物馆、凌河公园、喀喇沁蒙古右翼王陵、万祥寺、人民公园、北塔博物馆、南塔、关帝庙、云接寺塔、龙潭旅游山庄、冯素弗墓、耶律仁先遗址、黑城子川州古城遗址、万泽寺、凌源市博物馆、天胜号石拱桥、安杖子城址、大王杖子鱼化石产地、八拉甲战国城址、热水汤温泉、喀左市博物馆、东山嘴遗址、五连城遗址、城子坡遗址、汉长城遗址、北洞遗址、燕长城遗址、敖包山城遗址、鸽子洞遗址、袁台子墓、喀左烈士陵园、大城子塔、八棱观塔

市	其他旅游区
盘锦 (29处)	双台河口自然保护区、鹤乡湖休闲旅游区、水禽园、辽河油田科技馆、辽河油井塔林、辽河碑林、辽河文化产业园区、张氏祖居祖坟、盘山省级森林公园、田庄台关帝庙、喜彬念佛堂、莲花寺、马术俱乐部、太平河风光带、蛤蜊岗、中尧七彩庄园、花博园、上口子农业旅游区、绿水岸休闲养生长廊、1948开心农场、辽河口苇海湿地景区、东晟园艺基地、华原绿缇葡萄酒庄、甲午战争殉国将士墓、大米博物馆、饶阳湾景区、南大荒农场、鸳鸯沟旅游区
葫芦岛 (47处)	葫芦岛市博物馆、小虹螺山竹林寺、乌金塘水库、望海寺、筑港纪念碑、张学良别墅、台集屯古城遗址、三台子烽火台、塔山烈士陵园、海雷度假村、龙湾公园、飞天广场、龙背山森林公园、阳光海滩旅游度假村、柏山清泉寺、西山公园、兴城钟鼓楼、文庙、首山国家森林公园、兴城温泉别墅、磨石沟塔、祖氏石坊、白塔浴塔、跳石沟风景区、朱梅墓园、碣石省级旅游度假区、止锚湾海滨秦汉宫殿遗址群、前所古城、将军湖、妙峰寺塔、前卫歪塔、姜女石遗址、白狼山自然保护区、新浪海滨浴场、鑫龙湾生态园、塔山阻击战纪念塔、张作霖别墅、塔子沟双塔、皓家住宅、周家住宅、电厂海滨浴场、蓟辽督师府、张山岛、三礁揽胜、小河口长城、万佛禅寺、六股河关外第一漂

6.2.1.2 辽宁省域旅游目的地旅游资源时空概况

2009年之前我国旅游目的地主流供给是4A级以上旅游区和国家优秀旅游城市，2009年年底定位旅游业为战略性支柱产业后旅游供给多元化、全域化，旅游空间覆盖了普通旅游资源和村镇，因此2009年之前的旅游资源评价主要选取4A级以上旅游区和国家优秀（最佳）旅游城市、历史文化名城等，2010年之后选取A级以上旅游区和优秀城镇；时间上选取有代表性的年份，并由其代表之前和之后几年旅游目的地资源状况。辽宁省域旅游目的地旅游资源时空一览表见表6-5。

表6-5　辽宁省旅游目的地旅游资源时空一览表

类别	4A级以上旅游区 （世界遗产）						A级以上 旅游区		优秀（最佳） 旅游城镇（历史文化名城）					
年份	2002	2004	2006	2009	2011	2013	2002	2004	2006	2009	2011	2013
沈阳	5	8(3)	12(3)	15(3)	34	50	2	2	2	2	2	2
大连	5	8	10	12	34	49	1	1	2(1)	3(1)	3(1)	3(1)
鞍山	2	2	2	2	20	22	1	1	1	2	2	2
抚顺	1	3(1)	4(1)	5(1)	12	12	1	1	1	2	2	2

续表

类别	4A级以上旅游区（世界遗产）				A级以上旅游区		优秀（最佳）旅游城镇（历史文化名城）					
年份	2002	2004	2006	2009	2011	2013	2002	2004	2006	2009	2011	2013
本溪	3	4(1)	4(1)	5(1)	19	25	1	1	1	1	1	1
丹东	0	5	6	6	10	10	1	1	1	1	2	2
锦州	0	2	4	6	12	15	1	1	1	1	1	1
营口	0	0	0	1	4	6	0	0	1	1	1	1
阜新	0	0	0	0	9	9	0	0	0	0	1	1
辽阳	0	0	1	1	13	16	0	0	1	1	1	1
铁岭	0	0	1	2	13	13	0	0	0	1	2	2
朝阳	0	0	0	0	15	19	0	0	0	1	1	1
盘锦	0	0	2	2	7	8	0	0	0	1	2	2
葫芦岛	0(1)	0(1)	3(1)	5(1)	13	14	0	0	2	2	2	2
全省	17	32(1)	49(1)	61(1)	215	269	8	11	16	21	23	23

6.2.2 辽宁省域旅游目的地旅游资源时空结构与特点

6.2.2.1 辽宁省域旅游地资源的时空结构解析

辽宁省旅游资源数量大、类型全，从空间结构上呈现圈层式布局，可分成东（包括丹东、本溪、抚顺）、西（包括葫芦岛、锦州、朝阳、阜新）、南（包括大连、营口、盘锦）、中（包括沈阳、铁岭、鞍山、辽阳）四大圈层。

空间结构研究离不开时间维度，高铁改变了人们空间感知距离，高铁开通是空间结构的关键时间节点，基于京哈、哈大、盘营等高铁开通，辽宁省域旅游目的地呈现出点轴式"剪刀状"空间布局结构，具体呈"点轴式"分布。其结构分内外两层，呈"人"字形骨架（上半部铁岭—沈阳、抚顺—沈阳为"剪刀"刀刃部分，沈阳为"剪刀"衔接处；下半部的沈阳—盘锦—锦州—葫芦岛—兴城、沈阳—辽阳—鞍山—营口—大连为"剪刀"刀身部分），内层为旅游资源集中分布区，是旅游目的地旅游发展的核心发力层；外层为两个"半圆"型柄状，其左半柄由沈阳—阜新—朝阳—兴城—葫芦岛构成，右半柄由沈阳—抚顺—本溪—丹东—庄河—大连构成，外层也分布了一定数量旅游资源，是旅游目的地发展的腹地层，内外两层共同支撑辽宁旅游的发展。

6.2.2.2 辽宁省域旅游地资源特点

(1) 辽宁省域旅游地资源密度大

14.59万平方千米土地上分布有25座国家级以上的旅游城镇、269处A级旅游区、610余处其他旅游区，密度非常大。

(2) 辽宁省域旅游地资源品位高

全省有6处世界文化遗产，最佳旅游城市1座，5A级旅游区3处；全国优秀旅游城市18座，全国历史文化名城1座，全国历史文化名镇4个，全国特色景观名镇（村）1个；4A级旅游区66处，3A级旅游区112处。辽宁旅游地资源不仅数量大，而且品位高。

(3) 辽宁省域旅游地资源类型全，组合优

自然与人文资源在辽宁各地交相辉映。其中，自然旅游资源有山、海、岛、江河、温泉、避暑气候、林、湿地、珍稀动植物等；人文旅游资源有古人类遗址、古建筑、古墓葬、文化、城镇、文学艺术、民俗风情等，资源类型多样、组合良好。

(4) 辽宁省域旅游地资源融合性、动态性强

海洋世界、方特世界、发现王国等主题景区火爆，道光廿五宫廷宴酒、满族剪纸等文化品牌传承，海岛、森林、湿地、民族风情等备受青睐，旅游发展涉及多产业，旅游与农业、林业、牧业、渔业、工业、商业、房地产业、信息业、文化业在辽宁融合出新业态（游轮游艇、温泉地产、高尔夫度假地、房车营地、市民农园、酒庄、生活第三地等）并不断壮大，充分表明随着时间推移，旅游地资源不仅涵盖自然人文等观光资源，还拓展为社会性资源（环境资源、生活资源、产业资源等），旅游地资源范畴无限拓展。

6.2.3 辽宁省域旅游目的地旅游资源评价

6.2.3.1 辽宁省域旅游地资源广度指数

把表6-2、表6-4中辽宁省域旅游地资源中的A级旅游区和其他旅游区的具体数据代入旅游目的地旅游资源的广度指数公式 $B_j = \dfrac{Q_j}{\sum_{j=1}^{n} Q_j}$ ($j=1,2,\cdots,n$)，计算后得辽宁省域旅游目的地旅游资源广度指数，具体见表6-6。

表6-6 辽宁省旅游目的地资源广度指数一览表

旅游目的地 j	沈阳	大连	鞍山	抚顺	本溪	丹东	锦州
景观数量	109	180	60	39	54	48	70

6 辽宁省域旅游目的地时空错位评价研究

续表

广度指数 B_j	0.125	0.206	0.069	0.045	0.062	0.055	0.080
旅游目的地 j	营口	阜新	辽阳	铁岭	朝阳	盘锦	葫芦岛
景观数量	53	33	30	50	48	37	61
广度指数 B_j	0.061	0.038	0.034	0.057	0.055	0.042	0.070
旅游目的地 j	沿海经济带		沈阳经济区		辽西走廊		辽宁省
景观数量	449		428		249		872
广度指数 B_j	0.515		0.491		0.286		1.000

注：沿海经济带包含丹东、大连、营口、盘锦、锦州、葫芦岛6市，沈阳经济区包括沈阳、铁岭、抚顺、本溪、辽阳、鞍山、阜新、营口8市，辽西走廊包括盘锦、锦州、葫芦岛、阜新、朝阳5市。

6.2.3.2 辽宁省域旅游地资源深度指数

把表6-1辽宁省域旅游地资源的具体数据，代入旅游目的地旅游资源的广度指数公式 $D_j = \dfrac{Q_j}{\sum_{j=1}^{n} Q_j}$ $(j=1, 2, \cdots, n)$ 和旅游地资源加权品质数量 $Q_j = 50(R_{1j} + 0R_{2j} + R_{3j}) + 30(R_{4j} + R_{5j} + R_{6j} + R_{7j}) + 15(R_{8j} + 0R_{9j} + 6R_{10j} + R_{11j}) + 5(R_{12j} + R_{13j} + R_{14j} + R_{15j} + R_{16j})$，计算后得目前辽宁省域旅游目的地旅游资源深度指数，具体见表6-7。

表6-7 辽宁省旅游目的地资源深度指数一览表

旅游目的地 j	沈阳	大连	鞍山	抚顺	本溪	丹东	锦州
加权品质数量 Q_j	2 865	3 985	916	845	772	1 010	841
深度指数 D_j	0.169	0.236	0.054	0.050	0.046	0.060	0.050
旅游目的地 j	营口	阜新	辽阳	铁岭	朝阳	盘锦	葫芦岛
加权品质数量 Q_j	717	502	497	649	576	607	638
深度指数 D_j	0.042	0.030	0.030	0.038	0.034	0.036	0.038
旅游目的地 j	沿海经济带		沈阳经济区		辽西走廊		辽宁省
加权品质数量 Q_j	7 798		7 762		3 163		16 914
深度指数 D_j	0.461		0.459		0.187		1.000

注：沿海经济带包含丹东、大连、营口、盘锦、锦州、葫芦岛6市，沈阳经济区包括沈阳、铁岭、抚顺、本溪、辽阳、鞍山、阜新、营口8市，辽西走廊包括盘锦、锦州、葫芦岛、阜新、朝阳5市。

6.2.3.3 辽宁省域旅游地资源指数

把表6-7中辽宁省域旅游地资源广度指数 B_j、表6-8中辽宁省域旅游地资源深度指数 D_j 的具体数据代入旅游目的地旅游资源指数公式 $R_j = B_j \times D_j \times 100$（$j = 1, 2, \cdots, n$），计算后得辽宁省域旅游目的地旅游资源指数，具体见表6-8。

表6-8 辽宁省旅游目的地资源指数一览表

旅游目的地 j	沈阳	大连	鞍山	抚顺	本溪	丹东	锦州
资源指数 R_j	2.1125	4.8616	0.3726	0.2250	0.2852	0.3300	0.4000
旅游目的地 j	营口	阜新	辽阳	铁岭	朝阳	盘锦	葫芦岛
资源指数 R_j	0.2562	0.1140	0.1020	0.2166	0.1870	0.1512	0.2660
旅游目的地 j	沿海经济带		沈阳经济区		辽西走廊		辽宁省
资源指数 R_j	23.7415		22.5369		5.3482		1.0000

注：沿海经济带包含丹东、大连、营口、盘锦、锦州、葫芦岛6市，沈阳经济区包括沈阳、铁岭、抚顺、本溪、辽阳、鞍山、阜新、营口8市，辽西走廊包括盘锦、锦州、葫芦岛、阜新、朝阳5市。

6.2.3.4 辽宁省域旅游目的地资源时空指数

辽宁省域旅游目的地不同时间空间旅游（景观）资源不同。辽宁省下辖各旅游目的地不同时间的旅游（景观）资源数代入旅游目的地旅游资源的广度指数公式 $B_j = \dfrac{Q_j}{\sum_{j=1}^{n} Q_j}$（$j = 1, 2, \cdots, n$），计算后得辽宁省域旅游目的地旅游资源时空指数，具体见表6-9。

表6-9 辽宁省旅游目的地资源时空指数一览表

类别	景观资源［旅游区+旅游城镇（村）］数						旅游（景观）资源指数					
年份	2002	2004	2006	2009	2011	2013	2002	2004	2006	2009	2011	2013
沈阳	7	10	14	17	36	52	0.28	0.22	0.21	0.20	0.15	0.18
大连	6	9	12	15	37	52	0.24	0.20	0.18	0.18	0.16	0.18
鞍山	3	3	3	4	22	24	0.12	0.07	0.05	0.05	0.09	0.08
抚顺	2	5	7	8	14	14	0.08	0.11	0.10	0.10	0.06	0.05
本溪	4	5	5	6	20	26	0.16	0.11	0.08	0.07	0.08	0.09
丹东	1	6	7	7	12	12	0.04	0.13	0.10	0.09	0.05	0.04
锦州	1	3	6	7	13	16	0.04	0.07	0.09	0.09	0.05	0.06

续表

类别	景观资源[旅游区+旅游城镇（村）]数						旅游（景观）资源指数					
年份	2002	2004	2006	2009	2011	2013	2002	2004	2006	2009	2011	2013
营口	0	0	1	2	5	7	0	0	0.01	0.02	0.02	0.02
阜新	0	0	0	2	10	11	0	0	0	0.02	0.04	0.04
辽阳	0	1	2	2	14	17	0	0.02	0.03	0.02	0.06	0.06
铁岭	0	0	1	3	15	15	0	0	0.01	0.04	0.07	0.05
朝阳	0	0	1	1	16	20	0	0	0.01	0.01	0.07	0.07
盘锦	0	0	3	2	9	10	0	0	0.05	0.02	0.04	0.03
葫芦岛	1	3	5	7	15	16	0.04	0.07	0.08	0.09	0.06	0.05
沿海经济带	9	21	34	40	91	113	0.36	0.47	0.51	0.49	0.38	0.38
沈阳经济区	16	24	33	44	136	160	0.64	0.53	0.49	0.53	0.57	0.55
辽西走廊	2	6	15	19	63	73	0.08	0.13	0.22	0.23	0.26	0.25
全省	25	45	67	83	238	292	1.00	1.00	1.00	1.00	1.00	1.00

6.3 辽宁省域旅游目的地旅游经济时空评价

6.3.1 辽宁省域旅游目的地旅游经济概况

6.3.1.1 目前辽宁省域旅游目的地旅游经济概况

本研究采用2013年旅游地的GDP值、第三产业增加值（旅游属于第三产业）、旅游总收入（包括国内旅游收入、旅游外汇收入）、旅游总接待数（国内旅游接待数、入境旅游接待数），共8个指标来衡量目前辽宁省域旅游目的地旅游经济发展状况，具体见表6-10。

表6-10 辽宁省域旅游目的地2013年经济一览表

收入/产出目的地	GDP/亿元	第三产业增加值/亿元	旅游总收入/亿元	国内旅游收入/亿元	旅游外汇收入/亿美元	旅游总接待数/万人次	国内旅游接待数/万人次	入境旅游接待数/万人次
沈阳	7 158.6	3 113.8	932.3	890.7	6.6	7 503.0	7 422.0	81.0
大连	7 650.8	3 281.2	900.8	850.4	8.1	5 349.9	5 230.9	119.0
鞍山	2 623.3	1 099.4	397.0	374.0	4.0	3 872.0	3 828.0	44.0

续表

收入/产出目的地	GDP/亿元	第三产业增加值/亿元	旅游总收入/亿元	国内旅游收入/亿元	旅游外汇收入/亿美元	旅游总接待数/万人次	国内旅游接待数/万人次	入境旅游接待数/万人次
抚顺	1 340.4	451.1	340.8	331.4	1.5	3 007.6	2 987.6	20.0
本溪	1 193.7	417.4	316.0	285.9	4.9	3 278.1	3 216.1	62.0
丹东	1 107.3	412.1	377.0	358.6	3.0	3 282.0	3 229.0	53.0
锦州	1 344.9	486.1	332.8	319.7	2.1	3 245.6	3 211.2	34.4
营口	1 513.1	605.9	226.0	218.4	1.2	1 709.1	1 685.0	24.1
阜新	615.1	196.7	138.0	136.3	0.3	977.7	972.1	5.6
辽阳	1 080.0	332.6	222.3	220.6	0.3	2 458.6	2 454.2	4.4
铁岭	1 031.3	303.7	186.16	183.2	0.5	1 717.1	1 710.1	7.0
朝阳	1 002.9	284.5	145.04	144.3	0.1	1 397.1	1 395.2	1.9
盘锦	1 351.1	325.2	264.6	256.3	1.6	458.9	453.5	5.4
葫芦岛	775.1	310.0	271.0	204.1	0.5	1 972.3	1 962.1	10.2
沿海经济带	13 742.3	5 420.5	2 372.2	2 207.5	16.5	16 017.6	15 771.5	246.1
沈阳经济区	16 555.5	6 520.6	2 758.59	2 640.5	19.3	24 523.1	24 275.0	224.0
辽西走廊	5 089.1	1 602.5	1 151.47	1 060.7	4.6	8 051.4	7 993.9	57.5
辽宁省	27 077.7	10 486.6	4 648.1	4 432.8	34.8	40 930.1	40 427.0	503.1

注：数据来源于《2013 辽宁省统计年鉴》《2013 年区域经济统计年鉴》、2013 年辽宁省各地国民经济统计公报等，其中铁岭市、朝阳市旅游总收入是根据当年相关资料估算所得；沿海经济带包含丹东、大连、营口、盘锦、锦州、葫芦岛 6 市；沈阳经济区包括沈阳、铁岭、抚顺、本溪、辽阳、鞍山、阜新、营口 8 市；辽西走廊经济带包括盘锦、锦州、葫芦岛、阜新、朝阳 5 市。

目前辽宁各旅游经济指标总值中，最高值位于沈阳市和大连市，其中最高值是沈阳市的有旅游总收入、国内旅游收入、旅游总接待数、国内旅游接待数，沈阳市在全省各旅游目的地中旅游尤其国内旅游属于龙头；最高值是大连市的有 GDP 值、第三产业增加值、旅游外汇收入和入境旅游接待数，大连市在经济总量尤其是第三产业和国际旅游发展中属于龙头。目前，全省各旅游经济指标总值中，最低值位于辽西走廊，其中最低值是阜新市的有 GDP 值、第三产业增加值、旅游总收入、国内旅游收入，阜新市在全省旅游尤其是国内旅游发展中位居末尾；最低值是朝阳市的有旅游外汇收入和入境旅游接待数，朝阳市在国际旅游发

6 辽宁省域旅游目的地时空错位评价研究

展中位居全省末尾；最低值是盘锦市的有旅游总接待数和国内旅游接待数，盘锦市在全省各旅游目的地中旅游接待量尤其是国内旅游接待量位居末尾。

6.3.1.2 辽宁省域旅游目的地旅游经济时空概况

衡量旅游目的地的经济指标众多，其中最能真实反映旅游经济的指标当数旅游总收入，本研究采用典型年份旅游总收入（包括国内旅游收入、旅游外汇收入）来衡量辽宁省域旅游目的地下辖各目的地旅游经济时空状况，具体见表6-11。

表6-11 辽宁省域旅游目的地旅游经济时空一览表

单位：亿元

类别	经济总量（旅游总收入）					
年份	2002	2004	2006	2009	2011	2013
沈阳	144.50	181.31	272.61	453.48	601.64	932.30
大连	135.59	170.21	259.77	480.21	650.26	900.80
鞍山	38.51	50.39	68.21	147.76	246.52	397.00
抚顺	7.75	12.66	44.82	147.71	233.60	340.80
本溪	17.25	22.09	50.18	145.67	227.73	316.00
丹东	26.48	40.20	65.55	171.16	279.61	377.00
锦州	16.99	21.72	39.25	96.28	152.61	332.80
营口	12.64	13.16	17.57	89.50	147.90	226.00
阜新	3.34	4.06	6.81	28.67	47.22	138.03
辽阳	7.56	12.66	40.71	107.53	163.00	222.30
铁岭	4.07	7.80	20.57	62.75	103.50	186.16
朝阳	6.90	7.07	26.89	83.30	129.40	145.04
盘锦	7.98	12.94	31.05	105.75	176.41	264.60
葫芦岛	13.57	18.51	25.58	106.09	176.40	271.00
沿海经济带	213.25	276.74	438.78	1 049.00	1 583.20	2 372.20
沈阳经济区	235.62	304.13	521.48	1 183.08	1 771.13	2 758.59
辽西走廊	48.78	64.3	129.58	419.84	682.04	1 151.47
全省	443.14	570.15	969.96	2 225.68	3 335.81	4 648.10

注：表中数据来源于历年辽宁省统计年鉴和历年辽宁省各市的国民经济统计公报等。

从辽宁省历年旅游总收入来看，2009年之前最高值位于沈阳市，2009年之

6.3.2 辽宁省域旅游目的地旅游经济评价

6.3.2.1 辽宁省域旅游目的地产业结构

辽宁省域旅游目的地经济结构决定未来旅游发展方向，依据辽宁省旅游目的地 2013 年经济发展数据，经计算可知辽宁省产业结构，具体见表 6-12。

表 6-12 辽宁省旅游目的地 2013 年经济结构

目的地	百分比/%			
	旅游总收入占 GDP 比重	旅游总收入占第三产业增加值比重	国内收入占总收入比重	国内接待数占接待总数比重
沈阳	13.02	29.94	95.54	98.92
大连	11.77	27.45	94.40	97.78
鞍山	15.14	36.11	94.21	98.86
抚顺	25.43	75.55	97.24	99.34
本溪	26.47	75.71	90.47	98.11
丹东	34.05	91.48	95.12	98.39
锦州	24.75	68.46	96.06	98.94
营口	14.94	37.30	96.64	98.59
阜新	22.44	70.17	98.75	99.43
辽阳	20.58	66.84	99.24	99.82
铁岭	18.05	61.30	98.41	99.59
朝阳	14.46	50.98	99.49	99.86
盘锦	19.58	81.37	96.86	98.83
葫芦岛	34.96	87.42	75.31	99.48
沿海经济带	17.26	43.76	93.06	98.46
沈阳经济区	16.66	42.30	95.72	98.99
辽西走廊	22.63	71.85	92.12	99.29
辽宁省	17.17	44.32	95.37	98.77

从表 6-13 可知，辽宁省域下辖各旅游目的地旅游总收入占 GDP 的比重均在 10% 以上，其中旅游总收入占 GDP 比重较高的是沿海经济带，比重最大的是葫芦岛（34.96%），远远高于沿海经济带平均比重（17.26%）和全省平均比重

（17.17%），全省沿海地区经济发展中旅游业居于重要地位；辽宁省域下辖各旅游目的地旅游总收入占第三产业增加值比重均在27%以上，其中占第三产业增加值比重较高的是辽西走廊，平均占比71.85%，远远高于全省平均比重44.32%，可见辽西走廊的旅游业是第三产业中活力最大者；辽宁省域下辖旅游目的地除葫芦岛（75.31%）外，其他各地国内旅游收入占旅游总收入比重均在90%以上，即使国际旅游繁荣的大连此项比重也高达94.40%，国内旅游收入占旅游总收入比重全省平均达95.37%；辽宁省域下辖旅游目的地除大连外，其他各地接待国内旅游人数占旅游总人数比重均在98%以上，接待国内旅游人数占旅游总人数比重全省平均达98.77%，即使入境旅游者最多的大连此项占比也高达97.78%，可见辽宁省域旅游发展主要依靠国内旅游。通过以上分析可知，辽西走廊旅游产业发展势头强劲。

6.3.2.2 辽宁省域旅游目的地旅游经济空间结构

依据辽宁省域旅游目的地2013年经济发展数据，经过计算可知辽宁省旅游目的地旅游发展的空间结构，具体见表6-13。

表6-13 辽宁省旅游目的地经济空间结构

目的地	占全省百分比/%					
	GDP比	旅游总收入比	国内旅游收入比	旅游外汇收入比	国内人次比	入境人次比
沈阳	26.44	20.06	20.09	18.97	18.36	16.10
大连	28.25	19.38	19.18	23.36	12.94	23.65
鞍山	9.69	8.54	8.44	11.49	9.47	8.75
抚顺	4.95	7.33	7.48	4.34	7.39	3.98
本溪	4.41	6.80	6.45	13.97	7.96	12.32
丹东	4.09	8.11	8.09	8.56	7.99	10.53
锦州	4.97	6.94	7.21	6.03	7.94	6.83
营口	5.59	4.86	4.93	3.53	4.17	4.79
阜新	2.27	2.97	3.07	0.80	2.40	1.12
辽阳	3.99	4.78	4.98	0.83	6.07	0.87
铁岭	3.80	4.01	4.13	1.35	4.23	1.39
朝阳	3.70	3.12	3.26	0.34	3.45	0.38
盘锦	4.99	5.69	5.78	4.57	1.12	1.06

续表

目的地	占全省百分比/%					
	GDP比	旅游总收入比	国内旅游收入比	旅游外汇收入比	国内人次比	入境人次比
葫芦岛	2.86	5.83	4.60	1.32	4.85	2.03
沿海经济带	50.75	51.04	49.80	47.39	39.01	48.91
沈阳经济区	61.14	59.35	59.57	55.29	60.05	49.32
辽西走廊	18.79	24.77	23.93	13.07	19.77	11.43
辽宁省	100.00	100.00	100.00	100.00	100.00	100.00

从表6-13可知辽宁下辖的各市域旅游目的地空间结构情况，各项指标中，占全省百分比最大值集中在沈阳市和大连市，其中沈阳市最大占比体现在旅游总值和国内旅游方面，大连市最大值体现在GDP占比、外汇收入占比、接待入境旅游人数占比方面；全省占比最低值中GDP、旅游总收入、国内旅游收入为阜新市，旅游外汇收入和入境人次全省占比最小的为朝阳市，国内人次全省占比最小的为盘锦市，可见全省占比最低值均在辽西。从省内区域空间来看，占比最大值集中在沿海经济带龙头大连市或沈阳经济区龙头沈阳市，占比最低值集中在辽西走廊地区，因此大连市和沈阳市旅游经济发展现状较好，而辽西地区旅游发展的现状欠佳，但发展空间较大。

6.3.2.3 辽宁省域旅游目的地旅游经济指数

把辽宁省域各旅游目的地的旅游总收入，带入旅游目的地经济指数公式 $I_j = \frac{X_j - X_{min}}{X_{max} - X_{min}}$ 计算得出旅游经济指数 I_j，具体见表6-14。

表6-14 辽宁省旅游目的地经济指数一览表

旅游目的地 j	经济指数 I_j		旅游目的地 j	经济指数 I_j	
	旅游总收入 X_j/亿元	旅游总收入的标准化值 I_j		旅游总收入 X_j/亿元	旅游总收入的标准化值 I_j
沈阳	932.3	1.000	营口	226.0	0.111
大连	900.8	0.960	阜新	138.03	0
鞍山	397.0	0.326	辽阳	222.3	0.106
抚顺	340.8	0.255	铁岭	186.16	0.061
本溪	316.0	0.224	朝阳	145.04	0.009

6 辽宁省域旅游目的地时空错位评价研究

续表

旅游目的地j	经济指数I_j		旅游目的地j	经济指数I_j	
	旅游总收入X_j/亿元	旅游总收入的标准化值I_j		旅游总收入X_j/亿元	旅游总收入的标准化值I_j
丹东	377.0	0.301	盘锦	264.6	0.159
锦州	332.8	0.245	葫芦岛	271.0	0.167
沿海经济带	2 372.2	0.349	沈阳经济区	2 758.59	0.460
辽西走廊	1 151.47	0	辽宁省	4 648.1	1.000

6.4 辽宁省域旅游目的地旅游时空错位评价

6.4.1 辽宁省域旅游目的地旅游二维矩阵模型评价

6.4.1.1 旅游目的地经济与旅游地资源空间错位二维矩阵模型评价

根据辽宁省旅游地资源指数的计算结果，分为高区、中区、低区 3 个等级区：$R_j>1$ 的旅游地资源高区，具体为沈阳和大连，其中大连资源指数大于 4，是资源指数最高地区；$0.25<R_j\leq1$ 的旅游地资源中区，具体为锦州、鞍山、丹东、本溪、葫芦岛、营口；$R_j\leq0.25$ 的旅游地资源低区，具体为抚顺、铁岭、朝阳、盘锦、阜新、辽阳，具体见表 6-15。

表 6-15 辽宁省旅游目的地资源指数一览表

聚类区域	旅游地资源指数范围	目的地
高区	$R_j>1$	大连、沈阳
中区	$0.25<R_j\leq1$	锦州、鞍山、丹东、本溪、葫芦岛、营口
低区	$R_j\leq0.25$	抚顺、铁岭、朝阳、盘锦、阜新、辽阳

综上可知，辽宁旅游地资源无论在广度上还是在深度上高区都集中在城市化水平最高的两个副省级市——沈阳和大连，尤其是东北亚国际航运中心大连；旅游地资源中区主要分布于沿海经济带或沈阳经济区；旅游地资源低区大多位于辽西走廊。

根据辽宁省旅游地经济指数计算结果，分为高、中、低等三个等级区：$I_j\geq0.5$ 的旅游经济高区，具体为沈阳和大连，其中沈阳的指数最高，为 1；$0.5>R_i\geq0.1$ 的旅游经济中区具体为鞍山、丹东、抚顺、锦州、本溪、葫芦岛、盘锦、营口、辽阳；$I_j<0.1$ 的旅游经济低区具体为铁岭、朝阳、阜新，具体见表 6-16。

表6-16　辽宁省旅游目的地经济指数一览表

聚类区域	旅游目的地经济指数范围	目的地
高区	$I_j \geq 0.5$	大连、沈阳
中区	$0.5 > I_j \geq 0.1$	鞍山、丹东、抚顺、锦州、本溪、葫芦岛、盘锦、营口、辽阳
低区	$I_j < 0.1$	铁岭、朝阳、阜新

综上可知，从区域分布看辽宁省旅游经济发展较好的区域主要是沿海经济带和沈阳经济区，旅游经济发展较差的区域为辽西走廊。

以表6-15旅游地资源指数为纵坐标，以表6-16旅游目的地经济指数为横坐标，模拟构建坐标平面，从而获得目前辽宁省旅游目的地经济与旅游地资源空间错位（广义的旅游空间错位）的二维矩阵，见图6-2。

		旅游目的地经济指数		
		$I_j < 0.1$（低区）	$0.5 > I_j \geq 0.1$（中区）	$I_j \geq 0.5$（高区）
旅游地资源指数	$R_j > 1$ 高区	错位Ⅴ区	错位Ⅵ区	同步Ⅲ区 大连、沈阳
	$0.25 < R_j \leq 1$ 中区	错位Ⅲ区	同步Ⅱ区 锦州、鞍山、丹东、本溪、葫芦岛、营口	错位Ⅳ区
	$R_j \leq 0.25$ 低区	同步Ⅰ区 铁岭、朝阳、阜新	错位Ⅰ区 抚顺、盘锦、辽阳	错位Ⅱ区

图6-2　辽宁省旅游目的地经济与旅游地资源空间错位二维矩阵

据图6-12的空间错位二维矩阵图可知，辽宁省14个市域旅游目的地经济与旅游地资源中，抚顺、盘锦与辽阳存在空间正向错位（错位Ⅰ区，旅游地资源不好，经济居中）；其他11个市域两者间均是不错位的同步关系，其中同步又可细分为同步Ⅰ区（双低区），主要有铁岭、朝阳和阜新；同步Ⅱ区（双中区），主要有锦州、鞍山、丹东、本溪、葫芦岛、营口；同步Ⅲ区（双高区），主要有沈阳和大连。目前辽宁省14个市域中旅游目的地经济发展与旅游地资源整体呈同步协调关系，即使个别错位也是旅游发展充分的正向错位，如图6-3所示。由此得出辽宁省域旅游目的地基本不存在广义的旅游空间错位的结论。

6 辽宁省域旅游目的地时空错位评价研究

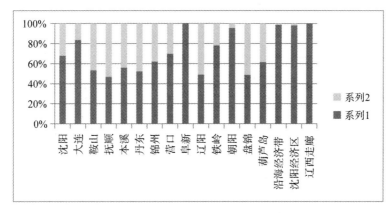

图 6-3 辽宁省域旅游目的地经济与旅游地资源空间错位

6.4.1.2 辽宁省域旅游目的地经济与旅游景观资源空间错位分析

旅游景观资源是旅游目的地旅游发展的基础，根据辽宁省域各旅游目的地旅游景观资源（资源广度）指数计算结果，分为高区、中区、低区3个等级区：$R_j>0.1$ 为旅游景观资源高区，具体为沈阳和大连，其中大连景观资源指数大于 0.2，是景观资源指数最高的地区；$0.05<R_j\leq0.1$ 为旅游景观资源中区，具体为锦州、葫芦岛、鞍山、本溪、营口、铁岭、丹东、朝阳；$R_j\leq0.05$ 为旅游景观资源低区，具体为抚顺、盘锦、阜新、辽阳。景观资源高区位于两个副省级市沈阳市和大连市，景观资源低区大多位于沈阳经济区，与旅游地资源低区分布于辽西走廊在空间分布上不一致，见表6-17。

表 6-17 辽宁省旅游景观资源指数一览表

聚类区域	旅游（景观）资源指数范围	旅游目的地
高区	$R_j>0.1$	大连、沈阳
中区	$0.1<R_j\leq0.05$	锦州、葫芦岛、鞍山、本溪、营口、铁岭、丹东、朝阳
低区	$R_j<0.05$	抚顺、盘锦、阜新、辽阳

以表6-17旅游（景观）资源指数为纵坐标，以表6-16旅游目的地经济指数为横坐标，模拟构建二维坐标平面，从而获得目前辽宁省域旅游目的地经济与旅游景观资源的空间错位（狭义的旅游空间错位）二维矩阵，见图6-4、图6-5。

		旅游目的地经济指数		
		$I_j<0.1$（低区）	$0.5>I_j\geq0.1$（中区）	$I_j\geq0.5$（高区）
旅游景观资源指数	$R_j>0.1$ 高区	错位Ⅴ区	错位Ⅵ区	同步Ⅲ区 大连、沈阳
	$0.05<R_j\leq0.1$ 中区	错位Ⅲ区 铁岭、朝阳	同步Ⅱ区 锦州、葫芦岛、鞍山、本溪、营口、丹东	错位Ⅳ区
	$R_j\leq0.05$ 低区	同步Ⅰ区 阜新	错位Ⅰ区 抚顺、盘锦、辽阳	错位Ⅱ区

图6-4 辽宁省旅游目的地经济与旅游景观资源空间错位二维矩阵

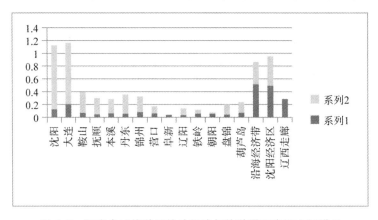

图6-5 辽宁省域旅游目的地经济与旅游景观资源空间错位

根据图6-4的旅游目的地经济与旅游景观资源的空间错位二维矩阵分析和图6-5可知，辽宁省14个市域中旅游目的地经济与旅游景观资源存在空间错位的有5个，其中正向错位（错位Ⅰ区，旅游地资源不好，经济居中）的有抚顺、盘锦、辽阳，负向错位（错位Ⅲ区，旅游地资源中等，经济较差）的有铁岭、朝阳。其他9个市域旅游目的地经济发展与旅游景观资源间是同步关系，其中同步又可细分为同步Ⅰ区，即双低区，有阜新；同步Ⅱ区，即双中区，有鞍山、锦州、丹东、本溪、营口、葫芦岛；同步Ⅲ区，即双高区，有沈阳和大连。

由上文辽宁省旅游目的地经济与旅游地资源在同一空间基本呈现不错位的协调关系，空间不协调的负向错位关系主要存在于旅游目的地经济与旅游（景观）资源之间，由此可知辽宁省域旅游目的地基本不存在广义的旅游空间错位，主要存在狭义的旅游空间错位；进一步说明旅游（景观）资源禀赋是影响旅游目的

6 辽宁省域旅游目的地时空错位评价研究

地发展的主导因素但不是唯一因素，旅游目的地发展受资源禀赋、地理区位、交通通道、宏观环境、行业管理等多因素影响。

6.4.2 辽宁省域旅游目的地旅游空间错位指数评价

综上二维矩阵模型分析可知，辽宁省旅游目的地的空间错位主要是狭义的空间错位。二维矩阵模型笼统评价了其错位状况，为了准确评价旅游目的地空间错位程度须引入具体的数量指标，为此本研究引入了旅游目的地错位指数这一标度。

当旅游目的地经济与景观资源呈正相关关系时，按照旅游目的地景观资源指数会产生一个预期收入，但旅游目的地旅游发展实际收入往往与预期收入不一致，这是空间错位的表现。为了衡量错位程度，引入了旅游目的地空间错位指数。旅游目的地空间错位指数等于0，表明不错位；当旅游目的地空间错位指数不等于0时，表明存在错位，且绝对值越大错位程度越高；大于0的错位是旅游发展充分的正向错位（此为旅游发展鼓励的错位），小于0的错位是旅游发展不协调的负向错位（旅游发展中重点管理的错位）。

根据2013年辽宁省各地国民经济统计公报计算出辽宁省域旅游目的地旅游总收入 $I_{总}$（14市旅游收入总和），为5 049.83亿元。把表6-6中2013年辽宁省旅游地资源广度（旅游景观资源）指数、表6-10所列辽宁省各市域旅游总收入的数据带入公式 $TSD_j = \dfrac{I_j - R_j I_{总}}{I_j} = 1 - \dfrac{R_j I_{总}}{I_j}$，经过计算得出辽宁省域各旅游目的地的空间错位指数，具体见表6-18。

表6-18 辽宁省旅游目的地空间错位指数一览表

旅游目的地 j	沈阳	大连	鞍山	抚顺	本溪	丹东	锦州
错位指数 TSD_j	0.33	-0.15	0.12	0.33	0.01	0.26	-0.21
旅游目的地 j	营口	阜新	辽阳	铁岭	朝阳	盘锦	葫芦岛
错位指数 TSD_j	-0.36	-0.39	0.23	-0.55	-0.91	0.20	-0.30
旅游目的地 j	沿海经济带		沈阳经济区		辽西走廊		
错位指数 TSD_j	-0.096		0.003		-0.254		

由表6-18可知，辽宁省下辖各目的地旅游发展均存在不同程度的空间错位，其中存在正向错位（$TSD_j>0$）的有沈阳、鞍山、抚顺、本溪、丹东、辽阳、盘锦，正向错位程度最大的是沈阳和抚顺，错位指数均为0.33；存在负向错位（$TSD_j<0$）的有大连、锦州、营口、阜新、铁岭、朝阳、葫芦岛，负向错位程度

最大的是朝阳，其错位指数是-0.91，其次是铁岭，其空间错位指数是-0.55。辽宁省旅游目的地空间错位指数如图6-6所示。从区域来看，沈阳经济区属于正向错位，错位指数为0.003；沿海经济带和辽西走廊属于负向错位，错位指数分别为-0.096和-0.254，说明沈阳经济区旅游发展较好，沿海经济带居中，辽西走廊旅游发展最差。

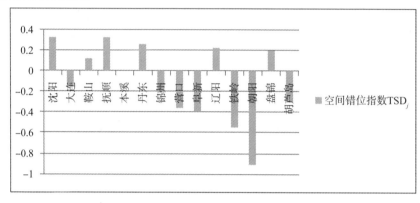

图6-6　辽宁省旅游目的地空间错位指数

6.4.3　辽宁省域旅游目的地旅游时空错位指数评价

把表6-9中代表年度辽宁省各市域旅游（景观）资源指数、表6-11中代表年度辽宁省各市域旅游总收入的数据带入公式 $TSD_j = \dfrac{I_j - R_j I_{总}}{I_j} = 1 - \dfrac{R_j I_{总}}{I_j}$，经过计算得出代表年度辽宁省域各旅游目的地的空间错位指数，具体见表6-19。

表6-19　辽宁省域旅游目的地代表年度旅游空间错位指数一览表

区域	2002年	2004年	2006年	2009年	2011年	2013年
沈阳	0.14	0.28	0.25	0.02	0.17	0.10
大连	0.22	0.33	0.33	0.17	0.18	0.07
鞍山	-0.38	0.21	0.29	0.25	-0.22	0.06
抚顺	-3.57	-3.95	-1.38	-0.51	0.14	-0.09
本溪	-3.11	-1.84	-0.55	-0.07	-0.17	-0.32
丹东	0.33	-0.99	-0.63	-0.04	0.62	0.51
锦州	-0.04	-0.84	-1.22	-0.85	-0.09	0.30
营口	1.00	1.00	-1.83	0.50	0.55	0.59
阜新	1.00	1.00	1.00	-0.55	-1.83	-0.35

续表

区域	2002 年	2004 年	2006 年	2009 年	2011 年	2013 年
辽阳	1.00	0.10	0.29	0.59	−0.23	−0.25
铁岭	1.00	1.00	0.07	−0.42	−0.93	−0.25
朝阳	1.00	1.00	0.28	0.73	−0.80	−1.24
盘锦	1.00	1.00	−0.56	0.58	0.24	0.47
葫芦岛	−0.31	−1.16	−2.03	−0.68	−0.13	0.14
沿海经济带	0.25	0.01	−0.15	−0.02	0.20	0.28
沈阳经济区	−0.20	−0.03	0.07	0.003	−0.07	0.07
辽西走廊	0.27	−0.24	−0.72	−0.22	−0.27	−0.01

把表6-19代表年度的辽宁省域各旅游目的地旅游空间错位指数求和后取平均值，从而得到辽宁省域各旅游目的地的时空错位指数，具体见表6-20。

表6-20 辽宁省旅游目的地时空错位指数一览表

旅游目的地 j	沈阳	大连	鞍山	抚顺	本溪	丹东	锦州
时空错位指数 TSD_j	0.160	0.217	0.035	−1.560	−1.010	−0.033	−0.457
旅游目的地 j	营口	阜新	辽阳	铁岭	朝阳	盘锦	葫芦岛
时空错位指数 TSD_j	0.302	0.045	0.250	0.078	0.162	0.455	−0.695
旅游目的地 j	沿海经济带		沈阳经济区		辽西走廊		
时空错位指数 TSD_j	0.095		−0.026		−0.198		

由表6-20可知，辽宁省各市域旅游目的地旅游时空错位指数均不等于0，说明辽宁各市域旅游目的地旅游发展存在不同程度的时空错位。其中，存在正向错位（$TSD_j>0$）的有沈阳、大连、营口、阜新、辽阳、铁岭、朝阳、盘锦、鞍山，正向错位程度较大的是盘锦和营口，错位指数分别为0.455和0.302；存在负向错位（$TSD_j<0$）的有抚顺、本溪、丹东、锦州、葫芦岛，负向错位程度最大的是抚顺，其时空错位指数是−1.560，其次是本溪，其时空错位指数−1.010。从区域来看，辽宁沿海经济带属于正向错位，错位指数为0.095，沈阳经济区和辽西走廊属于负向错位，错位指数分别为−0.026和−0.198，说明沿海经济带旅游发展较好，沈阳经济区居中，辽西走廊旅游发展最差。辽宁省旅游目的地时空错位指数如图6-7所示。

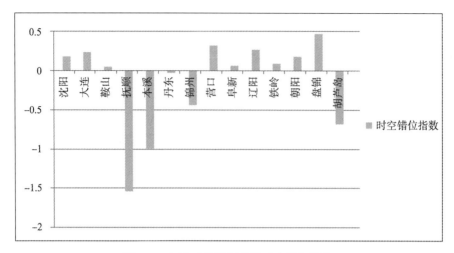

图 6-7　辽宁省旅游目的地时空错位指数

综合市域和区域旅游目的地的时空错位指数可知，辽宁沿海经济带整体上是旅游经济效益好于按照旅游景观资源预期发展水平的正向错位，其中位置居中的盘锦、营口、大连的旅游发展较好，旅游资源挖掘较为充分；而位于两端的丹东、锦州、葫芦岛旅游发展欠佳，旅游资源利用不充分。沈阳经济区整体上是旅游经济效益低于按照旅游资源预期的发展水平的负向错位，其位置居中的沈阳、营口、辽阳、铁岭、鞍山等的旅游发展较好，旅游资源挖掘较为充分；而位置偏东的抚顺和本溪旅游发展欠佳，旅游资源利用极不充分。辽西走廊整体上是旅游经济效益明显低于按照旅游资源预期发展水平的负向错位，旅游发展潜力巨大，其位置偏西北的盘锦、阜新、朝阳等旅游发展较好，尤其是盘锦，旅游资源挖掘最为充分；而位置偏南的锦州、葫芦岛旅游发展欠佳，旅游资源潜力巨大，亟待挖掘。

7 辽宁省域旅游目的地时空错位发展策略

7.1 旅游地资源错位发展策略

7.1.1 基于应用的大旅游资源观

从上文旅游目的地旅游空间错位和时空错位的分析可知，辽宁省域旅游目的地的时空错位存在于目的地旅游经济与旅游景观资源之间（狭义的旅游时空错位）。旅游目的地经济与旅游地资源之间（广义的旅游时空错位）在同一空间基本不错位，旅游地资源丰富的地区旅游经济发展就好，旅游地资源一般的地区旅游经济发展一般，因此旅游目的地经济发展是由在主导因素（旅游景观资源）与其他次要因素共同作用下形成的旅游地资源来决定的。

旅游地资源是一种大旅游资源观，通常包括旅游景观、旅游设施、旅游服务及旅游环境等多个因素。魏小安等认为，大旅游资源观不仅包括传统的自然、人文旅游吸引物，还包括生活资源、环境资源、产业资源等各种社会资源，观光、度假、休闲、商务、休疗、专项等各类产品性资源，过程性、时间性资源等[184]。厉新建认为，旅游目的地发展应该借助于全要素、全行业、全时空、全方位、全社会、全部门、全游客等各方面[189]，这正好与本研究倡导的旅游地资源观吻合。

旅游目的地吸引游客的要素众多，存在于旅游目的地的吸引物可能是天然赋存的自然美景，可能是后天积淀的文化意境，可能是人工创造的休闲氛围、富有特色的设施或服务等，这些有的是旅游目的地自在的，有的是为完成旅游活动而产生的，可以是物质的或非物质的，可以是已开发的旅游产品、开发中的旅游项目、未开发的旅游资源等，旅游目的地的吸引因素有的与旅游活动直接关联，有的则是间接关联，比如当地的社区、生态环境、政策、制度等；吸引游客前来旅游的事物和现象往往很难被准确提炼，通常游客向往的是一种空间意向（旅游目的地、旅游系统)。辽宁省域旅游目的地应积极拓展吸引物范畴，努力挖掘旅游目的地各种有吸引力的要素，创造探新求异或逃避紧张现实的特定空间意向，以弥补旅游景观资源不足导致的时空错位。辽宁省舒适宜人的避暑、休疗型气候，滨海及高等级公路、高铁、民航无障碍对接的便利交通，宜居、宜业、宜游的三宜城镇，雅俗融合的美味、民俗、神秘的海岛、渔家风情、乡土工艺、珍稀物种、特别事物、奇特现象，以及全民运动、社会休闲、跨界产业、角色转换、他乡情结、挑战自我等，都可能成为吸引物，通过挖掘被旅游业开发利用助推旅游目的地发展。

7.1.2 基于需求变化和市场定位的旅游资源整合开发策略

游客需求是旅游目的地发展源动力，而游客需求主观性较强且千变万化，因此游客需求导向成为旅游目的地发展的最高指针。当今主动出击、深度参与、注重体验等成为需求主流，加之需求随机性、自主性大大增强，旅游需求不再是干巴巴的景区景点，而是选择多样的"游憩机会谱"[190]。为避免因旅游景观资源分布不均造成的旅游目的地时空错位，旅游目的地针对旅游地资源状况和旅游客源市场定位等实际情况进行整合提升，是最佳途径。辽宁省域旅游目的地资源空间的分布差异性以及自然禀赋的互补性决定了旅游目的地资源共享的合作之路，依据表6-2、表6-3、表6-4，提炼整理辽宁省14市域旅游目的地核心景观资源，见表7-1。

表7-1　辽宁省14市域旅游目的地核心旅游景观资源表

旅游目的地	沈阳	大连	鞍山	抚顺	本溪	丹东	锦州
核心景观资源	清宫、陵园、古城	海、节庆浪漫都市	山佛、泉、商城、玉	库坑、狱林、清家满俗	水洞、山珍、枫叶、满俗	江山、边境、长城、满俗	园山、馆寺、辽文化
旅游目的地	营口	阜新	辽阳	铁岭	朝阳	盘锦	葫芦岛
核心景观资源	温泉乐器	佛教、工业遗产、玛瑙	古城	笑声、水城	古迹、化石	湿地、滩涂、稻米、苇蟹	海岛、泉、古城

旅游地资源整合是指旅游地资源的管理者和经营者根据旅游发展总体目标和旅游市场供求情况，借助法律、行政、经济和技术等手段，把各种资源要素组合成具有统一功能的整体，从而实现区域旅游资源市场价值最大化和综合效益最大化的过程[191]。根据资源在旅游目的地发挥作用大小可以把旅游地资源分为显性资源和隐性资源，其中辽宁省6处世界文化遗产、629处A级旅游区、25处获得国家级称号的旅游城市或村镇等属于显性旅游地资源，这类资源已在旅游目的地发展中发挥明显作用，主要满足刚性旅游需求；其他没有明确级别评定的资源属于隐性旅游地资源，这类旅游地资源尚未在旅游目的地发展中体现出明显作用，

7 辽宁省域旅游目的地时空错位发展策略

其潜力巨大,是急需挖掘提升并发挥作用的资源,主要满足柔性旅游需求。

不同时空人们审美观与价值观不同,能吸引人们的事物、现象也不同,因此旅游地资源吸引力是针对当时对当地感兴趣的需求主体而言的。基于辽宁省域以国内旅游需求为主的市场定位及旅游需求由观光向复合休闲转型的趋势,地处辽宁不同区位中的自然、历史遗留、社会性等旅游地资源整合方案,具体见表7-2。

表7-2 辽宁省域旅游目的地旅游地资源整合方案

整合方案	具体内容
文化遗产资源	沈阳故宫、福陵、昭陵、抚顺永陵、葫芦岛九门口水上长城、本溪五女山城等世界遗产;沈阳张氏帅府、新乐遗址、叶茂台辽墓、东北大学旧址、高台山遗址、石台子山城、锡伯族家庙、大连中苏友谊纪念塔、旅顺日俄监狱旧址、俄国建筑、中山广场近代建筑群、万忠墓、关东厅博物馆旧址、鞍山仙人洞遗址、析木城石棚、抚顺平顶山惨案遗址、赫图阿拉古城、战犯管理所旧址、本溪庙后山遗址、丹东凤凰山山城、鸭绿江断桥、锦州奉国寺、万佛堂石窟、北镇庙、崇兴寺双塔、广济寺古建筑群、广宁城、营口玄贞观、金牛山遗址、石棚山石棚、西炮台遗址、阜新查海遗址、万人坑、辽阳壁画墓群、白塔、朝阳北塔、牛河梁遗址、东山嘴遗址、燕长城遗址、袁台子墓、冯素弗墓、云接寺塔、佑顺寺、葫芦岛兴城城墙、姜女石遗址、中前所城、圣水寺等全国重点保护文物单位
城镇资源	风情盛京时尚沈阳、浪漫之都时尚大连、美地千华神韵鞍山、满族故里启运之地(抚顺)、画里山水枫都本溪、最美边境江海之城(丹东)、山海福地锦绣之州(锦州)、敬母圣地河海泉城(营口)、敖包相会启福胜地(阜新)、古城新韵福地辽阳、北方水城快乐铁岭、化石王国魅力朝阳、湿地之都红滩盘锦、中国北方的海上传奇(葫芦岛)等
民族民俗资源	汉、满、蒙古、回、锡伯、朝鲜等多民族交融的民风民俗:口袋房万字炕、烟囱出在山墙上等满族居住习俗;满汉全席、火锅酸汤子、宫廷宴酒、全羊席、泡菜等饮食习俗;旗袍坎肩马褂、两把头、荷包玉佩等满族服饰习俗;评书单弦、二人转小品、高跷秧歌、皮影剪纸、那达慕等民间游娱习俗;满、锡伯族等婚丧嫁娶生育、待人接物等社会礼俗;萨满、喜利妈妈、佛多妈妈、佛、道等各民族信仰习俗
宗教遗迹资源	沈阳慈恩寺、大佛寺、中华寺、东西南北四喇嘛塔、塔湾舍利塔、鞍山玉佛苑、锦州奉国寺、大广济寺、青岩寺、观音洞、崇兴寺、万佛堂石窟、八塔山、阜新海棠山、瑞应寺、辽阳广佑寺白塔、朝阳南北二塔、凤凰山、云接寺塔、佑顺寺、葫芦岛圣水寺等佛教塔寺窟遗迹;佛道共存的千山、凤城凤凰山、锦州笔架山、大连冰峪沟等;沈阳太清宫、本溪九顶铁刹山、锦州闾山、北镇庙、兴城文庙等道教古迹;盖州上帝庙等基督教遗迹;佛道为主宗教遗迹遍布辽宁

续表

整合方案	具体内容
节庆会展资源	沈阳清文化旅游节、国际冰雪节、大连国际服装节、国际啤酒节、赏槐会、烟花爆竹迎春会、出口商品交易会、国际马拉松赛、鞍山千山国际旅游节、抚顺满族风情节、本溪枫叶节、丹东的鸭绿江国际旅游节、凤凰山山会、锦州国际民间文化节、医巫闾山文化节、海洋音乐节、营口的望儿山母亲节、航空运动旅游节、国际海滨温泉旅游节、阜新玛瑙节、铁岭民间艺术节、莲花节;朝阳凤凰山文化艺术节、盘锦的国际湿地旅游节、葫芦岛国际葫芦文化节、兴城海会等
异域边境资源	中国最大的边境城市丹东、中国最北部的边境海岛县长海县,边境旅游魅力巨大;大连保留的俄、日风情街区以及旅顺清风影视小镇和军港小镇等具有异域风情
美食特产购物资源	特色美食有辽菜水果、小鸡炖蘑菇、猪肉酸菜炖粉条、熏肉大饼、老边饺子、马家烧麦、海城馅饼、手把羊肉、喇嘛糕、烧烤;地方土特产工艺品有辉山奶、不老林糖、中街大果、胡魁章毛笔、服装、海鲜和贝雕、岫玉、辽砚、煤精雕、林蛙、丝绸、柱参和板栗、道光廿五酒、干豆腐、沟帮子熏鸡、北镇猪蹄、三水(水果、水稻、水产品)、玛瑙、香水梨干、榛子、鹿茸、紫砂、化石、河蟹稻米、艺术品、葫芦、五味子、细辛等中药材等;特色购物地有沈阳中街、五爱市场、太原街、岫岩玉器城、南台箱包城、西柳服装城、辽阳佟二堡皮草城、阜新十家子玛瑙城、锦州古玩城等
主题资源	沈阳方特欢乐世界、薰衣草主题园、大连圣亚海洋世界、发现王国、抚顺极地海洋馆、热高乐园、阜新海州露天国家矿山公园、朝阳鸟化石公园、葫芦岛市葫芦山庄等
运动资源	沈阳棋盘山、白清寨、辽阳弓长岭等地滑雪;山清水秀、气候宜人丹东、沙软潮平、风光旖旎营口,浪漫清新滨海大连等风格迥异高尔夫球场等;抚顺红河谷漂流、本溪大雅河漂流等;阜新篮球、大连足球、全省各地晨练、冬泳、扭秧歌等全民运动氛围
山岳沟谷湿地海岛温泉自然资源	冰雪棋盘山,黄渤海界老铁山,佛道千山,五美关门山、东北道源九顶铁刹山,国门名山凤凰山、北镇山医巫闾、母爱源头望儿山、藏佛摩崖海棠、影视象牙山、佛教凤凰山、京东首山等名山;媲美九寨青山沟、北方桂林冰峪沟、温泉汤沟、写生洋湖沟、骑马大青沟、龙潭大峡谷等沟谷;黄海滨鸭绿江湿地、渤海畔辽河湿地;大连长山群岛、丹东大鹿岛、锦州笔架山、葫芦岛觉华岛等海岛;沈阳小韩村、大连老铁山、步云山、安波、鞍山汤岗子、四方台、千山、本溪汤沟、丹东五龙背、东汤、锦州九华山、营口思拉堡、天沐、阜新天水谷、辽阳弓长岭、葫芦岛兴城温泉等

7 辽宁省域旅游目的地时空错位发展策略

续表

整合方案	具体内容
农业体验资源	以沈阳农业博览园、三山梅花鹿养殖基地、樱桃谷现代农业园区、法库五龙山景区等，大连金科生态园艺场、石河现代农业园区、盛莱农庄、岔鞍村、大魏家镇后石村、弘峰企业集团有限公司、长海县哈仙岛渔家海岛、长海大长山渔家海岛、三兹和村、石河镇东沟村、向应镇兰花基地、棒棰岛海参养殖基地、长青现代农业园、金石滩金贝广场、庄河海王九岛等，鞍山市网户屯村、八木井双龙山景区等，抚顺市抚顺县三块石佟庄子农家乐等，本溪思山岭桃园度假村、虹鳟鱼良种场、绿色生态园等，丹东凤城大梨树村生态农业观光旅游区等，锦州间山农业旅游区、松山生态园等，营口双台子温泉旅游度假区，铁岭冰砾山森林资源开发有限公司，朝阳北票桃园山庄生态旅游区，盘锦鑫安源绿色生态园、盘山县东盛园艺基地等，葫芦岛宏业集团现代农业园区等国家农业旅游示范点为依托，到"农家"做客，吃农家饭，住农家房，干农家活，交农家友，体验田园风光和农家风情
工业体验资源	以沈阳中顺汽车有限公司工业园，伊利、蒙牛乳业有限责任公司工业园，妙味食品有限公司，可口可乐饮料有限公司，老龙口酒博物馆，沈飞航空博览园等，大连珍奥生命园、路明发光科技股份有限公司、明清家具艺术品有限公司、长兴酒庄酒文化博物馆、华丰集团、大连港等，鞍钢工业之旅，抚顺矿业集团西露天矿，本溪五女山米兰酒业有限公司，丹东太平湾发电厂，锦州沟帮子尹家熏鸡总厂工业园、道光廿五集团满族酿酒有限责任公司等，阜新十家子镇玛瑙城，铁岭铁煤蒸汽机车博物馆等全国工业旅游示范点为依托，发挥工业旅游魅力

旅游地资源是旅游目的地旅游发展的原材料，对其吸引力的定位来源于对其旅游价值与功能的评判，在研判辽宁省域旅游目的地资源价值与功能基础上，考虑市场定位整合形成观光、休闲度假、专项等多种游憩机会谱，不同机会谱为旅游目的地旅游发展提供了不同的可能性。

7.2 旅游产品错位发展策略

7.2.1 休闲体验需求导向催生无景点旅游产品

随着旅游市场需求的变化，旅游目的地不断推陈出新，目前旅游观光需求逐步下降，而深度参与的度假休闲游需求逐步攀升。在观光旅游发展阶段旅游地资源质量决定旅游吸引力，在复合休闲旅游发展阶段旅游地整体休闲环境决定旅游吸引力。对辽宁省域各旅游目的地客源市场跟踪调查发现，旅游者到旅游目的地追求的不再是到过的旅游景区数量,加之旅游景区门票价格渐涨,越来越多的成熟旅游消费者倾向于到旅游目的地喝茶、聊天、泡温泉、交友、学习等不被景区所累的无景点旅游,更加看重旅游目的地对其生活质量的改善与补充,对休闲度假、商务、特种旅游等产品需求上升,因此辽宁省域旅游目的地经营的旅游产品急需由观光转型为复合休闲型。

旅游产品的转型总体来讲是旅游产品在结构、形态、性质等方面发生质的变化。基于辽宁省域观光资源与休闲度假资源并驾齐驱,旅游发展受先天性传统景观资源的影响日益弱化,下辖各旅游目的地旅游景观资源与旅游经济效益空间错位现象存在,旅游者自主消费意识的觉醒等因素,依托辽宁省域优美的生态环境、独特的自然人文景观、个性的文化体验氛围、完备的设施服务等,打破以往旅游目的地单靠景区(点)的单一供给格局,增加融吃、住、行、游、购、娱等全要素于一体的无景点旅游产品供给,盘活旅游目的地羡余旅游资源,一定程度上可以改变旅游目的地的时空错位状况。在全方位满足日益多元的市场需求的同时实现旅游目的地良性发展是大势所趋。

旅游产品生产遵循的是魔方原理,形成旅游产品的元素未变产品却不同,旅游产品生产无非是组合老元素使之呈现新面孔,因此旅游产品的转型其实就是旅游要素的重新整合。依据辽宁省域旅游目的地的休闲型宏观环境、行业微观供给条件、柔性市场需求激增等具体情况,因地制宜地进行市场细分(S)、定位(T)及定向营销(P),通过挖掘地域传统、社会、产业等资源与环境的魅力,谋求生活空间的扩大,有针对性地形成过程性、全要素、深体验的多元休闲综合产品(等同于陈耀2011年提出的旅游境区,使作为吸引物的旅游景区由美丽孤岛延伸扩展为生态好、景观美、文化雅、服务优的整体性旅游区域;强调生态、景观、文化、服务等多因素与观光、休闲、度假体验相融合来满足多种旅游需求[192]),创设差异环境、放松心态、品质生活、体验氛围等,全方位满足旅游者的复合需求,提供旅游者以观光、休闲度假、修学科考、商务会展等多方面功效。

在转型升级时代背景下,从表7-2可知,辽宁省域旅游目的地既符合市场需求潮流又具有供给比较优势的复合旅游产品主要有多彩复合型(滨海度假蓝色游、革命教育红色游、生态善行绿色游、冰雪运动白色游、温泉养身无色游、佛教朝圣黄色游、工业遗产黑色游、古风古韵紫色游)、祈福休疗型(佛道朝圣养心,温泉山林养身)、运动康健型(登山攀岩、骑马、密境探险、滑雪、漂流、冲浪、高尔夫)、民俗风情型(粗犷豪放关东风情,满族、锡伯族、蒙古族、回族、朝鲜族等独特民俗)、会展节事型(以服装、满族风情、冰雪、枫叶、槐

7 辽宁省域旅游目的地时空错位发展策略

花、梨花、音乐、宗教、啤酒、民间艺术等资源为依托的各类节会)、边境海岛探秘型(依托我国最大的边境城市丹东探秘朝鲜,深入大连长海体验神秘海岛、渔家风情)、减压经历型(创造熏香品茗、吟诗作画、插花摄影、观星赏月、观海听涛、美容养生、修学科考等特殊经历)等。辽宁省域旅游目的地更适合开展无景点旅游(无景点旅游指以轻松体验旅游目的地的文化、社会生活方式、民风为主的一种旅游,与传统的景点旅游相比,它在方式上一般不参团、不赶时间赶景点,而是自由自在、轻松舒适地在旅游目的地游览风光、体验民俗和生活[193]),传统景区旅游求全养眼,无景点旅游怡情养心,无景点旅游避开景点,可以多挤些时间,使节奏慢下来,把身心融进去,让旅游经历与感受足够深刻。

体验经济、大众休闲时代,广泛利用旅游地资源、文化特色、资本运作及现代化管理能力提高辽宁系列复合产品与服务的附加值,以此带给游客从视觉到听觉、嗅觉、味觉等所有感官愉悦体验,提高旅游产品性能与功效,不断壮大流向旅游目的地的流量,以人流带来资金流、信息流、财富流等,从而促进辽宁省域旅游目的地的发展。

7.2.2 基于空间结构演变的旅游产品圈层式、点轴式整合

辽宁省域旅游产品整合有一定的理论依据:系统论为旅游产品整合提供了有效思维方式,通过调整旅游目的地系统结构,协调旅游目的地各要素关系,研究旅游目的地系统、要素、环境变动规律,从而实现旅游目的地系统优化目标;旅游目的地整合遵循点—线—面—网络的空间演进规律,即由"板块型点"过渡到"渗透型面",之后进入"融合型网络";竞合理论揭示出旅游目的地整合类似的要素资源来获取规模经济,通过差异旅游资源的优势互补创造竞争优势,在辽宁旅游地资源比较优势的基础上打破行业部门、行政区域的界限,在空间上聚集、形象上统一,实施旅游产品的优化整合。

旅游地资源存在于旅游目的地不可移动,其开发利用受制于旅游目的地空间格局,旅游地资源的空间结构决定其利用效率,借助空间结构整合实现旅游地资源开发效用最大化,从而促进旅游目的地发展。辽宁省旅游地资源空间结构上体现为圈层式布局,基于目的地空间结构,辽宁省域旅游产品适合圈层式整合,旅游圈层以特定旅游目的地为核心辐射周边地域,形成有层次和向心力的圈层式空间结构。本着凸显差异、错位开发的原则把同类资源开发成异质旅游产品,把空间临近的旅游产品尽量一体化整合开发,弱化因强势旅游产品阴影遮蔽导致的替代性竞争。基于空间结构整合,辽宁省域旅游目的地产品可以形成以大连、沈

阳、锦州、丹东为核心覆盖全省范围的南、北、西、东四大圈层，四大圈层旅游产品各具特色，互补融合，具体见表7-3。

表7-3 辽宁省域旅游目的地旅游产品圈层式整合方案

方位	核心地	覆盖范围	知名旅游资源类型	产品特色凝练	产品整合方向
南	大连	营口、盘锦	海、节庆、都市风情、温泉、湿地滩涂	海泉、湿地、节庆	滨海度假、生态休闲、都市会展、温泉养生等
北	沈阳	铁岭、辽阳、鞍山	宫、陵、园、古城、山、佛、泉、城	山佛、古都、笑声	宗教祈福、艺术民俗、运动购物等
西	锦州	葫芦岛、阜新、朝阳	山寺窟佛、海岛泉城、古文化、产业、化石	山海、古迹、化石	探秘回归、祈福养生、跨界体验、文化生态等
东	丹东	抚顺、本溪	山洞江林、边境、满俗、文化遗产、山珍	山水、边疆、民俗	亲水休疗、养生度假、边境民俗、山林探秘等

交通是旅游发展的加速器，高铁改变了人们的空间感知距离，高铁开通后辽宁省域旅游目的地空间主要呈现点轴式结构，借助交通等配套设施改善，本着强化与名牌旅游产品联合的原则，辽宁省域旅游产品适合点轴式整合，其中点是指在旅游目的地旅游发展中可以培育成增长极的核心节点，即中心城镇；轴则是联结旅游目的地多级别城镇的带状区域，通常为交通通道；在日新月异的交通网络匹配作用下点轴相互结合，极化与扩散交互作用发展为旅游目的地旅游活动的域面。在点轴式空间整合布局中，辽宁省域18座国家级优秀旅游城市是目的地发展的主要节点，其中辽宁省唯一的国家级历史文化名城沈阳，全国三个之一的最佳旅游城市大连，中国最大的边境城市丹东，三地构成旅游目的地发展的核心支点，通过沈丹、沈大、大丹交通轴带联结了12座城市（沈阳、铁岭、开原、抚顺、辽阳、鞍山、营口、大连、庄河、本溪、丹东、凤城），形成辽宁省域旅游发展的"金三角"域面；依托辽西走廊交通轴线，联结了兴城、葫芦岛、锦州、盘锦、阜新、朝阳6座城市，组成了辽西旅游带，具体见表7-4。

7 辽宁省域旅游目的地时空错位发展策略

表7-4 辽宁省域旅游目的地旅游产品点轴式整合方案

域面	轴线	增长极（国家级优秀旅游城市18座）	A级旅游区269处	与全省旅游区占比/%	旅游产品整合策略
辽西带	辽西走廊轴：京哈、京沈高铁	锦州、盘锦、朝阳、阜新、葫芦岛、兴城	锦州15，盘锦8，朝阳19，阜新10，葫芦岛14，共66处	24.54	特色渗透产品
沈大丹金三角	沈丹轴：沈丹高铁	铁岭、沈阳、抚顺、本溪、丹东、凤城、开原	铁岭13，沈阳50，抚顺12，本溪25，丹东10，共110处	40.89	全面全线精品
沈大丹金三角	沈大轴：哈大高铁	沈阳、辽阳、鞍山、营口、大连、庄河	沈阳50，辽阳16，鞍山22，营口6，大连49，共143处	53.16	参与游乐产品
沈大丹金三角	大丹轴：大丹高铁	鞍山、庄河、大连、丹东、凤城	鞍山22，大连49，丹东10，共81处	30.11	差异错位产品

注：表中部分城市整合存在交叉重合。

在旅速游缓的原则指导下，辽宁旅游产品整合应兼顾高速快游、低速漫游，通过速缓相接、高低配合，减少旅时间增加游时间，从而提高旅游经济运行效率。

7.2.3 以全域旅游产品盘活羡余旅游资源

由上文实证分析可知，从时空分布上辽宁省域旅游目的地旅游景观资源存量丰富和利用不足并存，旅游时空广泛错位，市域旅游目的地中正向错位的有沈阳、大连、鞍山、营口、阜新、辽阳、铁岭、朝阳、盘锦，其旅游经济发展好于按旅游景观资源指数预期的水平，这些旅游目的地旅游景观资源开发利用得较为充分；市域旅游目的地负向错位的有抚顺、本溪、丹东、锦州、葫芦岛，其旅游经济发展未达到按旅游景观资源指数预期水平，这些旅游目的地存在利用不足的旅游景观资源羡余现象。旅游资源羡余是指旅游者预算约束、旅游资源空间集聚及其他相关因素导致的部分旅游资源的闲置现象[194]。为减少辽宁旅游景观资源的羡余和旅游时空错位，提高旅游经济效益，应开发既符合旅游需求，又具备供给基础的创意旅游产品。

辽宁省域旅游目的地既没有像长三角、珠三角等旅游目的地那样实力雄厚的经济基础，也不具备像京津等旅游目的地的老牌大城市基础，面临经济基础相对薄弱、城镇密度相对较低、基础设施相对老化、产业结构亟待优化的转型升级大背景，兼顾客源市场多元休闲的复合需求趋向，利用辽宁省域便捷通畅的交通区位、和谐优美的人居环境、舒适宜人的气候优势，创新挖掘旅游地资源，整合凝练旅游主题，发展全域旅游。全域旅游是把一个行政区当作一个旅游景区，是旅游产业的全景化、全覆盖，是资源优化、空间有序、产品丰富、产业发达的科学的系统旅游；全域旅游是一种现代整体发展观念，需要突破景区局限，让区域建设、环境保护、交通运输、餐饮服务等各个方面都服务于旅游发展大局，形成全域一体的旅游品牌形象[195]。旅游目的地发展全域旅游应从认识资源、产品、产业、市场等多层面展开：全新的旅游地资源观，不仅包括旅游景观资源，还包括目的地环境资源、社会资源和生活资源等；全新的产品观，不仅包括旅游吸引物和旅游服务，还包括旅游目的地的居民；全新的产业观，旅游产业不再是边缘产业，而是融合建构格局的主流、中心产业；全新的市场观，旅游市场不再局限于外地人，本地居民也是需要考虑的客源群体。

辽宁省域旅游目的地具备全域旅游发展的三大条件：全民休闲的社会条件，是全域旅游发展的原动力；城镇人口比重超过农业人口的人口条件，是全域旅游产生的催化剂；旅游资源全域化的资源条件，是全域旅游发展的新引擎。辽宁省域旅游目的地发展仍以观光旅游为主，绝大多数旅游开发集中于旅游城市或景区，远离城市的村镇、郊野、海岛、草原等充满原生态魅力区域尚处于羡余状态。参照辽宁省主体功能区划方案，借助全民休闲、无景点旅游兴起的态势，通过比附整合发展全域旅游，打造覆盖全域的创新旅游产品，形成集旅游区观光、城市休闲娱乐、环城游憩、远郊村镇休疗、林岛探秘养生、社区民俗体验等全域旅游产品，以此盘活羡余旅游资源，打破城市、景区旅游一枝独秀的状态，通过在旅游目的地构造一种生活方式来消除旅游者感知盲区，变一切吸引因素为销售产品，全方位提升旅游目的地整体发展水平，具体方案见表7-5。辽宁省域旅游目的地着力提升城市、乡村、生态、会展、文化、红色、扶贫、假日、海洋旅游等传统产品，大力打造无景点旅游、邮轮游艇旅游等高端旅游新业态，通过传统融合现代有效缓解城乡不协调、海陆不统筹、区域发展不均衡、资源与经济不匹配等空间不协调现象。

7 辽宁省域旅游目的地时空错位发展策略

表 7-5 辽宁省域旅游目的地全域旅游产品开发方案

旅游目的地资源	开发方案	空间范围	依托内容	具体全域旅游产品开发方案
已利用旅游资源	景区景点旅游	城市	国家优秀旅游城市18座	巩固并提升一环三线旅游（沈阳为中心含鞍山、辽阳、抚顺、本溪、铁岭的中部城市群都市文化风光旅游环线、滨海休闲度假南线、山水边境风情东线、辽西走廊观光旅游西线），多彩（冰雪银色、革命红色、海洋蓝色、生态绿色、温泉无色、古韵紫色、佛教黄色、工业遗产黑色）旅游，黄金滨海大道旅游
		旅游区	269处A级旅游区和610处其他旅游区，其中含国家风景名胜区9处、世界历史文化遗产6处、国家文物保护单位53处、省级以上旅游度假区5处、国家级自然保护区15处、国家级森林公园29处、国家地质公园4处、省以上红色旅游地9处	
羡余旅游资源	无景点旅游	城市	国家优秀城市以外城市40座	依托原生态魅力的远郊乡村、海岛，借助交通等配套设施的改善，社会发展的新景象，以及地域特色产业、民俗优势，发展四季体验型（草长莺飞赏春，避暑纳凉消夏，赏枫采摘叹秋，冰雪温泉俗冬）无景点旅游
		村镇	省下辖乡镇1 515个	

注：表中城市包括省辖市、县级市、县、自治县，村镇包括镇、乡、街道，资料根据实地调查和2013年区域经济统计年鉴整理所得。

当旅游目的地旅游产品供销两旺时旅游经济发展就好，旅游经济越做越大最终才能成为产业，因此目的地旅游产业发展越来越好是最终目标。由上文分析可知，影响旅游目的地产业发展的因素众多，任何因素都可能导致旅游目的地旅游资源与产业时空错位，旅游目的地发展必须跳出旅游看旅游、走出地域论地域。

7.3 旅游产业错位发展策略

7.3.1 促动旅游产业由边缘转型升级为主流

随着交通、信息等技术的发展，旅游的便利程度逐步提升，旅游的运作范围逐步拓展，辽宁越来越成为重要的旅游目的地；旅游产业政策密集出台、旅游产业地位逐步提升，各类投资主体日渐聚焦辽宁旅游，旅游项目规模越来越大、水平越来越高；旅游需求市场由小众到大众、由观光到游憩的转变导致辽宁省域旅游目的地旅游产品由观光型转向复合多元型；旅游供给企业由单纯服务型转向服务型与生产型并驾齐驱，政府调控由主导型转向多元合作型，多方利益博弈日渐均衡，这是辽宁省域旅游目的地产业转型的背景。

从微观层面看，为更好地满足大众休闲市场需求，辽宁省域旅游目的地旅游产业供给内部分化越来越细、专业化趋势越来越强，产业外部边界越来越模糊、融合性趋势越来越强，客观上使产业结构由单一趋向多元，受需求拉、供给推双重作用驱动，产业形态由初级迈向高级，旅游产业组织结构日渐扁平化。从宏观层面看，辽宁省域旅游目的地市场调控机制逐步成熟、产业供需规模日渐增大、产业内外结构逐步优化、产业发展水平不断攀升、产业竞争环境更为公平，旅游产业的多元化发展趋势渐强，创新旅游产品、项目和新业态成为常态。辽宁省域旅游产业经过不断发展、演变、创新、融合，逐渐转型为大旅游业，因而急需构建新的运作机制与平台。从企业微观层面需要保障旅游产品生产、经营、组织管理、商业运作、营销竞争、产权制度等转型升级；从宏观层面需要规范旅游产业政策、发展模式、成长路径、功能目标、空间格局、管理体制等的转型升级。

辽宁省域旅游目的地旅游转型的必然是休闲，升级结果是使旅游功能、作用、品质等得以提升和强化，借助现代科技信息力量整合市场资源、集中企业力量、拓展客源范围、采取行之有效的管理方式营销旅游目的地，具体体现为：产品功能由观光转向复合，客源市场由小众转为全民，核心基础由景区转为境区，运作主体由旅行社转为全产业，管理由旅游行业变为全社会，旅游产业最终由边缘产业变为覆盖全行业、多领域的主流产业，并成为融合各产业的纽带，不断深化第一产业、优化第二产业、带动提升第三产业；延长产业链条，扩展产业范围，加速产业集聚。

7.3.2 旅游产业优化创新策略

不同生命周期的旅游产业侧重点不同，"十二五"以来辽宁旅游业日益攀升，辽宁旅游产业对国民经济的贡献和在第三产业中的地位达到前所未有的高度，逐步由经济的配角成长为主角，无论从长周期还是短周期来看旅游产业都处于鼎盛期。由此可以判断，辽宁旅游产业正处于由量变到质变的关键发展阶段。之前辽宁旅游产业在经营方式、核心技术、供给形式等方面与现代结合不够充分，现代性特征不明显，旅游产业陷入产品服务同质化、价格拉锯战的低水平竞争状态。

辽宁由旅游大省尽快变为旅游强省的最佳途径就是优化创新，优化的途径在于借助信息化和数字化，以产业融合科技、信息提高产业运作效率、降低产业运作成本；辽宁旅游产业的创新途径有从无到有的创新、从同到异的革新、从旧到新的更新、从单到丰的融合，创新的关键在于融入文化创意，从服务技能、经营水平、管理方式、营销渠道等方面组合渗透文化、艺术，通过智能化软件开发搭建文化创意平台，不断植入文化引导、挖掘、创设新需求，创新产业运作模式。通过优化创新使旅游产业由粗放型向精细化、标准化、人性化发展，并加强以多方利益协调满足为目标的现代化产业管理，最终使旅游产业立足大市场，管理标准化，供给多样化，注重全过程，服务大众化。

传统旅游需求追求"看过目的地"的视觉浅层经历，旅游目的地相应经营供给包含吃、住、行、游、购、娱的旅游景区，最终形成辽宁旅游产业过度依赖旅游景区的门票经济发展模式。当今旅游需求看重参与互动的深度体验，到辽宁的游客希望通过视觉、听觉、嗅觉、味觉拥有全身心体验的非凡经历，为此辽宁旅游目的地供给需重视旅游需求、旅游活动泛化特征，有针对性地挖掘全域资源，增加其生态、文化、科技、服务、教育等附加值，创新组合旅游产品，打造系列旅游吸引场域、盘活羡余配套能力、创设旅游衍生消费、拉伸旅游经济链条，使旅游产业由以景观驱动为中心，转向以消费为核心促动多产业发展的旅游目的地融合产业，其中融合主要表现为要素整合、资源整合、空间整合、配套设施整合等。

转型升级和优化创新的旅游产业于辽宁旅游目的地而言既是一种发展方式，更是一种工作标准，从这个层面来讲，旅游经济不仅是产业经济更是地域经济。

7.3.3 旅游多产业融合策略

产业融合是指不同产业或同一产业内部不同行业之间，在发展过程中互相交叉、互相渗透、互相介入，共生共荣，在竞争基础上合作，从而催生新产业、新业态的一种产业拓展或产业升级演化现象。旅游产业需求串联的特点使之表现出极强的产业类型渗透性，旅游产业几乎可以与国民经济的任何产业发生关联与融合，并导致新需求、新产品、新技术或新服务，催生出新业态，例如旅游购物新体系、旅游装备制造业等，成为国民经济新生产力和新增长点。全域旅游发展通过产业、部门、地域联动，优化旅游要素、产品和产业结构，提高辽宁旅游整体发展效益。通过全域旅游大格局的构建，辽宁省域旅游目的地融合第一、二、三产业形成"第六产业"，打破产业界限，提升整体发展水平。旅游产业与第一产业融合催生出观光农业、采摘农业、休闲农业、体验农业、生态农业、高效农业等新业态，旅游产业和第二产业的融合催生工业旅游，旅游产业同科技、文化、教育、商业、体育等第三产业融合形成文化、体育、购物、修学、科技等旅游，既直接增加了各产业总量，同时还能拉动金融、交通、物流、信息、咨询、保险、出版、媒体等相关第三产业的发展。旅游产业发展离不开其他产业对旅游业的配套支持，旅游目的地经济发展则需要旅游产业与其他产业全方位融合的复合旅游产业，其中旅游产业为多产业的关键融合点，居于核心地位。

乡村旅游、生态旅游等促成了旅游与农业的融合，到辽宁体验农民生活、欣赏农业景观、感受农村风情，农旅融合发挥了辽宁"三农"的特色优势，创设了旅游参与体验氛围，促进辽宁农业与旅游双赢互利。游轮游艇、旅游房车、索道建设等大型装备制造发展推动了辽宁旅游与工业的融合，辽宁通过开展工业旅游满足游客探新求异的好奇心，使游客丰富了知识、开阔了视野，同时拓宽了辽宁工业销售市场，旅游与工业相得益彰。从金石滩国家级旅游度假区试点起，辽宁地产商开始涉足旅游，伴随房地产业转型升级，辽宁地产商正式进军旅游景区业、酒店业，进而逐步拓展新业态，这既为辽宁旅游发展注入了新鲜血液，又开创了新商业模式。地产与旅游融合于辽宁旅游而言有三大作用，首先造就了对游客旅游和政府政策支持的双吸引；其次成为产生利润的经济新抓手；最后开创了产业融合的新局面，双方融合积聚了人流、资金流、文化流等带动了衍生产业发展，改变了辽宁旅游门票经济的单一发展模式，为辽宁旅游目的地打造生活第三地奠定了物质基础。

交通决定旅游，旅游成全交通，旅游与交通天然水乳交融。辽宁交通配置完善，时速250千米的城际铁路、时速350千米的高速铁路连接辽宁地级城市，衔接省外客源市场，使旅游出现同城、近程、网络化空间格局，需要新的旅游方式与产品；总规模约9万千米的等级公路连接了辽宁人口过20万的中等城市，旅游快速通道保证平均30分钟上高速，高速路网开通意味着辽宁旅游全面进入高速时代，高速路网新经济现象使得休闲、文化、商业等大展身手。旅游与经贸活动、体育运动、政务活动、节俗活动、文娱活动等人文活动相互融合，成为辽宁旅游发展的新抓手。整合挖掘本土资源，依托地域特色选准主题，人文活动搭建平台，经贸旅游拓展商机，借助创意精准营销，积极培育辽宁旅游节会品牌，因地制宜拉动辽宁旅游发展。

辽宁旅游产业与其他产业积极融合出的"第六产业"，在拓展旅游产业发展空间的同时丰富旅游产业的内涵与外延，扩大旅游产业的边界与内涵，并从融合后的产业获得更多发展资本，同时为旅游产业升级换代创设了条件，客观上促成了全域全产业链的大旅游发展格局，将旅游产业推向统领旅游目的地经济发展和城乡空间形态优化的核心地位。通过在辽宁省域旅游目的地践行全方位、全过程、全部门、全产业的全域泛旅游发展，实现把旅游业培育成国民经济战略性支柱产业和人民群众更加满意的现代服务业的战略性目标。由辽宁省域旅游目的地研究提炼出旅游目的地全域旅游全产业发展范式，如图7-1所示。

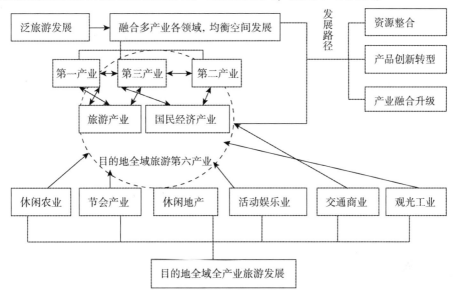

图 7-1 旅游目的地全域旅游发展范式

利用旅游目的地景观丰富、区位优良、民族众多、环境优美、气候宜人等优势，依托主题特质突出、旅游基础好的各级城市吸引游客、聚集人气，选择悠然怡人的原生态小镇，打造生活"第三地"，发展休闲味十足的无景点旅游；挖掘度假区、保护区、风景名胜区、森林公园、地质公园、工农业旅游示范点、各类馆园等类型多样的旅游区，推出融第一产业、第二产业、第三产业于一体的"第六产业"（"1+2+3"等于6，"1×2×3"也等于6，这就是"第六产业"的内涵。）形成涵盖休闲农业、节会产业、休闲地产、活动娱乐业、交通商业、观光工业等在内的全域全产业旅游发展模式，借助资源整合、产品创新转型、产业融合升级等发展路径实现旅游目的地全域旅游发展。

7.4 旅游区域错位发展策略

7.4.1 时序错位发展策略

7.4.1.1 率先开发辽西走廊

结合上文旅游目的地旅游时空错位解析，在时间维度上辽西走廊（辽西区域旅游空间结构包括锦州、葫芦岛、盘锦组成的核心旅游层，阜新、朝阳组成的旅游腹地层，偏远县市形成的扩展旅游层）旅游发展时空负向错位（旅游发展不协调）；从市域层面看，锦州和葫芦岛（核心层）是绝对的负向错位，旅游发展潜力亟待挖掘。基于此，辽西走廊旅游发展时序层次确定为首先是重点发展核心旅游层，其次是腹地旅游层，最后是扩展旅游层，在空间上形成"三带二"旅游梯次发展格局；辽西走廊这一梯次发展表现在产品开发顺序上是先开发沿海自然生态旅游带，之后扩展开发内陆文化旅游带，实现辽西走廊旅游发展的整体提升。

7.4.1.2　梯度全域开发沈阳经济区

结合上文旅游目的地时空错位分析，沈阳经济区不同时期旅游空间错位方向不同，总体是时空正向错位，如今是空间负向错位；从市域旅游目的地看，完全正向错位的有沈阳、辽阳和鞍山，其旅游发展较为充分，而其他市域在不同时期都存在负向错位，需要着力发展。因此沈阳经济区的开发时序为先发展抚顺、本溪、铁岭、营口、阜新（沈阳经济区周边地区），其次提升沈阳、辽阳、鞍山（沈阳经济区核心地区），在空间上呈现"五带三"旅游梯次发展格局；沈阳经济区这一梯次发展表现在产品开发顺序上是先开发环城游憩带，之后扩展开发文化商贸体验游，最终实现全域全产业旅游开发。

7.4.1.3　同步开发沿海经济带

辽宁沿海经济带从过去到现在都存在时空错位问题，因此辽宁沿海经济带是需要协调平衡和梯度有序发展的区域。结合上文旅游目的地时空错位指数来看，辽宁沿海经济带不同时期旅游空间错位方向不同，总体是负向错位，目前是正向错位；从市域旅游目的地看，完全正向错位的是丹东和盘锦，其旅游发展较为充分，而其他市域在不同时间存在旅游发展不协调的负向错位，尤其是锦州和葫芦岛，负向错位明显，需要着力发展。因此沿海经济带的开发时序为重点发展锦州、葫芦岛（辽西沿海），同步提升发展大连、营口、盘锦、丹东（辽中东部沿海），在空间上呈现"2+2+2"旅游带状发展格局；辽宁沿海经济带这一带状发展在产品开发顺序上是大城、小镇、嵌景区同步开发。

7.4.2　空间错位发展策略

旅游经济是产业经济与地域经济的复合，在时间层面进行产业谋划的同时需要考虑地域空间安排。辽宁省域旅游目的地旅游发展较为充分的是沈阳经济区和沿海经济带的东部，旅游发展欠佳的是辽西走廊及沿海经济带的西部，可见辽宁旅游在目标明确、其他身体机能和外围支撑保障良好的情况下，可能会因为薄弱点的束缚不能及早顺利达到目标，因此辽宁旅游发展的当务之急，就是扶持辽西旅游发展，通过盘活辽西羡余资源发展全域旅游，减轻旅游的时空错位，优化旅游发展空间布局。

7.4.2.1 辽西走廊以文化突围的旅游优先发展策略

结合上述旅游时空错位分析可知，辽宁省域旅游目的地从旅游资源大省转变为旅游强省的关键地域是辽西走廊，关键市域是锦州和葫芦岛，因此结合辽西旅游资源禀赋、区位交通、宏观环境、产业微观管理等具体情况，遵循市场规律和政策导向，兼顾各主体方利益，通过合理规划完成辽西走廊旅游突围。

辽西走廊自然人文交相辉映，山海林泉岛外加舒适气候与优美环境等自然背景，中华文明之源复合多元厚重的文化基调，使得这里作为旅游目的地基础实力雄厚，在2010年初，这里就有4A级旅游区（点）12家（全省49处，占比24%），国家自然保护区5个（全省12个，占比42%），国家森林公园5个（全省30个，占比17%），国家重点风景名胜区2个（全省9个，占比22%），国家旅游度假区1个（全省4个，占比25%），世界遗产1个（全省6个，占比17%），国家重点文物保护单位21个（全省53个，占比40%），国家优秀旅游城市6个（全省16个，占比38%），国家工业示范点3个（全省21个，占比14%），国家农业示范点8个（全省37个，占比22%）。其中，具有比较优势的有占比42%的自然保护区，占比40%的国家文物保护单位，占比38%的国家优秀旅游城市，表明辽西地区适合主打绿色旅游、各类文化旅游品牌。

基于辽西厚重的文化积淀，研究辽西的旅游景观资源，考虑便捷集中且双向辐射的"城市群+沿海"战略区位，笔者曾撰文提出打造"多彩六色旅游"文化创意品牌：锦州为主的红色旅游、盘锦为主的绿色旅游、葫芦岛为主的蓝色旅游、阜新为主的黑色和黄色旅游、朝阳为主的紫色旅游，五地合力打造"五颜六色"文化创意旅游，在空间上整合形成以锦州为中心的辽西东部沿海生态旅游带和辽西西部文化旅游带两大旅游带[196]，如图7-2所示。

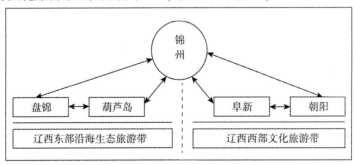

图7-2 辽西区域整体旅游开发布局

7.4.2.2 辽宁沿海经济带平衡协调的全域旅游发展策略

辽宁沿海经济带是辽宁省 2006 年在沿海"五点一线"基础上提出的发展战略，2009 年辽宁沿海经济带整体发展上升为国家战略。辽宁沿海是省内最早开发旅游的区域，也是辽宁省着力强化旅游发展的区域，早在 1992 年李悦铮就提出了辽宁沿海孔雀开屏式开发战略，目前已经形成以大连为龙头，辐射东翼（丹东为核心）、西翼（锦州为核心）的一体化发展格局。考虑辽宁沿海"Z 形"带状空间格局、城镇密度不高、人居环境良好、景观多元优美、气候舒适宜人的优势，笔者曾撰文提出通过促城、造镇、兴村的策略，率先在辽宁沿海经济带开展"大城小镇嵌景区"的全域旅游发展模式，"大城"是指有一定规模和较高知名度、主题特质突出、旅游基础好的旅游区，例如大连、丹东、锦州等城市；"小镇"是指低密度、原生态的旅游区，例如熊岳思拉堡温泉小镇等，发展无景点旅游，并以此打造悠然闲适的原味慢生活氛围；"嵌景区"指镶嵌于大城和小镇间的各类旅游区。

结合上文分析可知，辽宁沿海经济带旅游发展现存东强西弱的时空错位发展现状，为促进区域旅游协调发展，笔者认为辽宁沿海经济带旅游发展应侧重提升西部发展。笔者曾撰文分析过渤海辽东湾的旅游发展优势[197]，这里 A 级旅游区既有传统类型（如风景名胜区、文物保护单位、优秀旅游城市、博物馆、自然保护区、森林公园），又有非物质文化遗产、红色旅游基地、工农业旅游示范点等新兴类型，资源种类丰富，且有比较优势，具体见表 7-6。文化遗产是辽宁沿海经济带西部旅游发展的新抓手，这里既是红山文化源头，有世界文化遗产（独特的九门口水上长城），国家文物保护单位（兴城明代古城、北镇庙和崇兴寺双塔、碣石宫遗址、九门口长城、中前所城、圣水寺、奉国寺、万佛堂石窟、广济寺古建筑群、广宁古城等），国家级以上非物质遗产（古鱼雁故事、医巫闾山民间传说、满族剪纸、木偶、高跷、皮影、竹马舞等），笔者曾撰文指出渤海辽东湾应着力加强文化遗产旅游开发[198]。

表 7-6 辽东湾主要国家级旅游资源一览表

区域	风景名胜区	自然保护区	森林公园	红色旅游基地	文物保护单位	优秀旅游城市	度假区	合计
大连环渤海	2	3	5	2	6	1	2	21
营口	—	—	1	—	4	1	—	6
盘锦	—	1	—	—	—	1	—	2
锦州	1	1	1	1	6	1	—	11

续表

区域	风景名胜区	自然保护区	森林公园	红色旅游基地	文物保护单位	优秀旅游城市	度假区	合计
葫芦岛	1	1	1	—	4+世界级1，共5	2	1	11
5市合计	4	6	8	3	21	6	3	51
全省合计	9	13	29	9	53	16	5	134
占全省比例	44.4%	46.2%	27.6%	33.3%	39.6%	37.5%	60%	38.1%

注：表中资源均为国家级，度假区建设较晚，全国只有12家是国家级，故度假区取省级以上。

审视外部关系，辽宁沿海旅游发展与渤海湾众多城市旅游具有同质性，比如热点旅游城市天津、青岛、秦皇岛等，新近火爆的旅游城市如烟台、威海等，为变互代为互补关系，辽宁沿海经济带旅游发展不可避免地要另辟蹊径，率先创造"大城小镇嵌景区"辽宁沿海全域旅游的模式值得期待。

7.4.2.3 沈阳经济区打造"休闲综合体"发展策略

沈阳经济区是大沈阳概念在经济领域的落实，在国家振兴东北的发展大背景下，2010年4月沈阳经济区整体发展上升为国家战略，沈阳经济区迎来了发展的新机遇。结合上文旅游空间错位的分析可知，核心市域沈阳是辽宁唯一的国家历史文化名城，各级各类旅游资源数量、价值、品位在辽宁省域当属首位，旅游发展十分充分；东北最早的城市辽阳和钢都、玉都鞍山，文化底蕴深厚，旅游发展也比较充分；其他市域如满族源头抚顺、山水生态城本溪、东北民间艺术之乡铁岭、东藏佛都阜新、三宜（宜居、宜业、宜游）之城营口，在不同时间存在旅游时空错位问题。为全力打造美丽辽宁旅游品牌，本着求同存异的发展指导思想，笔者认为在沈阳经济区推出复合第一、二、三产业的休闲综合体条件成熟。

沈阳经济区是辽宁中部城市群内联外合的结果，辽河平原是其依托的自然背景，这里景观优美、交通立体发达、城市密集、文化灿烂、多业共荣，休闲条件充分，滨海休闲有营口、山林休闲有本溪、河湖休闲有抚顺、时尚休闲有沈阳、历史文化休闲有辽阳、祈福休闲有阜新、生态休闲有铁岭、养生休闲有鞍山，发挥不同地域资源的比较优势，将旅游景区、饭店餐饮、节事会展、运动体验、养生休疗、演艺等高效复合，借助高速路网的同城化、近城化契机，抓住新型城镇化机遇，通过产品创新、管理转型延长旅游产业链条，使第一产业转化、第二产业优化、第三产业强化，八地合力打造"休闲综合体"，实现辽宁旅游目的地的华丽转身。

8 结论与展望

8.1 主要研究成果

8.1.1 探查了旅游目的地发展中的核心关系

旅游目的地是能够为来访游客提供旅游经历或体验的特定地理区域,主要是以旅游(景观)资源吸引游客到来,并为其提供完成旅游体验活动必需的生活条件和便利性服务(旅游地资源)。这一地域空间内旅游(景观)资源的吸引魅力越大,前来旅游体验的游客就越多,保障游客体验消费的旅游供给与需求在这一空间的完全匹配使旅游经济得以发展并壮大成产业,旅游产业是旅游目的地发展的标志。旅游目的地核心要素为旅游地资源、旅游经济和旅游产业,这是本研究的主要研究对象。

8.1.2 系统研究了旅游目的地发展机理

旅游目的地的发展机理研究涵盖系统影响因素分析、驱动机制探查两方面。

从系统论出发,旅游目的地的主要驱动因子有资源禀赋、地理区位、交通通道、宏观环境和旅游产业微观管理等,五方因素关联互动,影响旅游目的地发展;其中,资源禀赋主要涵盖魅力城镇、各类旅游区、配套设施与服务等,地理区位表现为自然、交通、经济与旅游区位等方面,交通通道指铁路、公路、航空等综合交通,宏观环境包括自然、经济、社会、文化、政治环境,产业微观管理体现在旅游产业定位、旅游营销管理、内外竞合关系、旅游目的地生命周期演变等方面。

从经济学视角出发,旅游目的地发展的驱动机制表现为体制机制、政策机制和主体利益驱动机制。其中，体制机制包括市场核心机制和行政管理保障机制，政策机制由旅游产业政策、投融资政策、区域发展政策和土地政策组成，主体利益驱动机制由利益导向演变和多元主体利益矛盾共同决定。

8.1.3 系统建构了旅游目的地时空错位评价标准体系

本研究从地理学时空二维视域设定了旅游目的地错位发展的存在，在综合性、可测量性、可操作性和科学客观等评价原则指导下，借助专家智库和科学方法构建旅游地资源指数（涵盖旅游景观资源、旅游配套设施、旅游服务、旅游可进入性项目层）总目标层作为评价目的地旅游经济投入的标度；旅游目的地经济指数作为评价旅游目的地经济产出的标度；用二维矩阵模型分析法确定旅游目的地是否存在空间错位，以目的地空间错位指数和时空错位指数，分别定量评价旅游目的地空间错位和旅游目的地时空错位程度。

8.1.4 实证研究了辽宁省域旅游目的地的时空错位

辽宁省是我国北部沿海大省，地理区位优良，资源禀赋得天独厚，气候舒适，环境优美，自然宏观环境良好。辽宁省是我国重要的工农业大省，包括辽宁沿海经济带、沈阳经济区和辽西走廊经济带三大区域，14个地级市城市发展水平较高，满族、锡伯族等少数民族风情独特，交通通畅发达，经济、文化、政治、社会等宏观环境适宜发展旅游。

基于ASEB栅格解析可知：辽宁省旅游产业微观基础较好；旅游市场调节机制和行政管理机制并驾齐驱；旅游的各项政策机制健全良好；受多元主体利益驱动机制影响，旅游目的地发展呈现时空错位特征。

辽宁省域旅游目的地旅游资源丰富，在北、南、东、西地域空间上呈现出分别以沈阳、大连、丹东、锦州为中心的四大圈层结构，基于高速交通呈现剪刀状点轴结构。辽宁省域旅游经济各项指标逐年持续上升、以国内旅游为主，产业内部结构良好。从区域来看，旅游总收入占GDP比重较高的是沿海经济带，占第三产业增加值比重较高的是辽西走廊；从市域来看，大连市和沈阳市旅游经济发展现状较好，辽西各地市旅游发展现状欠佳。省域旅游目的地时空结构不够均衡，旅游发展不够协调。

辽宁省旅游目的地时空错位主要体现为不同时段旅游目的地经济与旅游景观资源错位，当两者呈正相关关系时，按照旅游目的地景观资源指数会产生一个预期收入，但旅游目的地旅游发展实际收入往往与预期收入不一致，为精确评价旅游目的地经济与旅游景观资源在时空上的错位，本研究引入了旅游空间错位指数和旅游时空错位指数,基于此评价标准对辽宁省域各旅游目的地不同时段旅游空间错位程度进行评价。综合不同市域和区域旅游目的地的空间错位指数和时空错位指数可知,辽宁省域旅游目的地旅游发展较为充分的是沈阳经济区和沿海经济带的东部,尤其是沈阳市和大连市,旅游发展极为充分;旅游发展欠佳的是辽西走廊及沿海经济带的西部,其旅游景观资源潜力亟待挖掘。

辽宁省域旅游目的地的旅游经济发展与旅游地资源并不错位(不存在广义的旅游目的地时空错位),但旅游目的地经济发展与旅游(景观)资源无论是从地市还是地域来看都存在时空错位(存在狭义的旅游目的地时空错位)。这证明了旅游(景观)资源是旅游经济发展的原动力,对旅游资源内涵外延的认识直接影响旅游经济的发展;另一方面,旅游(景观)资源不是旅游经济发展唯一决定因素,旅游目的地经济受旅游区位及交通、旅游软硬环境、旅游利益主体等多种因素影响和制约。

8.1.5 提出了旅游目的地时空错位发展对策

辽宁省域旅游目的地的资源禀赋得天独厚,地理区位优良,交通顺畅便捷;有自然、经济、社会、文化、政治等旅游宏观环境支撑,有旅游产业定位、旅游营销管理、旅游目的地内外竞合关系、旅游目的地生命周期演变等微观管理保障;市场机制逐步健全、行政管理渐趋规范等,理顺了辽宁旅游目的地发展的体制机制;旅游至上的产业政策,宽松的投融资政策,城乡统筹、海陆一体、主体功能区划等区域发展政策,倾斜于旅游的土地政策等,共同奠定了辽宁全域旅游的政策机制;主体利益导向演化累积循环、多元主体利益矛盾,导致辽宁旅游目的地时空错位发展。通过旅游地资源、旅游产品、旅游产业、旅游区域的时空错位发展,来促进旅游目的地良性发展。

为促进辽宁省域旅游目的地良性发展,首先,树立旅游目的地大旅游资源观(旅游地资源),基于旅游需求变化和市场定位进行旅游资源错位整合开发,形成旅游目的地旅游错位发展的"游憩机会谱"。其次,基于旅游需求休闲化导向发展无景点旅游;针对资源的空间结构,进行旅游产品的圈层式和点轴式错位整合开发;通过全域全产业旅游发展来盘活羡余旅游资源等旅游目的地产品错位发展策略。最后,促动旅游产业由边缘产业转型升级为旅游目的地主流产业,通过旅游产业优化创新、多产业融合等发展路径实现旅游目的地全域全产业旅游发展。

旅游区域错位发展包含时序错位和空间错位,辽宁省域旅游目的地在时序上要率先开发辽西走廊,形成先沿海后内陆发展格局;梯度全域开发沈阳经济区,形成先外围后核心全域发展格局;同步开发沿海经济带,形成先西部后东部的全域发展格局。在空间上,辽西走廊以文化突围的旅游优先错位发展,辽宁沿海经济带推行"大城小镇嵌景区"平衡协调的全域旅游发展,沈阳经济区以"休闲综合体"来统领全域旅游发展。

8.2 研究的创新点

8.2.1 旅游发展范式与概念创新

本研究首次提出并界定了"旅游目的地时空错位发展"的概念与内涵。基于时空二维视角,在前人研究基础上,本研究首次提出"旅游目的地时空错位发展"的概念,界定其包含旅游发展、错位问题、时空调控三个要素,是空间错位和时序错位两维,产品错位、产业错位、地域错位三层的两维三层复合错位发展,即旅游目的地时空错位发展是阶段有序的时间错位和优势互补的空间错位的复合发展。

本研究首次提出"旅游地资源"的概念,指出其涵盖旅游(景观)资源、旅游吸引物、旅游产品、旅游项目等内容,并通过实证研究得出其与旅游目的地经济发展不错位的结论。

本研究针对条件成熟的省域旅游目的地提炼出全域全产业旅游发展范式,针对旅游时空错位不同的区域提出创新发展"大城小镇嵌景区"和"休闲综合体"全域旅游发展路径。

8.2.2 评价指标体系创新

本研究建构了旅游目的地时空错位评价标准体系。本研究运用德尔菲法和层次分析法提出旅游地资源指数(旅游地资源的广度与深度的复合指数)和旅游(景观)资源指数(旅游地资源广度指数)作为目的地旅游经济投入的评价标度,提出旅游目的地经济指数作为旅游目的地经济产出的评价标准。本研究以旅游地资源指数为纵坐标,以旅游目的地经济指数为横坐标,建立了旅游目的地二维组合矩阵模型,验证旅游目的地是否存在空间错位。本研究运用旅游目的地空间错位指数和时空错位指数,分别定量评价旅游目的地空间错位和旅游目的地时空错位程度。

8.2.3 研究方法创新

本研究突破单一的研究方法,融合运用了多种定性和定量研究方法。问题导向中的问题诊断采用了与权威专家自由访谈和头脑风暴的定性研究方法；旅游目的地空间错位评价体系建构采用了德尔菲法结合层次分析法的定量研究方法，旅游目的地发展的系统分析借助了消费体验视角的 ASEB 栅格分析法，论文资料收集采用了室内文献分析结合实地田野调查的内外结合法，旅游目的地空间错位的二维矩阵建构运用主成分分析这一定量方法。

8.3 研究不足与展望

8.3.1 研究的指标体系有待扩展

本研究建构的旅游目的地时空错位评价指标体系中，无论是指标数量还是指标信度的选取，限于实践中获取困难不得不退而求其次。如果实践允许，旅游地资源指数的因子评价层中应该用旅游就业人数和层次来代替高等院校数量和旅行社，用各类旅游企业数量和层次来替代星级酒店和机场高铁，用各类交通工具和各类交通通道数来代替民用汽车量和等级公路里程；旅游地经济指数应该覆盖旅游对国民经济的增加值等指标。因此未来的研究力图突破实践增加评价指标的信度。

8.3.2 实证研究有待丰富

由于时间、精力有限，本研究只选取了辽宁省域旅游目的地作为实证研究对象，研究中借助个案研究得出的结论，易使人产生理论归纳不具代表性的错觉，因此未来还有待选取其他典型旅游目的地进行对比研究，以求得出的结论更为可信。此外，限于篇幅，研究中引用的实例只是以点代面，有待丰富。

8.3.3 定量复合研究方法有待加强

本研究定量研究方法中，主要采用了层次分析法、德尔菲法等方法，对于多种定量研究方法的复合运用较少，这是日后需要加强的。

参 考 文 献

[1] 邵琪伟. 中国旅游大辞典 [Z]. 上海：上海辞书出版社，2012：375，749.

[2] 闫静静，张满林. 辽宁省旅游资源与旅游经济发展的空间错位分析 [J]. 经济研究参考，2013，23（4）：58-62.

[3] 马耀峰. 旅游研究之顶层设计 [C]. 2011 中国旅游评论. 北京：旅游教育出版社，2011：26-28.

[4] 保继刚. 中国旅游地理学研究问题缺失的现状与反思 [J]. 旅游学刊，2010（10）：13-17.

[5] 唐顺英. 近十年中国旅游类博士学位论文分析与展望 [J]. 旅游学刊，2013（3）：106-113.

[6] 石培华. 支撑我国旅游业发展的十大科研课题 [C]. 2011 中国旅游评论. 北京：旅游教育出版社，2011：10-13.

[7] 马耀峰，宋保平，赵振斌. 旅游资源开发 [M]. 北京：科学出版社，2005.

[8] BIRD J. The changing worlds of geography：a critical guide to concepts and methods [M]. Oxford：Oxford University Press，1989.

[9] 李庆雷，赵红梅. 旅游资源的可拓性及其认识论意义 [J]. 人文地理，2012，125（3）：125-130.

[10] 马勇，张祥胜. 国内旅游目的地研究综述 [J]. 世界地理研究，2008，17（1）：144-153，173.

[11] 臧德霞，黄洁. 国外旅游目的地形象研究综述 [J]. 旅游科学，2007，21（6）：12-19.

[12] OPPERMANN M. Convention destination images：analysis of association meeting planners- perceptions [J]. Tourism management，1996，17（3）：175-182.

[13] BALOGLU S，MCCLEARY K. A model of destination image formation [J]. Annals of tourism research，1999，26（4）：868-897.

[14] PIKE S. Destination image analysis: a review of 142 papers from 1973 to 2000 [J]. Tourism management, 2002, 23: 541-549.

[15] KIM H, RICHARDSON S. Motion picture impacts on destination images [J]. Annals of tourism research, 2003, 30 (1): 216-237.

[16] HSU C, WOLFE K, KANG S. Image assessment for a destination with limited comparative advantages [J]. Tourism management, 2004, 25: 121-126.

[17] PREBENSEN N. Exploring tourists' images of a distant destination [J]. Tourism management, 2007, 28: 747-756.

[18] CHOI WM, CHAN A, WU J. A qualitative and quantitative assessment of Hong Kong's image as a tourist destination [J]. Tourism management, 1999, 20: 361-365.

[19] CHAUDHARY M. India's image as a tourist destination: a perspective of foreign tourists [J]. Tourism management, 2000, 21: 293-297.

[20] BALOGLU S, MANGALOGLU M. Tourism destination images of Turkey, Egypt, Greece, and Italy as perceived by US-basedtour operators and travel agents [J]. Tourism management, 2001, 22: 1-9.

[21] CHEN J. A case study of Korean outbound traveler's destination images by using correspondence analysis [J]. Tourism management, 2001, 22: 345-350.

[22] STEPCHENKOVA V, MORRISON A. The destination image of Russia: from the online induced perspective [J]. Tourism management, 2006, 27: 943-956.

[23] CHOI S, LEHTO X Y, MORRISON A M. Destination image representation on the web: content analysis of Macau travelrelated websites [J]. Tourism management, 2007, 28: 118-129.

[24] AHMED Z U. The influence of the components of a state's tourist image on product positioning strategy [J]. Tourism management, 1991, 12 (4): 331-340.

[25] DAY J, SKIDMORE S, KOLLER T. Image selection in destination positioning: A new approach [J]. Journal of vacation marketing, 2002, 8 (2): 177-186.

[26] IBRAHIM E E, GILL J. A positioning strategy for a tourist destination, based on analysis of customers' perceptions and satisfactions [J]. Marketing intelligence&planning, 2005, 23 (2): 172-188.

[27] LIU Z P, SIGUAW J A, ENZ C A. Using tourist travel habits and preferences to assess strategic destination positioning: the case of Costa Rica [J]. Cornell hospitality restaurant and administrative quarterly, 2008, 49 (3): 258-281.

[28] CHEN J S, UYSAL M. Market positioning analysis: a hybrid approach [J]. Annals of tourism research, 2002, 29 (4): 987-1003.

[29] SEONGSEOP K S S, AGRUSA J. The positioning of overseas honeymoondestinations [J]. Annals of tourism research, 2005, 32 (4): 887-904.

[30] 曲颖, 李天元. 国外旅游目的地定位研究文献综述 [J]. 旅游学刊, 2011, 26 (2): 41-49.

[31] PALMER A, BEJOU D. Tourism destination marketing alliances [J]. Annals of tourism research, 1995, 22: 616-629.

[32] PALMER A. Evaluating the governance style of marketing groups [J]. Annals of tourism research, 1998, 25: 185-201.

[33] CHEN H M, TSENG C H. The performance of marketing alliances between the tourism industry and creditcard issuing banks in Taiwan [J]. Tourism management, 2005, 26: 15-24.

[34] MARCH R. Tourism marketing myopia [J]. Tourism management, 1994, 15 (6): 411-415.

[35] RITCHIE R J B, RITCHIEL J R B. A framework for an industry supported destination marketing information system [J]. Tourism management, 2002, 23: 439-454.

[36] DOOLIN B, BURGESS L, COOPER J. Evaluating the use of the Web for tourism marketing: a case study from New Zealand [J]. Tourism management, 2002, 23: 557-561.

[37] WANG Y, YU Q, FESENMAIER D R. Defining the virtual tourist community: implications for tourism marketing [J]. Tourism management, 2002, 23: 407-417.

[38] WÖBER K W. Information supply in tourism management by marketing decision support systems [J]. Tourism management, 2003, 24: 241-255.

[39] 高静, 肖江南, 章勇刚. 国外旅游目的地营销研究综述 [J]. 旅游学刊, 2006, 21 (7): 91-96.

[40] DOSEN D O, VRANESEVIC T, PREBEZAC D. The importance of branding in the development of marketing strategy of Croatia as tourist destination [J]. Acta turistica, 1998, 10 (2): 93-182.

[41] CAI LA. Cooperative branding for rural destinations [J]. Annals of tourism research, 2002, 29 (3): 720-742.

[42] JUERGEN Gnoth. Leveraging export brands through a tourism destination brand [J]. Journal of brand management, 2002, 9 (4): 262-280.

[43] KOTLER P, GERTNER D. Country as brand, product, and beyond: A place marketing and brand management perspective [J]. Journal of brand management, 2002, 9 (4): 249-261.

[44] PARK S Y, PETRICK J F. Destinations' perspectives of branding [J]. Annals of tourism research, 2006, 33 (1): 262-265.

[45] HANKINSON G. Relational network brands: Towards a conceptual model of place brands [J]. Journal of vacation marketing, 2004, 10 (2): 109-121.

[46] BOO S, BUSSER J, BALOGLU S. A model of customer-based brand equity and its application to multiple destinations [J]. Tourism management, 2009, 30 (2): 219-231.

[47] 刘丽娟, 李天元. 国外旅游目的地品牌化研究现状与分析 [J]. 人文地理, 2012 (2): 26-31.

[48] 郭永锐, 陶犁, 冯斌. 国外旅游目的地品牌研究综述 [J]. 人文地理, 2011, 119 (3): 147-153.

[49] COUCH, RITCHIE. Tourism, competitiveness and socialprosperity [J]. Journal of business research, 1999 (1): 137-152.

[50] D'HAUTESERRE A M. Lessons in managerial destination competitiveness in the case of Foxwoods Casino resort [J]. Tourism management, 2000 (1): 23-32.

[51] HASSAN S S. Determinants of market competitiveness in an environmentally sustainable development [J]. Journal of travel research, 2000 (2): 263-271.

[52] CROUCH G. Effects of income & price on international tourism [J]. Annals of tourism research, 1992 (3): 643-644.

[53] DWYER L, KIM C. Destination Competitiveness: Determinants and Indicators [J]. Current issues in tourism, 2003 (5): 369-414.

[54] ENRIGHE M J, NEWTON J. Tourism destination competitiveness: a quantitative approach [J]. Tourism management, 2004 (6): 777-788.

[55] ENRIGHT M J, NEWTON J. Determinants of Tourism Destination Competitiveness in Asia Pacific: Comprehensiveness and Universality [J]. Journal of travel research, 2005 (4): 339-350.

[56] GOVERS R, FRANK M GO. Integrated quality management for tourist destina-

tions: a European perspective on achieving competitiveness [J]. Tourism management, 2000 (1): 79-88.

[57] PEARCE D G. Competitive destination analysis in Southeast Asia [J]. Journal of travel research, 1997 (4): 16-25.

[58] 王纯阳. 国外旅游目的地竞争力研究综述 [J]. 旅游科学, 2009, 23 (3): 28-34.

[59] GLASSON J. Oxford: a heritage city under pressure: visitors, impacts and management responses [J]. Tourism management, 1994 (2): 137-144.

[60] NINA S, MARAT M. Tourism and environmental degradation in Sochi, Russia [J]. Annals of tourism research, 1996 (3): 654-666.

[61] TSAUR S H, TZENG G H. Evaluating tourist risks from fuzzy perspectives [J]. Annals of tourism research, 1997, 22 (4): 796-812.

[62] SÖNMEZ S F, GRAEFE A R. Influence of terrorism risk on foreign tourism decisions [J]. Annals of tourism research, 1998, 22 (1): 112-144.

[63] FAULKNER B. Towards a framework for tourism disaster management [J]. Tourism management. 2001, 22 (2): 135-147.

[64] 曹霞, 吴承照. 国外旅游目的地游客管理研究进展 [J]. 北京第二外国语学报, 2006. 131 (1): 23-31.

[65] 王京传, 李天元. 国外旅游目的地治理研究综述 [J]. 旅游学刊, 2013, 28 (6): 15-25.

[66] SVENSSON B, NORDIN R, FLAGESTAD A. A governance perspective on destination development: exploring partnerships, clusters and innovation system [J]. Tourism review, 2005, 60 (2): 32-37.

[67] GÖYMEN K. Tourism and governance in Turkey [J]. Annals of Tourism research, 2000, 27 (4): 1025-1048.

[68] YÜKSEL F, BRAMWELL B, YÜKSEL A. Centralized and decentralized tourism governance in Turkey [J]. Annals of tourism research, 2005, 32 (4): 859-886.

[69] PALMER A. Cooperative marketing association: An investigation into the causes of effectiveness [J]. Journal of strategic marketing, 2002, 10 (2): 135-156.

[70] BEAUMONT N, DREDGE D. Local tourism governance: a comparison of three network approaches [J]. Journal of sustainable tourism, 2010, 18 (1): 7-28.

[71] EAGLES P F J. Governance of recreation and tourism partnerships in parks and protected areas [J]. Journal of sustainable tourism, 2009, 17 (2): 231-248.

[72] ANSELL C, GASH A. Collaborative governance in theory and practice [J]. Journal of public administration and theory, 2008, 18 (4): 543-571.

[73] 余意峰, 熊建平. 国外旅游目的地忠诚度研究进展 [J]. 世界地理研究, 2010, 19 (2): 69-77.

[74] 吴必虎, 唐俊雅, 黄安民, 等. 中国城市居民旅游目的地选择行为研究 [J]. 地理学报, 1997 (2): 3-9.

[75] 赵现红. 旅华外国游客旅游目的地选择影响因素实证研究 [J]. 经济地理, 2010 (1): 145-149.

[76] 葛学峰. 旅游目的地选择意向影响因素研究 [D]. 大连: 大连理工大学, 2012.

[77] 文彤. 旅游目的地标志景区发展研究 [D]. 广州: 暨南大学, 2007.

[78] 陈传康, 王新军. 神仙世界与泰山文化旅游城的形象策划 [J]. 旅游学刊, 1996 (1): 48-52.

[79] 黎洁, 吕镇. 论旅游目的地形象与旅游目的地形象战略 [J]. 商业经济与管理, 1996 (6): 62-65.

[80] 李蕾蕾. 旅游地形象策划: 理论与实务 [M]. 广州: 广东旅游出版社, 1999.

[81] 周年兴, 沙润. 旅游目的地形象的形成过程与生命周期初探 [J]. 地理学与国土研究, 2001 (1): 55-58.

[82] 黄震方, 李想. 旅游目的地形象的认知与推广模式 [J]. 旅游学刊, 2002 (3): 65-70.

[83] 程金龙, 吴国清. 旅游形象研究理论进展与前瞻 [J]. 地理与地理信息科学, 2004, 20 (2): 73-77.

[84] 卞显红, 张树夫. 应用有利形象模式衡量旅游目的地形象研究 [J]. 人文地理, 2005 (1): 62-67.

[85] 胡抚生. 旅游目的地形象对游客推荐意愿、支付意愿的影响研究 [D]. 杭州: 浙江大学, 2009.

[86] 张宏梅, 陆林. 游客涉入对旅游目的地形象感知的影响 [J]. 地理科学, 2011 (12): 1613-1623.

[87] 李宏. 旅游目的地营销系统的构建与运作机制研究 [J]. 北京第二外国语

学院学报，2004（5）：57-63.

[88] 龙江智. 旅游目的地营销：思路和对策 [J]. 东北财经大学学报，2005（5）：55-57.

[89] 高静，章勇刚. 旅游目的地营销主体研究：多元化视角 [J]. 北京第二外国语学院学报，2007（3）：13-17.

[90] 艾建玲，徐春晓. 基于分层聚类旅游目的地营销系统研究 [J]. 人文地理，2008（30）：109-122.

[91] 王有成. 旅游目的地营销系统的功能构成与评估 [J]. 旅游科学，2009（1）：28-37.

[92] 粟路军，黄福才，李荣贵. 事件营销：旅游目的地营销的利器 [J]. 旅游学刊，2009（5）：9-10.

[93] 郭鲁芳. 我国实施旅游目的形象策略初探 [J]. 旅游科学，1999（5）：34-35.

[94] 舒伯阳. 旅游目的地市场推广体系研究 [J]. 湖北大学学报，2000（1）：105-106.

[95] 谭林，李光金. 论旅游目的地评价体系 [J]. 西南民族学院学报（哲学社会科学版），2001（2）：148-151+204.

[96] 何方永. 我国旅游目的地游客管理现状与发展的思考 [J]. 成都大学学报，2007（2）：83-85.

[97] MORRISON A，邵隽，陈映臻. 目的地管理与目的地营销：打造优质旅游目的地平台 [J]. 旅游学刊，2013（1）：6-9.

[98] 吴必虎. 旅游生态学与旅游目的地的可持续发展 [J]. 生态学杂志，1996（2）：38-44，55.

[99] 崔凤军. 中国传统旅游目的地的创新与发展 [D]. 北京：中国科学院，2001.

[100] 保继刚，甘萌雨. 改革开放以来中国城市旅游目的地地位变化及因素分析 [J]. 地理科学，2004（3）：365-370.

[101] 文彤，金雪鸿. 面向本地市场的旅游目的地发展研究 [J]. 地域研究与开发，2011（3）：81-84.

[102] 唐铁顺. 旅游目的地社区化及社区旅游研究 [J]. 地理研究，1998（2）：34-38.

[103] 郭英之，张红，宋书玲，等. 中国出境旅游目的地的市场定位研究 [J]. 旅游学刊，2004（4）：27-32.

[104] 田敏,苗维亚. 乡村旅游目的地发展研究 [J]. 西南民族大学学报,2005 (7): 272-274.

[105] 陈晓静. 会议旅游目的地的选择与评估 [J]. 旅游学刊,2005 (1): 80-83.

[106] 陆军. 红色旅游目的地营销方略 [J]. 旅游学刊,2006 (8): 9-10.

[107] 宋国琴. 海岛型旅游目的地吸引力影响因素探析 [J]. 企业经济,2006 (5): 83-85.

[108] 余科辉,刘志强. 世界游轮旅游目的地与邮轮母港建设研究 [J]. 商业经济,2007 (7): 94-95.

[109] 杨振之,陈顺明. 论"旅游目的地"与"旅游过境地" [J]. 旅游学刊,2007 (2): 27-32.

[110] 王琢,丁培毅. 黄金海岸旅游目的地营销经验谈 [J]. 旅游学刊,2009 (5): 7-8.

[111] 于锦华. 体育旅游目的地竞争力提升研究 [J]. 北京体育大学学报,2010 (1): 39-41.

[112] 赵安周,白凯,卫海燕. 入境旅游目的地城市的旅游意象评价指标体系研究 [J]. 旅游科学,2011 (1): 54-60,87.

[113] 孙根年,张毓,薛佳. 资源-区位-贸易三大因素对日本游客入境旅游目的地选择的影响 [J]. 地理科学,2011 (6): 1032-1043.

[114] 厉新建,张凌云,崔莉. 全域旅游:建设世界一流旅游目的地的理念创新 [J]. 人文地理,2013 (6): 130-134.

[115] 刘俊. 区域旅游目的地空间系统初探 [J]. 桂林旅游高等专科学校学报,2003 (2): 42-45.

[116] 卞显红,王苏洁. 旅游目的地空间规划布局研究 [J]. 江南大学学报,2004 (1): 61-65.

[117] 杨新军,马晓龙,霍云霈. 旅游目的地区域(TDD)及其空间结构研究 [J]. 地理科学,2004 (10): 620-626.

[118] 刘明剑,黄猛. 旅游目的地空间结构体系构建研究 [J]. 经济地理,2005 (4): 581-584.

[119] 朱青晓. 旅游目的地系统空间结构模式探索 [J]. 地域研究与开发,2007 (6): 56-60.

[120] 姜辽,潘雅芳,张述林,等. 全息理论视野下旅游目的地空间系统的发展思维 [J]. 旅游学刊,2009 (5): 20-25.

[121] 林岚，杨蕾蕾，戴学军，等. 旅游目的地系统空间结构耦合与优化研究[J]. 人文地理，2011（8）：140-146，98.

[122] 黎洁. 论旅游目的地形象及其市场营销意义[J]. 桂林旅游高等专科学院学报，1998（2）：15-18.

[123] 曹宁，郭舒，隋鑫. 旅游目的地竞争力问题研究提纲[J]. 社会科学家，2003（6）：89-93.

[124] 李肇荣，黄进. 旅游目的地社区发展研究[J]. 经济与社会发展，2003（8）：7-10.

[125] 刘绍华，路紫. 浅议旅游目的地营销系统的区域整合功能[J]. 旅游学刊，2004（2）：84-88.

[126] 保继刚，张骁鸣. 传统旅游目的地再发展研究[J]. 热带地理，2006，26（2）：177-181，191.

[127] 张波. 旅游目的地"社区参与"的三种典型模式比较研究[J]. 旅游学刊，2006（7）：69-74.

[128] 臧德霞，黄洁. 关于"旅游目的地竞争力"内涵的辨析与认识[J]. 旅游学刊，2006（12）：29-34.

[129] 魏宝祥，欧阳正宇. 影视旅游：旅游目的地营销推广新方式[J]. 旅游学刊，2007（12）：32-39.

[130] 李瑛. 基于旅游者行为的旅游目的地区域空间组织研究[D]. 西安：西北大学，2007.

[131] 魏婧，潘秋玲. 近20年国外旅游目的地市场营销研究综述[J]. 人文地理，2008（2）：92-97.

[132] 白凯. 旅游目的地意象定位研究述评[J]. 旅游科学，2009（4）：9-15.

[133] 高静. 旅游目的地形象、定位及品牌化：概念辨析与关系模型[J]. 旅游学刊，2009（2）：25-29.

[134] 盖玉妍，王鉴忠. 国外旅游目的地品牌化内涵研究综述[J]. 旅游论坛，2009，2（4）：595-599.

[135] 程道品，程瑾鹤，肖婷婷. 旅游公共服务体系与旅游目的地满意度的结构关系研究[J]. 人文地理，2011（10）：111-116.

[136] 张朝枝，游旺. 互联网对旅游目的地分销渠道影响[J]. 旅游学刊，2012（3）：52-59.

[137] 马凌，王瑜娜. 旅游目的地形象的社会文化建构："文本与语境"的分析范式[J]. 学术研究，2012（3）：65-70，169.

[138] 白凯,胡宪洋. 旅游目的地品牌个性:理论来源与关系辨识 [J]. 旅游学刊,2013 (4):35-47.

[139] 郭英之. 基于文化软实力的旅游目的地品牌文化营销 [J]. 旅游学刊,2013 (1):18-20.

[140] 张宏梅,张文静,王进,等. 基于旅游者视角的目的地品牌权益测量模型:以皖南国际旅游区为例 [J]. 旅游科学,2013 (2):52-63.

[141] 李悦铮. 沿海地区旅游系统分析与开发布局——以辽宁沿海地区为例 [M]. 北京:地质出版社,2002.

[142] 李悦铮,俞金国,鲁小波,等. 海岛旅游开发规划——理论探索与实践 [M]. 北京:旅游教育出版社,2011.

[143] 李悦铮. 辽宁沿海地区旅游资源评价研究 [J]. 自然资源学报,2000,15 (1):46-50.

[144] 李悦铮,李鹏升,黄丹. 海岛旅游资源评价体系构建研究 [J]. 资源科学,2013,35 (2):304-311.

[145] 李悦铮. 发展滨海旅游业,建设海上大连 [J]. 经济地理,1996 (4):105-108.

[146] 李悦铮. 发挥海洋旅游资源优势,加快大连旅游业发展 [J]. 人文地理,2001 (5):93-96.

[147] 李悦铮. 试论宗教与地理学 [J]. 地理研究,1990 (3):71-79.

[148] 李悦铮,俞金国,付鸿志. 我国区域宗教文化景观及其旅游开发 [J]. 人文地理,2003 (1):46-50.

[149] 李悦铮. 辽宁沿海地区旅游业孔雀开屏式战略布局构想 [J]. 经济地理,1992,12 (4):77-80.

[150] 关伟,高健. 辽宁省区域系统动态协调发展研究 [J]. 辽宁师范大学学报(自然科学版),2014 (1):104-109.

[151] 张耀光,刘锴,刘桂春,等. 基于定量分析的辽宁区域海洋经济地域系统的时空差异 [J]. 资源科学,2011 (5):863-870.

[152] 韩增林,许旭. 中国海洋经济地域差异及演化过程分析 [J]. 地理研究,2008 (3):613-622.

[153] 栾维新,王海英. 论我国沿海地区的海陆经济一体化 [J]. 地理科学,1998,18 (4):51-57.

[154] 张军涛,王新娜. 辽宁沿海经济带与内陆腹地互动发展的实证研究 [J]. 东北大学学报(社会科学版),2009 (1):29-34.

[155] 王恒, 李悦铮. 大连市旅游景区空间结构分析与优化 [J]. 地域研究与开发, 2010, 29 (1): 84-89.

[156] KAIN J. Housing segregation, negro unemployment and metropolitan segregation [J]. Quarterly journal of economics, 1968, 82: 97-175.

[157] JAIN M. A regional analysis of tourist flows within Europe [J]. Tourism management, 1995, 16 (1): 73-82.

[158] 刘志林, 王茂军, 柴彦威. 空间错位理论研究进展与方法论述评 [J]. 人文地理, 2010 (2).

[159] 丁旭生, 李永文, 吕可文. 基于空间错位理论的河南省旅游发展区域差异研究 [J]. 地理与地理信息科学, 2010, 27 (2): 106-108.

[160] 李航飞. 广东省旅游资源与旅游经济空间错位发展研究 [J]. 韶关学院学报, 2011 (10).

[161] 孙根年, 刘璐. 大西安旅游圈空间错位及边沿区战略 [J]. 陕西师范大学学报 (自然科学版), 2012 (9).

[162] 张祖群. 宁夏旅游的错位层次分析 [J]. 石家庄经济学院学报, 2013 (6): 67-72.

[163] 李偲, 韩璞景. 新疆各地州市旅游资源禀赋与区域旅游经济发展关系研究 [J]. 安徽农业科学, 2013 (8): 3501-3504.

[164] 方叶林, 黄震方, 胡小海. 安徽省旅游资源错位现象及相对效率评价 [J]. 华东经济管理, 2013 (6): 27-31.

[165] 朱竑, 陈晓亮. 中国A级旅游景区空间分布结构研究 [J]. 地理科学, 2008, 28 (5): 607-614.

[166] 邓祖涛, 尹贻梅. 我国旅游资源、区位和入境旅游收入的空间错位分析 [J]. 旅游科学, 2009, 23 (3): 6-10.

[167] 王美红, 孙根年, 康国栋. 中国旅游LR-NS-FA空间错位的组合矩阵分析 [J]. 人文地理, 2009 (4): 115-120.

[168] 李振亭, 张晓芳. 中国旅游流流量与流质的空间错位分析 [J]. 资源开发与市场, 2013 (7): 758-761.

[169] 翁钢民, 陈林娜. 空间错位视角下我国东、西部旅游业发展差异研究 [J]. 生态经济, 2014 (4): 123-126.

[170] 孙根年, 冯茂娥. 西部入境旅游市场竞争态与资源区位的关系 [J]. 西北大学学报 (自然科学版), 2003 (4): 459-464.

[171] 韩春鲜. 新疆旅游经济发展水平与旅游资源禀赋影响研究 [J]. 生态经

济, 2009 (10): 62-66.

[172] 方法林. 江苏旅游"资源诅咒"现象实证研究 [J]. 北京第二外国语学院学报, 2012 (5): 27-34.

[173] 王玉珍. 旅游资源禀赋与区域旅游经济发展研究: 基于山西的实证分析 [J]. 生态经济, 2010 (8): 41-45.

[174] 潘辉. 旅游资源与旅游经济关系研究 [D]. 合肥: 安徽大学, 2013.

[175] 李悦铮, 俞金国. 区域旅游市场发展演化机理及开发 [M]. 北京: 旅游教育出版社, 2005: 10.

[176] 林南枝, 陶汉军. 旅游经济学 [M]. 天津: 南开大学出版社, 1994.

[177] 马勇. 旅游规划与开发 [M]. 北京: 科学出版社, 2004: 219, 251.

[178] 吕俊芳. 旅游规划理论与实践 [M]. 北京: 知识产权出版社, 2013: 66.

[179] 申葆嘉. 旅游学原理 [M]. 上海: 学林出版社, 1999: 127-132.

[180] 李小建, 李国平, 曾刚, 等. 经济地理学 [M]. 北京: 高等教育出版社, 1999: 241.

[181] 陆林. 旅游规划原理 [M]. 北京: 高等教育出版社, 2005: 55, 108.

[182] 吴必虎. 区域旅游规划原理 [M]. 北京: 中国旅游出版社, 2001: 8, 333.

[183] 吕俊芳. 旅游主体与旅游六要素的创新思考 [J]. 渤海大学学报 (社会科学版), 2011, 35 (4): 39-41.

[184] 魏小安, 魏诗华. 全产业链视阈下的旅游发展 [M]. 天津: 南开大学出版社, 2012: 41.

[185] 何伟. 区域城镇空间结构与优化研究 [M]. 北京: 人民出版社, 2007: 114-121.

[186] 吕俊芳. 城乡统筹视域下中国全域旅游发展范式研究 [J]. 河南科学, 2014, 32 (1): 139-142.

[187] 夏学英. 反规划理论与城市内河旅游开发 [J]. 城市问题, 2011, (4): 24-26, 43.

[188] 于向东. 中国旅游海外客源市场概况 [M]. 大连: 东北财经大学出版社, 1999: 25.

[189] 厉新建. 旅游经济发展研究——转型中的新思考 [M]. 北京: 旅游教育出版社, 2012: 15.

[190] 王欣. 旅游空间学说框架探讨 [M]. 北京: 中国财政经济出版社, 2011: 21.

[191] 梁明珠，张欣欣. 泛珠三角旅游合作与资源整合模式探究[J]. 经济地理，2006，26（2）：335-339.

[192] 中国旅游研究院. 中国旅游评论[M]. 北京：旅游教育出版社，2011：168-174.

[193] 简玉峰，刘长生，徐珏. "无景点旅游"发展现状及其对策研究[J]. 旅游论坛，2010（6）：756-762.

[194] 李庆雷，徐磊，王愉超. 多学科视角下羡余旅游资源转化路径研究[J]. 西华师范大学学报，2012（3）：47-51.

[195] 吕俊芳. 辽宁沿海经济带"全域旅游"发展研究[J]. 经济研究参考，2013，65（5）：52-57.

[196] 吕俊芳. 挖掘区域文化优势整体打造辽西六色旅游之构想[J]. 渤海大学学报（社会科学版），2011，34（2）：42-44.

[197] 吕俊芳. 渤海辽东湾旅游资源整合开发研究[J]. 河南科学，2014，32（12）：2631-2634.

[198] 吕俊芳. 渤海辽东湾历史文化遗产旅游开发研究[J]. 海洋经济，2014，4（3）：24-28.

本专著的系列支撑成果

一、学术论文

[1] 吕俊芳. 旅游主体与旅游六要素的创新思考 [J]. 渤海大学学报（社会科学版），2011，35（4）：39-41.

[2] 吕俊芳. 挖掘区域文化优势整体打造辽西六色旅游之构想 [J]. 渤海大学学报（社会科学版）2012，34（2）：42-44.

[3] 吕俊芳，李悦铮. 锦州湾三色旅游发展研究 [J]. 海洋开发与管理，2012，29（9）：129-132.

[4] 吕俊芳，李悦铮，江海旭. 提高辽宁滨海公路旅游效益研究 [J]. 浙江旅游职业学院学报，2012，8（3）：5-9.

[5] 吕俊芳，李悦铮，江海旭. 辽宁省滨海城市入境旅游发展研究 [J]. 海洋开发与管理，2013，30（2）：31-35.

[6] 吕俊芳，李悦铮，江海旭. 辽宁省滨海城市"十二五"国内旅游发展预测 [J]. 海洋开发与管理，2013，30（5）：94-96.

[7] 吕俊芳. 辽宁沿海经济带"全域旅游"发展研究 [J]. 经济研究参考，2013. 29（5）：52-56.

[8] 吕俊芳，李悦铮. 辽宁沿海旅游整合开发研究 [J]. 海洋开发与管理，2013，30（9）：73-75.

[9] 吕俊芳. 基于ASEB栅格分析法的旅游发展战略研究——以辽宁锦州为例 [J]. 河南科学，2013，31（11）：2089-2092.

[10] 吕俊芳，李悦铮. 辽宁旅游资源整合开发研究 [J]. 辽宁师范大学学报（自然科学版），2014，37（1）：123-128.

[11] 吕俊芳. 文化遗产利用与旅游课程资源拓展双向互动——以辽西走廊重镇锦州为例 [J]. 渤海大学学报（社会科学版），2014，36（3）：112-115.

本专著的系列支撑成果

[12] 吕俊芳. 城乡统筹视阈下中国全域旅游发展范式研究 [J]. 河南科学, 2014, 32 (1): 139-142.

[13] 吕俊芳. 旅游开发规划"链核式"课程改革研究 [J]. 安阳师范学院学报, 2014 (2): 85-87.

[14] 吕俊芳. 渤海辽东湾旅游资源整合开发研究 [J]. 河南科学, 2014, 32 (12): 2631-2634.

[15] 吕俊芳. 渤海辽东湾历史文化遗产旅游开发研究 [J]. 海洋经济, 2014, 4 (3): 24-28.

[16] 吕俊芳, 翟孝娜. 基于 SWOT+AHP 分析法的旅游发展战略研究——以宁夏回族自治区为例 [J]. 宁夏大学学报 (自然科学版), 2015 (3).

[17] 吕俊芳. 辽西历史文化遗产类别、特点、价值 [J]. 渤海大学学报 (社会科学版), 2015, 37 (3): 26-29.

[18] 吕俊芳, 翟孝娜. 20 多年来国外旅游目的地研究综述 [J]. 安阳师范学院学报, 2016, 100 (2): 54-60.

[19] 吕俊芳, 翟孝娜. 基于 GM (1, 1) 模型的国际旅游目的地开发研究——以宁夏回族自治区为例 [J]. 辽宁师范大学学报 (自然科学版), 2016, 39 (1): 121-126.

[20] 吕俊芳, 翟孝娜. 旅游目的地空间错位研究——以辽宁省为例 [J]. 河南科学, 2016, 34 (12): 2098-2104.

[21] 吕俊芳, 张嘉辰. 国内近 20 年旅游目的地研究述评 [J]. 安阳师范学院学报, 2018, 102 (2): 80-86.

[22] 吕俊芳, 张嘉辰. 城市"八景"价值功能的 ASEB+AHP 解析 [J]. 中国名城, 2019, 212 (5): 26-29.

[23] 吕俊芳, 张嘉辰, 张文润. 名城锦州红色全域旅游发展研究 [J]. 渤海大学学报 (社会科学版), 2020, 42 (1): 89-95.

[24] 吕俊芳, 张嘉辰, 张文润. 文旅融合赋能市级全域旅游发展范式研究 [J]. 辽宁师范大学学报 (自然科学版), 2020, 43 (2): 244-249.

[25] 吕俊芳, 杨浩. 全域旅游背景下县域旅游发展研究 [J]. 市场周刊, 2021, 34 (11): 115-118.

[26] 田东娜, 李悦铮, 吕俊芳. 辽宁沿海经济带旅游资源探查 [J]. 海洋开发与管理, 2013, 30 (8): 98-101.

[27] 宋莹莹, 李悦铮, 吕俊芳, 等. 基于 SWOT+AHP 分析法的旅游发展战略研究——以资源枯竭型城市阜新为例 [J]. 资源开发与市场, 2014, 30

（6）：755-758.

[28] 张婷婷，吕俊芳. 锦州市旅游发展策略研究［J］. 旅游纵览，2013，30（3）：116-118.

[29] 钟敬秋，李悦铮，江海旭，等. 中国主要沿海城市旅游竞争力定量研究［J］. 世界地理研究，2013，22（3）：136-144.

二、学术著作

[1] 吕俊芳独著，《旅游规划理论与实践》，2013年1月，知识产权出版社

[2] 吕俊芳参著，《辽宁沿海经济带发展研究报告》，2013年5月，经济科学出版社

[3] 吕俊芳副主编，《旅游经济学》，2013年5月，电子工业出版社

三、学术奖励

[1] 专著《旅游规划理论与实践》，2013年6月，锦州市自然科学学术成果三等奖

[2] 论文《辽宁沿海经济带全域旅游发展研究》，2014年6月，辽宁省自然科学学术成果三等奖

[3] 论文《辽宁省滨海城市入境旅游发展研究》，2014年6月，锦州市自然科学学术成果一等奖

[4] 论文《辽宁沿海经济带全域旅游发展研究》，2014年8月，辽宁省社科联、教育厅、人社厅学术成果三等奖

[5] 课题"基于ASEB栅格分析法的锦州市旅游发展策略研究"，2014年8月，锦州市人民政府第十五届哲学社会科学成果一等奖

[6] 研究报告《沈阳城市八景的价值功能研究》，2015年10月，沈阳市旅游局调研课题一等奖

[7] 论文《旅游目的空间错位研究——以辽宁省为例》，2018年6月，市自然科学学术成果三等奖

[8] 研究报告《关于锦州红色旅游资源挖掘保护与旅游开发的对策研究》，2020年8月，锦州市人民政府第十七届哲学社会科学成果二等奖（锦州市发展研究贡献奖）

四、纵向课题

[1] 主持辽宁省社科规划基金项目"提高辽宁滨海公路的旅游效益研究"，项目

本专著的系列支撑成果

编号为 L11BJY017，已结项

[2] 主持辽宁经济社会发展立项课题"基于灰色系统法的辽宁滨海城市旅游发展研究"，项目编号为 2012slkjjx-05，已结项

[3] 主持辽宁省社科规划基金项目"环渤海旅游资源合理配置与可持续发展研究"，项目编号为 L13BJY012，已结项

[4] 主持锦州市社会科学重点研究课题"基于 ASEB 栅格分析法的锦州市旅游发展战略研究"，项目编号为（2013）第 125 号，已结项

[5] 主持锦州市社会科学重点研究课题"锦州市打造辽宁沿海第二大城市对策研究"，项目编号为（2014）第 122 号，已结项

[6] 参与国家自然科学基金项目"基于利益相关者理论的自然保护区生态旅游健康度评价"，项目编号为 41301137

[7] 参与辽宁省社科规划基金项目"辽河旅游带建设的瓶颈问题及对策研究"，项目编号为 L13BJY032

[8] 参与辽宁省经济社会发展立项"绥中县打造东戴河品牌的路径探究与对策思考"，项目编号为 2013lsldykt-08，已结项

[9] 主持辽宁省教育科学"十二五"规划课题"旅游规划开发链核式课程研究"，项目编号为 JG15DB025

[10] 主持锦州市社会科学重点研究课题"锦州市全域旅游发展战略与途径研究"，项目编号为（2017）第 55 号

[11] 主持锦州市社会科学重大研究课题"关于锦州红色旅游资源挖掘保护与旅游开发的研究报告"，项目编号为（2018）第 2 号

[12] 主持辽宁省社科规划基金项目"文旅融合赋能辽宁振兴的模式和路径研究"，项目编号为 L19063，已结项

[13] 主持锦州市科协科技创新智库课题"锦州市旅游产业发展现状与对策研究"，项目编号为（2019）第 8 号，已结项

五、横向课题

[1] 沈阳市白清寨旅游发展总体规划，2012，主要参加人
[2] 营口市鲅鱼圈区海滨温泉旅游度假区规划，2012，主要参加人
[3] 锦州市"十二五"旅游发展规划修订，2012，主要参加人
[4] 凌海市娘娘宫镇旅游发展规划，2012，主要参加人
[5] 锦州世界园林园艺博览会导览项目，2013，主要参加人
[6] 北镇市文化生态保护区总体规划项目，2020，主持人

［7］医巫闾山文化生态保护区总体规划，2020，主持人
［8］义县大定堡满族乡扶贫旅游规划项目，2018，主持人
［9］义县文化生态保护区总体规划项目，2020，主持人
［10］锦州市旅游厕所验收评估项目，2021，主持人

六、学术会议

［1］第八届"中国旅游发展·北京对话"，北京，2011年11月
［2］第九届"中国旅游发展·北京对话"，北京，2012年10月
［3］旅游科学年会，就《无景点旅游"三位一体"发展模式研究》作为特邀嘉宾主题发言，北京，2012年4月
［4］旅游科学年会，提交论文《以海洋全域旅游服务"五位一体"现代化建设》，北京，2013年4月
［5］辽宁省精品旅游线路研讨会，辽宁沈阳，2014年4月
［6］陆海统筹发展与海洋强省战略学术研讨会，特邀嘉宾主题发言，辽宁大连，2014年9月
［7］旅游法颁布与新版旅游合同解读培训会，主持，辽宁锦州，2014年7月
［8］民族文化走廊与学科建设学术研讨会，主题发言，辽宁锦州，2014年10月
［9］第六届东北亚民族文化论坛，主题发言，北京，2015年6月
［10］第七届东北亚民族文化论坛，主题发言，北京，2016年12月
［11］旅游科学年会，北京，2017年4月
［12］旅游科学年会，北京，2018年4月
［13］第四届中国青年旅游论坛，北京，2019年5月
［14］旅游科学年会，在线，2020年5月